“十三五”国家重点图书出版规划项目

国家出版基金项目

国家出版基金项目
NATIONAL PUBLICATION FOUNDATION
“十三五”国家重点图书
出版规划项目

“港口—腹地与近代中国经济转型研究”丛书
吴松弟 樊如森 主编

中国近代棉纺织进口替代工业研究
（1867—1936）

杨敬敏 著

齊魯書社

图书在版编目(CIP)数据

中国近代棉纺织进口替代工业研究:1867—1936 / 杨敬敏著. --济南:齐鲁书社,2020.6
("港口—腹地与近代中国经济转型研究"丛书/吴松弟,樊如森主编)
ISBN 978-7-5333-4322-4

Ⅰ.①中… Ⅱ.①杨… Ⅲ.①棉纺织工业—工业史—研究—中国—1867—1936 Ⅳ.①F426.81

中国版本图书馆CIP数据核字(2020)第024314号

策划编辑/赵发国
责任编辑/王亚茹
装帧设计/郭 觐 李 生

中国近代棉纺织进口替代工业研究(1867—1936)
ZHONGGUO JINDAI MIANFANGZHI JINKOU TIDAI GONGYE YANJIU(1867—1936)
杨敬敏 著

主管单位	山东出版传媒股份有限公司
出版发行	齊魯書社
社　　址	济南市英雄山路189号
邮　　编	250002
网　　址	www.qlss.com.cn
电子邮箱	qilupress@126.com
营销中心	(0531)82098521　82098519　82098517
印　　刷	山东新华印务有限公司
开　　本	710mm×1000mm　1/16
印　　张	23
插　　页	3
字　　数	375千
版　　次	2020年6月第1版
印　　次	2020年6月第1次印刷
印　　数	1—1000
标准书号	ISBN 978-7-5333-4322-4
定　　价	92.00元

总 序

近代是中国由传统社会向现代社会转型的时期，经济上的转型是其中的重要方面。尽管经历了艰难曲折的过程，而且近代经济的发育总体水平不高，但毕竟改变了中国几千年的传统经济面貌，成为后世发展的基础。

近代经济转型的动力，来自外来因素和本国内在因素的共同作用，空间上则表现为“港口—腹地”的双向互动作用。“港口”，指位于我国东部的大连、营口、丹东、天津、烟台、青岛、连云港、上海、宁波、福州、厦门、高雄、基隆、广州、香港等沿海主要港口城市，以及汉口、重庆等长江沿岸的主要港口城市。而且，它并非仅指承担客货运输任务的港口部门，而是包括港口部门和它所在的城市。广而推之，凡通过航空、铁路、公路等交通枢纽而成为一片较大区域的交通中心，均具有“港口”的作用，只不过人们常用“交通中心”“口岸”来代替“港口”一词而已。

“腹地”指位于港口城市背后的吞吐货物和集散旅客，以及大机场、铁路和公路交通中心所及的空间范围。在通常情况下，这一范围内的客货经由该港、机场和公路、铁路枢纽进出，在人和物的运输方面比较经济与便捷。港口城市的对内联系范围与海港、机场、公路和铁路的腹地范围空间上十分接近，因此，港口、机场、公路和铁路枢纽进出的腹地范围几乎都可视为港口所在城市的腹地范围。

我国是一个幅员辽阔的大国，河流多自西向东流，注入大海，在现代交通兴起以前，东西向的河谷往往又成为新式交通发达之区。近代外来的先进生产力在沿海口岸登陆，之后再顺着东西向的水路或陆路往西拓展。在边疆地区，内陆口岸也扮演了沿海口岸的角色，只是影响力基本集中在边疆地区，受其影响的空间范围较小而已。来自沿海和沿边口岸往自己腹地的经济辐射，推动了腹地经济变迁，改变了中国的交通格局、城市分布和区域经济差异，并促使新型经济区形成。

本人长期研究近代经济地理，所提出的“港口—腹地和中国现代化的空间进程”观点，已被学界认为是从空间角度分析近代经济不平衡发展的很好的解释，所指导的硕士、博士研究生一直是国内近代经济地理研究的主要力量。由我主编、戴鞍钢副主编，来自全国的25位学者联合撰写的九卷本《中国近代经济地理》，填补了近代经济地理研究的长期空白，一定程度上满足了学术界和各地政府的需要，2018年获上海市第十四届哲学社会科学优秀成果奖著作类一等奖，2020年获教育部第八届高等学校科学研究优秀成果奖（人文社会科学）一等奖。这次出版的“港口—腹地与近代中国经济转型研究”丛书，抓住经济转型这一重大课题，从空间角度深入论述区域经济变迁的过程，具有重要的学术价值，获得了学术界和出版界的广泛认可，被列入“十三五”国家重点图书出版规划并获得国家出版基金资助。

本丛书的九位作者中，樊如森、方书生、张永帅三人都是九卷本《中国近代经济地理》的作者，陈为忠、张珊珊、徐智、毛立坤、王哲、杨敬敏等人在区域、城市、贸易等方面都发表了有影响的学术论文。各位作者在自己博士学位论文的基础上加以时空拓展，以全面展现一批主要港口城市及其经济腹地，描绘近代时期所发生的宏大经济变迁画卷。本丛书的出版，不仅可以进一步丰富近代中国历史地理研究的学术成果，也能为中国今天的经济建设实践提供扎实的实证基础和智力支持。值此丛书出版之际，谨对齐鲁书社的大力支持表示衷心的感谢！欢迎读者对本丛书提出宝贵的修改意见。

吴松弟

草于2020年4月5日

目　录

表目录

图目录

绪 论

第一节 研究缘起

“进口替代”（Import Substitution）作为发展中国家实现工业化、近代化的一种方式，在20世纪50年代由劳尔·普雷维什（Raul Prebisch）与汉斯·W. 辛格（Hans W. Singer）两位发展经济学家提出。他们认为贸易自由化促使发展中国家初级产品出口的专业化，这将导致发展中国家贸易条件的持续恶化。这就是著名的“普雷维什—辛格命题”。因此，他们提出发展中国家应通过贸易保护和进口替代政策实现工业化，以摆脱其贸易条件长期恶化的困境。①

随后，经济学界对“进口替代”概念的界定超出了贸易政策的范畴，而更多地将其视为发展中国家工业化的一种进程，认为其“作为一种自发的历史现象”从“一战”即已开始，“二战”后，更多的发展中国家将其作为“工业发展的一种战略来执行”②，即所谓“自觉的”进口替代。

作为近代工业革命发端的领域，在随后发展中国家新兴的各工业部门中，棉纺织进口替代工业亦率先出现和发展。考察中国近代工业经济的发展历程，这一特征尤为显著。从进口贸易来看，从开埠之初至20世纪20

① 谭崇台主编：《发展经济学》，山西经济出版社2001年版，第341～342页。

② 朱章国：《进口替代简论》，载《世界经济》1982年第1期。

年代末，棉纺织品进口价值一直在各类进口品中居于首位。① 在中国近代最早开始工业化的部门中，棉纺织工业在工业经济中居于极为重要的地位。1913 年以前，纺织工厂数量占到全国工厂总数的 33.1%，纺织工人数量占到全国工人总数的 58.0%，皆居首位；投资金额亦仅次于晚清以来即得到政府高度重视的军械工业和公用事业。② 而当时在纺织工业中，又以棉纺织工业地位最为重要。③ 1933 年，仅棉纺织工业工厂数、工人数在全国工厂、工人中所占比重即分别达到了 13.7%、43.7%，其总产值亦占到当年全国工厂总产值的 36.7%，居各业首位。④ 而同时，在各工业部门中，棉纺织工业为对进口产品替代程度最高的行业之一。⑤

通过上述数字可见，从进口替代的角度对中国近代棉纺织工业进行研究，对于理解中国近代的工业化进程是具有重要意义的。当前学界对于棉纺织工业研究成果虽早已汗牛充栋，然而对于棉纺织工业部门进口替代的进程及进一步对其原因、特点的分析，尚无系统研究。

同时，当前学界对棉纺织工业研究的深入集中体现为由点及面的展开。其研究早已突破了对以上海为中心的棉纺织工业史的叙述，更多地引入了空间的视角。其中对不同区位棉纺织工业发展的关注，对棉纺织工业化进程中各地手工棉织业的考察，以及对以棉纺织工业为中心构建的各地棉业市场的分析等，皆成了学术界关注的焦点。

以中国近代棉纺织工业为例，作为后发国家的中国在近代工业化进程

---

① 据历年海关统计数据得出的结论。参见刘克祥、吴太昌主编：《中国近代经济史（1927—1937）》，人民出版社 2010 年版，第 1425～1426 页。

② 参见陈真、姚洛合编：《中国近代工业史资料》第一辑，生活·读书·新知三联书店 1957 年版，第 55 页。

③ 以 1895 年以前为例，棉纺织工业在整个纺织工业中的投资额所占比重达到 75.6%。参见陈真、姚洛合编：《中国近代工业史资料》第一辑，生活·读书·新知三联书店 1957 年版，第 54 页。

④ 参见巫宝三：《中国国民所得（一九三三年）》，商务印书馆 2011 年版，第 91～96、104～106 页。

⑤ 樊卫国：《论进口替代与近代国货市场》，载《上海社会科学院学术季刊》1995 年第 3 期。

中，走进口替代的道路同样必不可少。而这一进口替代进程在时间和空间上是如何体现的？其中市场主体、国家在进口替代中又分别扮演着怎样的角色？

本书将以进口替代为主线，从对外贸易、国内贸易、生产状况几个方面，对中国近代棉纺织工业的发展进行研究。其中，空间视角下的考察亦贯穿研究的始终。通过一系列考察，本书将在结语部分对中国作为后发国家，在进口替代工业化进程中所体现出的特点进行探讨。

第二节 研究综述

本书并未对整个中国近代棉纺织业的研究文献进行叙述，而是主要关注于学术界在以下两个方面的研究及讨论状况：一为对中国近代棉纺织品对外贸易的研究，二为空间视角下对中国近代棉纺织工业（包括手工棉织业）的探讨。

一、民国时期学者的研究概况

中国近代棉纺织业的研究课题，早在民国时期就已引起学界的关注，他们对棉纺织业的许多方面都进行了调查研究，并留下不少的研究论著。

以下三部著作尤其关注于棉纺织品的进口贸易。日本学者井村薰雄所著《中国之纺织业及其出品》聚焦于20世纪20年代棉纺织业的原料、产品市场，对20年代前期原棉及各类棉纺织品进口总量做出梳理，并对中国国产原棉及棉纺织品的市场销路进行了探讨。

方显廷《中国之棉纺织业》重点对20世纪30年代棉纺织品进出口贸易做了考察。方显廷对开埠以来各类棉纺织品进口总量或总价值进行简要梳理，并且考察了数个年份若干通商口岸的棉纺织品输入量或价值。另外，该著作根据多项调查研究，对开工纱锭在各区域的分布情况进行了考察。

20世纪30年代，时任海关副税务司的班思德（T. Roger Banister）编有《最近百年中国对外贸易史》，该著作根据海关资料及各种史籍，梳理了开埠以来至1931年中国对外贸易情形。该书虽然是论述全国进出口贸易，但对各时期棉纺织品对外贸易情形皆有专项叙述，且对1882—1931年各类棉纺织品贸易量及价格等资料列有专表进行汇总，因此为研究棉纺织品进出口贸易的必不可少的文献资料，对开埠通商之前及之初的棉纺织品进口贸易的研究尤具价值。

以上述著作为代表的民国时期学者对棉纺织业的研究，大多侧重于调查叙述。就棉纺织品进口贸易方面而言，其对海关贸易统计数据进行了初步整理，这些整理数据至今仍被学界广泛使用。

二、20世纪50年代后中国学者的研究概况

进入20世纪50年代，严中平的《中国棉纺织史稿》为近代中国棉纺织业研究领域的奠基之作。其对中国近代棉纺织工业发展主线的勾勒以及从资本、劳动力、市场等诸多角度的探讨，对之后中外学界在该领域的研究皆产生了深远的影响。在棉纺织品贸易方面，严中平首先对19世纪末外来机制棉纺织品输入情况进行了考察，并论述了其对传统手工棉纺织业的瓦解作用。关于20世纪初期的棉纺织品进口贸易，严中平虽未从进口替代的角度分析，但他对“一战”后棉纺织品进口量历次重大变动及其原因进行了阐释，对学界进一步的研究有着很大的启发意义。

此后，在严中平研究成果的基础上，徐新吾、赵冈、陈钟毅等学者亦对这一课题进行了深入探讨。徐新吾主编的《江南土布史》通过对大量史料的梳理与数据估算工作，就近代棉纺织品进口贸易对中国手工棉纺织业的影响这一问题做了详尽而深入的研究。台湾学者赵冈、陈钟毅所著《中国棉业史》通过对史料的梳理，并结合经济学的论证方法，对近代棉纺织品进口贸易的作用给予较为积极的评价，这一点不同于严中平、徐新吾等学者的观点。

近年来，关于中国近代棉纺织业的研究层出不穷，研究方向亦进一步细化与深入。与本课题相关的研究成果可概括为以下三个方面：

一为棉纺织品贸易研究。主要以陈争平、任贤兵、卢征良、梁华、刘

森、陈惠雄、樊树志、于新娟、臧珏等学者的研究成果为代表。① 其中，陈争平从进出口商品结构角度出发，对棉业外贸进行了探讨。任贤兵、卢征良、梁华、刘森等学者关注于19世纪末中国棉纺织品进口贸易的宏观态势，并从不同角度对其形成原因、影响进行了探讨。陈惠雄、樊树志则关注于棉纺织品进口贸易对于传统手工棉纺织业的影响，并得出了与严中平等老一辈学者相较更为积极的评价。于新娟聚焦于长三角地区，对近代这一区域棉业外贸情况进行了较为定量的研究，对其给经济社会带来的影响做出深入讨论。臧珏讨论了民国年间棉纺织品对外贸易对国内花纱价格的影响。

二为棉纺织品“进口替代”研究。以樊卫国《论进口替代与近代国货市场》一文为代表。此外，近代关税政策与棉纺织业的关系这一问题亦得到学术界较多的关注，陈争平、张少华、李全安、郭迎春、冯杨、叶松年、任旭杰等学者②，就近代以来长期的低关税政策，以及

① 陈争平：《试析1895—1930年中国进出口商品结构的变化》，载《中国经济史研究》1997年第3期；任贤兵、卢征良：《印度纱的兴起对晚清我国棉纱市场的冲击》，载《河北理工大学学报（社会科学版）》2006年第2期；梁华：《供求规律与近代外国在华机制棉纺织品市场的形成》，载《财经论丛》2004年第3期；刘淼：《晚清棉纺织业贸易与生产体系转型的地域分布》，载《中国社会经济史研究》2003年第4期；陈惠雄：《近代中国家庭棉纺织业的多元分解》，载《历史研究》1990年第2期；樊树志：《上海农村副业的变迁——传统农业新模式的历史透视》，载《学术月刊》1992年第5期；于新娟：《长江三角洲棉业外贸及其影响（1912—1936）》，华东师范大学博士学位论文，2007年；臧珏：《民国年间对外贸易对国内花纱价格波动的影响》，上海社会科学院硕士学位论文，2008年。事实上，这一方面的成果亦包括日本学者顾琳的相关研究，参见［日］顾琳著，王昊译：《“国货”还是“洋货”——20世纪华北经济民族主义与市场贸易的对话》，载《城市史研究》第21辑，2002年。

② 陈争平：《不平等条约下近代关税制度的形成及对中国经济的影响》，载《近代中国》第15辑，2005年；张少华：《近代中国关税控制权的失落》，载《文教资料》2005年第32期；李全安、郭迎春：《关税自主权的丧失对近代中国民族工商业的影响》，载《天中学刊》2002年第6期；冯杨：《低关税与近代中国经济发展研究》，西南财经大学硕士学位论文，2001年；叶松年：《中国近代海关税则史》，上海三联书店1991年版；任旭杰：《南京国民政府关税政策对江苏省植棉业的冲击》，载《黑龙江史志》2009年第14期。

南京国民政府成立后的历次关税政策对中国棉纺织业的影响，展开了较为激烈的讨论。

三为空间视角下的中国近代棉纺织业研究。严中平《中国棉纺织史稿》对20世纪30年代各省手工棉纺织业的情况进行了较为详细的考察。林刚《1927—1937年间中国手工棉纺织业新探》一文在严中平研究的基础上，通过对史料的进一步收集和分析，对1927—1937年间中国各省手工棉纺织业情况做出了比较全面的判断。袁为鹏《聚集与扩散：中国近代工业布局》从空间视角出发，以工业区位角度对中国近代棉纺织工业的地理分布及其形成原因进行了探讨，以20世纪二三十年代棉纺织工业由上海向内地的扩展为线索，提出了一系列不同于以往学界的观点。

综上所述，中国学界关于近代棉纺织业的研究已积累了丰富的研究资料，取得了丰硕的研究成果。然而，就中国近代棉纺织品进口贸易这一课题而言，虽然有已出版的历年旧海关统计数据以资利用，但对历年各口岸中各种类别棉纺织品进口数据的全面整理工作尚有待进行，与之相对应的是，定量的研究亦比较薄弱。同时，虽然近代关税政策历来为学术界所重视，但从“进口替代”这一工业化重要线索出发，对中国近代棉纺织工业这一具体工业部门进行探讨的研究成果仍属少见。即使在关于关税政策与棉纺织工业关系的讨论中，较为定量的研究亦有待进行。

另外，突破传统经济史的叙述模式，从空间视角对中国近代棉纺织业进行研究虽已成为学术界最近研究的共同趋势，但专门成果尚不多见。在此项研究中，一套较为有说服力的贸易数据的整理及以之为基础的探索同样亟待进行。

三、20世纪50年代后日本学者的研究概况

中国近代棉纺织业这一研究课题在日本学界亦得到较多关注，与中国学者相比，日本学者较早对中国近代棉纺织工业及手工棉纺织业的区域差异进行研究。

在严中平研究成果的基础上，20世纪60年代小山正明著有《清末中

国における外国綿製品の流入》（《清末中国的外国棉制品流入》）① 一文，对晚清中国各区域外国棉纺织品的输入状况进行了考察，并且对区域间传统手工棉纺织品运销格局、各区域手工棉纺织业的发展情况进行了探索。与国内学界重点关注沿海地区、传统经济发达区域相比，小山正明对棉纺织品进口贸易的研究在更为广泛的空间范围内展开，得出了诸多与国内学界不同的观点。

近年来，在中国近代棉纺织业的研究课题方面，日本学者森时彦与久保亨做了大量的工作。森时彦《中国近代棉纺织业史研究》一书收录其多篇论文，不仅在小山正明的研究基础上对中国近代棉纺织品进口贸易及影响进行了更为深入的讨论，而且研究时段扩展到民国时期。该著作以时间顺序进行编排，在每一个专题讨论中都对棉纺织业发展的区域差异给予了极大的关注。久保亨《戦間期中国の綿業と企業経営》（《战争期间中国的棉业与企业经营》）一书所收论文则从企业史的角度出发，选取了两次世界大战期间不同区位类型的数个棉纺织企业，通过考察各自的经营历史，对不同区域棉纺织工业的发展特点进行讨论。

除了森时彦《中国近代棉纺织业史研究》一书由于中译本的问世已被中国学界熟知，其他日本学者的一系列研究成果尚未获得中国学界的广泛关注。事实上，这些研究成果无论在研究视角还是研究方法上，对于中国近代棉纺织业研究以至中国近代经济史研究而言，都有着很大的借鉴意义。

四、西方学者的研究概况

虽然西方学者关于中国近代经济史的一系列研究成果早已被学界广泛熟知，但具体到近代棉纺织业领域，西方学界的专门研究成果极少被中国

① 这篇论文发表于东京大学出版会出版的《近代中国研究》第四辑（1960 年），第 1 ~ 108 页。此外，小山正明的《明清社会経済史研究》论文集不仅收录了这篇文章，还收录了另一篇关于中国近代棉纺织品进口贸易的长文，即《清末中国における綿繰機械の導入》。

学界提及。

以 *The Economic History Review* 与 *The Journal of Economic History* 两种经济史研究期刊为例，关于中国近代棉纺织业的研究以下面两篇文章为代表。

Ramon H. Myers“Cotton Textile Handicraft and the Development of the Cotton Textile Industry in Modern China”（《中国近代手工棉纺织业与棉纺织工业的发展》）一文，认为开埠以来外国机制棉纱的输入使得中国在全国范围内形成了一系列新的手工织布业基地，并且向区域外输出产品，而“一战”期间进口机纱、机布量的锐减使得中国纺织工业获得发展机会，从而与手织业形成竞争，导致了 1925—1933 年各地手织业的衰退。同时，Ramon H. Myers 比较了中国与日本棉纺织工业的发展历程，认为中国棉纺织工业的后起导致了其在出口市场竞争上的失败；另外，中国近代棉纺织工业由纺业转向织业的过程（1890—1936）长于日本（1882—1912），加之日本拥有更先进的管理制度、更高的生产效率，使得日本在棉纺织品进口替代以及对其国内手织布的替代方面达到了更高的水平。

Albert Feuerwerker“Handicraft and Manufactured Cotton Textiles in China, 1871 - 1910”［《中国的手工棉纺织业与棉纺织工业（1871—1910）》］一文，考察了晚清中国机制棉纱、棉布的进口量，并且估算了国产机制棉纱、棉布和手纺纱、手织布的数量，提出了进口机制棉纱对手纺纱的替代，同时认为使用机制棉纱的织布业的存在一定程度上抵御了机制棉布的进口。作者认为手织棉布在整个棉布供应中比重的下降（绝对数量是增加的），并非因为被进口布或国产机制棉布替代，其原因还有可能是出口量有更为快速的增长。从总体上看，作者通过考察手纺纱、手织布数量的变化，认为尽管晚清传统手工棉纺织业的结构（由纺到织）出现了重大变化，但中国经济史研究者们关于“外国资本主义对传统手工棉纺织业解体、剥削”的论述亦过于简单化。事实上，手工棉纺织业作为一个整体在近代并没有明显衰落。

中国近代棉纺织业虽然并非西方经济史学者关注的热点问题，但从上述两篇文章来看，西方学者的研究视角更注重整体分析和不同国家之间的比较研究。其观点亦与国内学界主流有很多相异之处。

此外，由于棉纺织业为西方近代工业革命诞生之领域，西方经济史学界对近代棉纺织工业在西方发达国家的发生、发展，以及在世界范围内的传播较为重视。仅在 *The Economic History Review* 与 *The Journal of Economic History* 两种期刊上发表的关于这一问题的研究论文及书评文章就有数十篇之多。其中，棉纺织品的国际贸易亦是讨论较为热烈的问题之一。这些研究虽然不直接与本书的研究课题相关，但通过对这些成果的研读可以获得本书所关注的中国近代棉纺织品进口贸易及棉纺织工业发生、发展背后的全球背景信息，其研究方法亦对本书有很大的启发意义。

第三节 研究资料

本书的研究资料包括以文字描述为主的文献资料与以数字陈列为主的统计资料两部分，前者在讨论 19 世纪末的问题中扮演着重要角色，后者构成了研究 20 世纪前期经济社会问题所依据资料的主体。

一、以文字描述为主的文献资料

这一部分资料主要包括以下几项：

（一）海关贸易报告、领事报告

海关贸易报告包括历年全国及各口岸贸易报告、海关十年报告。由于棉纺织品贸易的重要性，在这些报告中，与之相关的内容占有重要比例。领事报告包括英、法等国驻各通商口岸历年领事报告。与海关贸易报告相比，领事报告涉及内容更为广泛，其中对 19 世纪末进口棉纺织品的消费情况，以及棉纺织品进口贸易下中国传统棉纺织业的变迁有着较为丰富的调查记载。[①]

---

① 其中只有英国驻上海领事贸易报告以《上海近代贸易经济发展概况：1854—1898 年英国驻上海领事贸易报告汇编》为题整理出版。关于英国驻其他口岸领事报告，彭泽益编《中国近代手工业史资料（1840—1949）》、徐新吾主编《江南土布史》等著作中对之分专题进行了部分整理。

此外，外国商人团体在华调查报告亦不能被忽视，如布莱克本商会（The Blackburn Chamber of Commerce）于19世纪末在长江流域的调查中，记有大量关于棉纺织品进口贸易下西南内地传统棉纺织业变迁的资料。

（二）官员文集、各地方志

对19世纪末棉纺织品进口贸易及其影响的叙述，亦在各地官员文集及方志中多有提及。这一部分资料为中国方面对棉纺织品进口贸易的记述，但由于叙述中往往对棉纱、棉布、棉花等不同进口品不加区分，因此其真实性要低于外国人的调查记载，仅能作为参照。

（三）史料汇编

老一辈学者为近代经济史资料的整理做了大量的工作，这些史料汇编著作包括《中国近代经济史统计资料选辑》《中国近代经济史研究资料》《中国近代工业史资料》《中国近代农业生产及贸易统计资料》《中国近代手工业史资料（1840—1949）》《中国近代对外贸易史资料（1840—1895）》《中国近代农业史资料》《江南土布史》等。这些史料汇编著作皆以时间、专题分类，其中涉及棉纺织品贸易方面的内容极为丰富，其来源范围包括但不限于（一）（二）项中提及的各种史料。这一部分文献亦包括大量的统计数据。

（四）报刊

较多涉及棉纺织品贸易及以讨论中国近代棉纺织业为主的实业类报刊包括《工商半月刊》《国际贸易导报》《纺织周刊》等。其中亦含有相当部分的统计数据。此外，在具体问题的讨论中亦会涉及其他综合类型的报刊资料，在此不一一赘述。

二、以数字陈列为主的统计资料

这一部分资料主要包括以下几项：

（一）海关统计资料

这一项为本书研究中最为重要的统计资料。

首先为棉纺织品贸易统计资料，包括历年全国各类棉纺织品进出口价值、数量及来源国统计（整理为980条数据，1867—1936年），各口岸棉纱和棉花国际贸易、国内贸易进出口量统计（整理为15461条数据，1867—1936年），各口岸主要棉纺织品国际贸易、国内贸易进出口价值、价格统计（整理为10432条数据，1867—1936年），各口岸各类棉纺织品内地贸易（子口贸易）统计（整理为3166条数据，1873—1904年），各口岸内地贸易（子口贸易）总值统计（整理为1068条数据，1869—1919年），各口岸各类进口棉纺织品以省为单位运销量统计（整理为11732条数据，1867—1936年）。其中各项内容的具体情况在书中相关部分予以说明。此外，数据较少的情况兹不赘述。

其次为历年（年均）海关两对英镑、美元、印度卢比、日元等货币汇率统计（1867—1936年），海关两与各口岸铜圆兑换比率统计（1882—1911年）。①

最后为历次税则变动中，各类棉纺织品的进口税率统计。②

（二）棉纺织工业专项调查统计资料

由于棉纺织业在工业经济中的重要地位，民国时期关于棉纺织工业的专项调查统计资料较为丰富，这些统计资料与海关数据相互补充，构成了本书研究的基础资料。

华商纱厂联合会编印的《全国纱厂一览表》始于1919年，这一系列统计以厂商为单位，包括地点、产量、设备、工人、动力等调查项，其调查范围包括华商与外商厂商，覆盖了全国各地主要的棉纺织企业。据之可把历年各厂商各项信息汇总，以便分析全国各区域机制棉纺织品出产状况（整理为1788条数据，1919—1936年）。

此外，王子建、王镇中编著的《七省华商纱厂调查报告》一书，调查范围为浙江、江苏、安徽、江西、湖北、湖南及山东等七省的华商纱厂，内容包括原料、设备、效率、工资等项，可反映20世纪30年代初棉纺织

① 根据海关十年报告中各口岸金融部分内容整理。
② 历次税则修订情况在正文中详述。

业的情况。方显廷《中国之棉纺织业》调查范围集中于津、沪两地的棉纺织厂商，可反映1930年前后棉纺织业的情况。这两种调查资料可对依据《全国纱厂一览表》得出的数据进行补充修正。

此外，关于全国、各区域棉纺织业宏观情况的调查统计资料，以及各地手工棉纺织业的调查资料尚有很多，之后在书中相关部分予以详述。

（三）民国时期其他各种经济调查统计资料

在民国时期各种经济调查统计资料中，棉纺织业亦占有较为重要的地位。在各种文献中，20世纪30年代出版的各省《中国实业志》关于棉纺织业的调查统计较为详尽，包括原料、生产、销路等内容。尤其在棉纺织品销售市场的研究上，这一资料对上述统计数据具有重要的印证、补充意义。

其余关于全国及各区域、各省甚至各县的调查资料，对棉纺织业亦多有涉及，然而这些资料中的统计数据质量参差不齐。关于此种资料，本书一方面尽量搜集、参照，另一方面在使用时会对数字的可靠性加以判断。之后在书中相关部分亦会做详细说明。

（四）物价、金融统计资料

本书中所使用的物价、金融统计资料主要来自南开大学编制的经济指数资料①及民国时期的经济学期刊《银行周报》的相关内容。此类资料对20世纪二三十年代沪、津两地各种棉纺织品价格及货币兑换比率有着较为详尽的记录。

第四节 研究方法

本书所采用的研究方法主要涉及以下学科内容：

① 孔敏主编：《南开经济指数资料汇编》，中国社会科学出版社1988年版；南开大学经济研究所编：《1913年—1952年南开指数资料汇编》，统计出版社1958年版；天津南开大学经济研究所编印：《南开指数年刊》，1935—1937年。

一、历史经济地理学

以空间视角研究历史时期的问题是历史地理学的擅长之处。近年来，吴松弟教授带领的学术团队依托旧海关史料，在近代经济地理“港口—腹地”模式的研究中取得了丰硕的成果。

陈为忠、樊如森、唐巧天、姜修宪、张珊珊、姚永超、方书生、王列辉、王哲、张永帅等学者皆关注港口贸易与腹地经济发展问题，并取得了一系列研究成果。[①] 而旧海关贸易数据是这些研究成果所依靠的最重要的资料之一。因此，关于如何整理、使用卷帙浩繁的旧海关史料及其中的统计数据，这些成果为本书研究提供了重要的参考。本书对棉纺织品进口贸易的考察，将立足于这些成果中实证研究与理论探索相结合的研究方法。

二、经济史学

目前学界关于中国近代棉纺织工业的研究成果绝大部分来源于经济史研究者们的贡献。严中平、徐新吾等老一辈经济史学者对经济史相关史料的整理和分析方法，为本书文献资料方面的运用提供了借鉴。而近年来中外经济史学者的成果中更加注重定量研究、空间分析，这些研究方法对本

① 陈为忠：《山东港口与腹地研究（1860—1937）》，复旦大学硕士学位论文，2003 年；樊如森：《天津港口贸易与腹地外向型经济发展（1860—1937）》，复旦大学博士学位论文，2005 年；唐巧天：《上海外贸埠际转运研究（1864—1930 年）》，复旦大学博士学位论文，2006 年；姜修宪：《环境·制度·政府——晚清福州开埠与闽江流域经济变迁（1844—1911）》，复旦大学博士学位论文，2006 年；张珊珊：《近代汉口港与其腹地经济关系变迁（1862—1936）——以主要出口商品为中心》，复旦大学博士学位论文，2007 年；姚永超：《国家、企业、商人：东北港口空间的构建与其绩效研究（1861—1931）》，复旦大学博士学位论文，2007 年；方书生：《近代经济区的形成与运作——长三角与珠三角的口岸与腹地（1842—1937）》，复旦大学博士学位论文，2007 年；王列辉：《区位优势与自我增强——上海、宁波两港空间关系演变的多维分析（1843—1941）》，复旦大学博士学位论文，2007 年；王哲：《晚清民国对外和埠际贸易网络的空间分析——基于旧海关史料等的研究（1873—1942）》，复旦大学博士学位论文，2010 年；张永帅：《近代云南的开埠与口岸贸易研究（1889—1937）》，复旦大学博士学位论文，2011 年。

书尤具有重要启示意义。

这些研究成果为本书的讨论提供了丰富的研究资料，拓宽了本书的分析思路。尤其在具体问题的分析中，经济史学科的研究方法是不可或缺的。

三、数理经济学和计量经济学

系统的海关统计资料及民国时期的一系列调查统计资料使得本书的定量研究成为可能。在清末时段，海关数据几乎为唯一可用的、较为准确的统计资料，而通过建立数理经济学模型对这些数据加以分析，无疑有助于研究思路的开拓。至民国时期，棉纺织工业方面的文献资料及统计资料皆颇为丰富，使用计量经济学、统计学的方法对各种数据加以分析，再结合文献资料及现有研究成果，同样对得出较为可信的推断具有重要意义。

本书第一章、第五章、第六章内容会涉及微观经济学中生产要素替代模型及其应用。而计量经济学的统计方法在第五章中得到较多的使用。关于这些模型、方法的具体使用情况将在正文中相关部分予以详述。

第五节　研究框架

在以上文献及研究方法综述的基础上，本书的研究框架安排如下：

本书所讨论的时间上限定为近代各海关贸易统计格式统一后的起始年份 1867 年，时间下限定为抗战全面爆发前的 1936 年。

本书在区域的划分上参照旧海关统计中进口货物内地运销统计的区域划分方式①，即以清末省级政区、府级政区②为划分单位。其中，关于本书着重考察的进口机制棉布的消费分布情况，本书依据旧海关相关统计数据，以省级政区为单位讨论。在考察进口机制棉纱消费分布及国产、进口

① 即历年各口岸海关统计中子口贸易运销目的地（Transit Trade 项）、国产机制货物运销目的地（Steam Factory Products under Special Transit Pass 项）两项。

② 清朝行政区划中，和府平级的还有直隶州和直隶厅，它们都直属于省。为便于研究，本书对府级政区的考察也囊括了直隶州和直隶厅。

棉纺织品市场消长的问题时，本书在省级政区基础上把全国分为东北（奉天、吉林、黑龙江）、华北（直隶、山西、河南、山东）、华东（江苏、浙江）、华中（安徽、湖北、湖南、江西）、华南①（广东、广西、福建、台湾）、西南（云南、贵州、四川）及西北②（陕西、甘肃、新疆、蒙古地区）七个区域进行讨论。在进一步对各项进口产品市场影响力进行分析时，本书将对部分省区进行以府为单位的考察。关于上述区域划分原则，在书中具体涉及之处，亦会有详细说明。

另外，在对外贸易方面，本书所讨论的对象为各类棉纺织工业产品，包括机制棉纱、各类机制棉布，并不包括各类手工棉纺织品。

在进口贸易数据来源上，本书考察了1867—1936年所有海关贸易统计可查的通商口岸。19世纪后期开放的数个中俄陆路边境口岸，由于无连续、系统的贸易统计记录，无法列入考察范围。由于在这些口岸贸易中，中国处于明显的出超地位，且这些口岸进口贸易的辐射能力远不能与东部沿海、沿江口岸相比，因此上述做法尚可接受。③

在具体写作中，本书分为以下六部分展开论述：

第一部分主要关注机制棉纱进口贸易。由于学界关于中国近代机制棉纱进口情况的研究成果已非常丰富，这里将把重点放在对其历年进口量、

① 在具体考察中需注意台湾的割让对19世纪末华南区进口贸易量的影响。这一影响主要涉及淡水、台南两口，虽然通过这两口进口的各种棉纺织品数量相对较少，但仍需记住这一事实。

② 19世纪60年代至20世纪初，据海关统计记录，西北各地输入进口机制棉纱量极低；即使在20世纪30年代，西北地区仅陕西有较广泛的手工棉纺织业分布，据林刚等研究，其整体水平并不发达（参见林刚：《1927—1937年间中国手工棉纺织业新探》，载《中国经济史研究》2002年第2期）。事实上，在20世纪二三十年代，陕西一直是邻近省山西所产棉纱的重要输出地［参见实业部国际贸易局编印：《中国实业志·山西省》，1937年，第17（己）~18（己）页］。因此，对19世纪末20世纪初进口机制棉纱消费分布及之后20世纪30年代各区域机制棉纱消费情况的考察，重点关注西北之外的六个区域。

③ 关于中俄陆路通商口岸的情况，可参见吴松弟、杨敬敏：《近代中国开埠通商的时空考察》，载《史林》2013年第3期。

进口产品结构变化，以及这些变化背后机制的研究上，并对其中反映出的进口替代的长时段因素做出分析。

第二部分主要关注机制棉布进口贸易。相对于机制棉纱进口贸易，学界对机制棉布进口贸易的研究略显粗略。因此，这里首先需要对研究时段内历年各区域各类进口机制棉布的输入情况进行考察，并对进口机制棉布的市场影响力做出评估。在此基础上，对其中反映出的进口替代的长时段因素做出分析。

第三部分主要关注中国棉纺织工业从建立之初至1931年的进口替代历程。由于进入20世纪30年代后国际贸易形势的变化，这部分仅对整个棉纺织工业进口替代历程中1890—1931年这一时间段进行讨论。这一部分将分棉纱、棉布两部门，对整体及各区域进口产品的替代过程做出考察，并对其间各种资本来源类型棉纺织厂商对这一进口替代的贡献做出讨论。另外，本部分亦对中国近代棉纺织工业产品的出口贸易及出、入超情况做出分析。

第四部分重点关注20世纪20年代至1936年棉纺织工业的进口替代过程。这里首先将东北沦陷与新关税税则修订两大事件对进口或国内贸易的影响做出考察。在此基础上，对这一时期机制棉纺织品在全国及各区域范围内的进口替代过程，以及不同资本来源类型棉纺织厂商的发展情况做出讨论。

第五部分是对近代棉纺织工业生产状况与市场的空间考察。进一步以空间为视角，对中国近代棉纺织业在生产状况、原料与产品市场等方面做出讨论。

第六部分是对近代机纱贸易下手工棉织业地理格局的变迁的考察。重点放在对近代进口机纱、国产机纱的普及，以及全部或部分以机制棉纱为原料的近代手工棉织业发展的考察上。这一考察将围绕中国近代手工棉织业空间分布变化及原因进行。

基于以上研究，在最后的结语中，本书将对中国作为后发国家，在进口替代工业化历程中所体现出的特点进行探讨。

第一章　中国近代机制棉纱进口贸易的时空变迁

来自英国的机制棉纱在近代最先通过广州港输入中国。在 1860 年前后，外国机制棉纱开始出现在上海港的进口贸易统计中，随后，该项进口贸易陆续出现在全国其他口岸。

图 1.1 为 1867—1936 年机制棉纱进口量变化曲线。

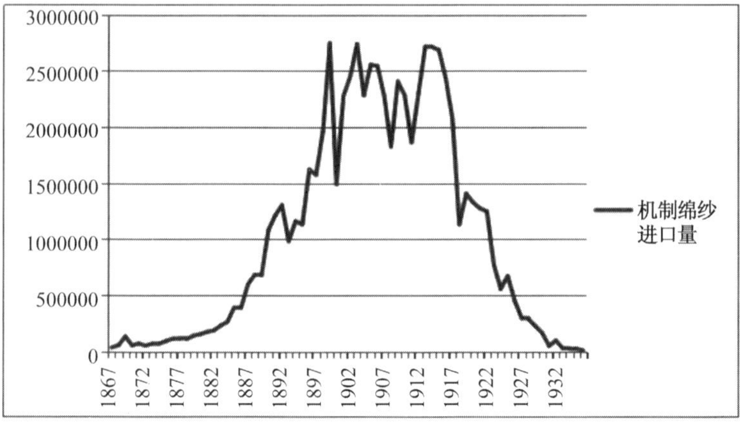

图 1.1　1867—1936 年机制棉纱进口量①

① 据《中国旧海关史料（1859—1948）》1867—1936 年内容整理，以下图表如无说明，数据来源相同。

据上图可知，在70年的时间里，机制棉纱进口贸易量变化剧烈。在19世纪末，机制棉纱进口量呈现出加速增长之势；进入20世纪后，这一增长陷入停滞；至1915年后，机纱进口量迅速下降，在20世纪30年代已低于19世纪中叶的水平。

本章将以图1.1中所示的近代机制棉纱进口量长时段的变动曲线为线索，对这一进程在各区域市场的表现进行考察，并对机制棉纱进口总量变动中商品来源国、结构进行分析。在此基础上，对中国近代棉纱进口贸易变动背后的长时段因素做出讨论。

第一节　银钱比价、纱花比价与机纱进口贸易

一、19世纪80—90年代进口机纱输入激增的原因

回顾图1.1中1867—1936年机制棉纱进口量可见，在1870年前后，机制棉纱进口量一直处于较低水平。19世纪70年代中期后，外国棉纱输入量开始出现明显增长，并且在80、90年代呈明显的加速增长之势。为什么棉纱输入会在19世纪80—90年代出现激增？学界对于这一问题的解释有以下几种。

（一）由价格差异导致

这一观点认为，进口机纱价格低于传统手纺纱的优势导致了19世纪后半叶机纱输入的激增以及机纱对传统手纺纱的替代。这一观点以严中平等老一辈学者的著作为代表，也是学术界最主流的看法。但仔细分析机纱输入增长及价格变动的过程就会发现，采用这一观点会有一些难以解释之处。

依图1.1可知，机纱输入在1880年后增长速度加快，到1890年后更是直线上升，而且依下文表1.4及图1.2可知，这一过程在各区域非常一致。土纱价格只在各种文献资料中有零星记载，现分别把代表华中、东北及华南地区的几种土纱、洋纱价格列举如下：

表 1.1　19 世纪末 20 世纪初几种土纱、洋纱价格对比

年份	地点	纱价
1902	湖北西北部	土纱：细纱 304 文/斤、粗纱 256 文/斤 洋纱：289 文/斤①
1887	牛庄	洋纱每包 75 两，相同重量土纱 87 两②
1882	琼州	土纱价格高于洋纱③

由上表可见，在东北与华南地区，机纱价格在 19 世纪 80 年代即已取得对土纱的优势。而在华中地区，即便到 1902 年机纱价格优势仍不明显，但实际上，该区域机纱输入激增在 19 世纪 80 年代即已开始（见图 1.2、表 1.4）。况且即使在 1900 年后机纱价格普遍低于手纺纱时，手纺纱事实上仍然没有被完全替代是研究者所公认的事实。因此，对于 1880 年后机纱输入激增这一问题，仅仅分析静态的机纱与手纺纱价格差异是不够的。

（二）由生产者对印度纱的偏好所致

相对于英国纱，印度纱支数较低，与中国传统手纺纱相对接近，因而织出的土布较为适合中国消费者的习惯，而 19 世纪 80—90 年代机纱输入激增也以印度纱为代表。因此，在这一问题上，传统纺织业生产者对印度纱偏好的问题也常被学者们所强调④，而这一理由也确实有一些文献资料支撑。

依图 1.1 可见，1880 年以前机纱输入增长速度几乎为匀速，这一时期外国机纱以英国纱为代表。而 1880 年以后机纱输入不仅明显增多，而且增

① ［日］美代清彦著，朱承庆译：《鄂省西北部农业视察记》，载《农学报》第 227 期，1903 年。这里以沙市 1900 年机纱价格根据银钱比价换算。

② 中国第二历史档案馆、中国海关总署办公厅编：《中国旧海关史料（1859—1948）》第 13 册，京华出版社 2001 年版，第 42 页。

③ 《1882—1891 年海关十年报告》（英文），第 620～621 页，转引自彭泽益编：《中国近代手工业史资料（1840—1949）》第二卷，生活·读书·新知三联书店 1957 年版，第 225 页。

④ 如任贤兵、卢征良：《印度纱的兴起对晚清我国棉纱市场的冲击》，载《河北理工大学学报（社会科学版）》2006 年第 2 期；于新娟：《甲午战前五十年中国棉织品进口贸易的整体态势》，载《北方论丛》2006 年第 2 期。

长速度日益加快，这一时期的外国机纱恰恰是以印度纱为代表的。如果生产者对印度纱的偏好使得印度纱取代了英国纱的地位，从而导致了这一时期机纱输入增长速度随价格下降持续加快，那么印度纱增长速率的提高便会快于先前占主要地位的英国纱，即每百分之一价格变化对应的输入量变化率高于英国纱。换言之，印度纱的需求价格弹性系数的绝对值会大于英国纱。下面将对这一假设进行检验，见表1.2。

表1.2　1869—1903年英国纱、印度纱需求价格弹性系数比较①

年份	英国纱需求价格弹性系数	印度纱需求价格弹性系数
1869	-2.57	—
1871	-46.28	—
1873	0.13	—
1875	-1.88	—
1877	-1.42	—
1879	-4.17	—
1889	—	—
1891	-2.24	-3.57
1893	-3.40	-2.22
1895	-36.66	-3.63
1897	-1.47	1.60
1899	-2.26	-2.68
1901	-2.33	-1.35
1903	-2.89	0.73

① 源数据来自1902—1911年海关十年报告中历年棉纱价格。表中数字所用价格皆经过银钱比价换算为铜钱价格，参见张家骧：《中华币制史》第五编，民国大学出版部1925年版，第33页。

由上表可见，相对于英国纱，1891 年后印度纱在需求价格弹性系数上并不具有优势（其绝对值并不比英国纱需求价格弹性系数绝对值大）。事实上在 19 世纪末，英国纱价格由 19 世纪 80 年代中期的约 20 海关两/关担升至 1900 年的 26 海关两/关担，而印度纱一直稳定于 17—20 海关两/关担之间。因此，印度纱的价格优势是导致其相对于英国纱需求扩大的原因。换言之，如果英国纱价格保持稳定，亦可能会在 19 世纪末出现与印度纱相似的需求量激增现象。[①] 因此，生产者对印度纱的偏好亦不足以成为 19 世纪 80—90 年代棉纱输入激增的解释。

（三）由生产规模扩大所致

19 世纪后半叶进口棉纱输入激增是否可以用土布生产规模扩大导致机纱需求量增加解释呢？

的确，是价格因素引起的机纱需求变化，还是生产规模扩大引起的机纱需求变化，在现有文献资料基础上很难做出判断。因为在文献资料中支持这两种解释的记载都有很多。

对资料进行分类分析后可看出，在进口机纱输入激增的情况下，传统土布的生产呈现出两种状况：其一，一些传统的商品布生产遭到打击，甚至由此绝迹；其二，一些产布区以及非产布区由于采用了机纱生产使得生产规模扩大，其原因大致可归为原料成本降低与手纺纱衰落引起的劳动力向织布业转移（事实上降低了劳动成本）两方面。然而，通过文献资料仍不能确定 19 世纪后半叶手织布总体生产规模是否扩大的问题。

关于手织布生产规模以往有学者进行过估算，下面尝试对比徐新吾与赵冈对近代手织布产量的估算数值来对上述问题做出判断。二人分别从需求、供给角度出发来判断土布产量，徐新吾从调查资料入手，对 1840—1936 年中几个时间点的人均棉布消费量进行计算，并以之判断手织布的产量；赵冈则从棉花消费量入手，扣除机制布所用棉量，计算出手织布产

---

① 就 19 世纪 80 年代末的情况而言，与 90 年代相比，印度纱与英国纱价格差距很小，两者几乎处于同一水平（在 20 海关两/关担左右）。

量。由于1920年后二人对手织布的判断标准是不一致的，因此仅把1920年前两种估算结果进行对照，见表1.3。

表1.3　徐新吾、赵冈对近代手织布产量的估算

单位：千匹

学者	1840年	1860年	1894年	1905—1909年	1913年
徐新吾	597327.39	604710.36	589157.79	—	507421.36
赵冈	—	—	—	516278.17	—

资料来源：徐新吾主编：《江南土布史》，上海社会科学院出版社1992年版，第206~223页；赵冈、陈钟毅：《中国棉业史》，台湾联经出版事业公司1977年版，第247~249页。

说明：赵冈估算数值原单位为方码，以标准土布1匹=3.6337方码折算为标准土布匹。

赵冈估算的棉纱净进口量仅为29千包，显然计算有误；而1905—1909年棉产量引用《棉业图说》的记载，事实上亦无准确数字。因此，虽然两种估算值在20世纪初相当接近，但由于当时全国棉产量已无法得知，只能认为徐新吾的估算更可信。同时可看出，19世纪中叶到19世纪末手织布生产规模略微下降但基本稳定，但到20世纪初，这一生产规模发生了较为明显的下降。因此可以判断，在全国范围内，19世纪后半叶机纱输入的激增并不是生产规模扩大所致，在分析中主要考虑的问题仍是机纱对手纺纱的替代作用。

二、银钱比价、纱花比价变化作用下的机纱进口贸易

（一）银钱比价下跌与机纱进口贸易

郑友揆在《十九世纪后期银价、钱价的变动与我国物价及对外贸易的关系》一文中已经提出，银钱比价下降导致外国商品实际价格的下降是19世纪后期外国商品输入中国数量激增的重要原因。

首先用银钱比价来对19世纪末机纱输入激增进行动态分析的是日本学

者森时彦。① 通过对1890年后长江流域银钱比价与机纱输入变动的比较研究，他认为银钱比价变动导致了机纱实际价格的下降，因此银钱比价下降是这一时期机纱输入激增的原因，并推测这一结论在全国范围内仍然适用。

图1.2、表1.4反映了19世纪末20世纪初全国各区域机制棉纱输入量及价格变化。需要说明的是，由于西北地区在近代机纱输入量极少，因此在分区讨论中只讨论另外六个区域的情况。图1.2中棉纱价格皆以各区域银钱比价做过修正，对比图1.3可知，19世纪70年代后各区域机纱价格下降趋势与全国银钱比价下降趋势非常一致，而且对比各地80年代后的机纱输入量变化趋势，森时彦的观点看似是没有问题的，但是如果放长时段，观察图1.3中自1870年起全国范围内银钱比价的变动则会发现，这一变动在19世纪70年代即已开始，而且很难说在80—90年代这一变化速度有所加快。而各地的机纱输入量在19世纪最后三十年呈加速增长之势，在最后二十年尤为明显。虽然银钱比价的确是导致机纱输入量激增的重要因素，但实际上森时彦解决问题的思路与严中平等学者“价格差异导致洋纱输入激增”的观点还是一样的，即银钱比价下降→机纱实际价格下降→机纱价格低于土纱价格→机纱输入量增加。

表1.4　1865—1903年全国各区域进口机纱输入量

单位：关担

年份	东北	华南	华北	华东	西南	华中
1865	0	16936	0	0	0	0
1866	0	21745	0	2	0	0
1867	0	271191	0	56	0	0
1868	0	52083	18	2040	0	0
1869	10	50891	39	793	0	0
1870	1	64527	0	872	0	0

① ［日］森时彦著，袁广泉译：《中国近代棉纺织业史研究》，社会科学文献出版社2010年版。

（续表）

年份	东北	华南	华北	华东	西南	华中
1871	2	68388	454	563	0	0
1872	0	46471	2265	551	0	76
1873	12	65121	1380	329	0	240
1874	0	67765	1965	0	0	219
1875	0	94209	4087	0	0	1180
1876	0	105964	3974	696	0	2076
1877	0	109086	2523	554	0	3163
1878	0	97974	3755	3111	0	4072
1879	0	120939	10393	0	0	5499
1880	0	125111	12182	5824	9	7192
1881	0	144553	16755	2454	12	9928
1882	96	161594	15755	0	30	13019
1883	120	183035	23872	5540	84	14295
1884	305	212118	31323	0	75	18096
1885	7119	261248	74979	32878	403	23785
1886	24164	234738	99404	52062	122	30169
1887	40841	376357	118539	3058	795	38304
1888	48275	436364	121948	19881	2310	44360
1889	40586	451844	125189	36383	9359	50818
1890	103179	531765	208703	70808	80697	181616
1891	129068	544170	230430	85411	91722	156546
1892	112436	544351	277595	102526	172626	148793
1893	111037	417930	198577	78093	139136	75441
1894	97600	487591	187933	144319	171146	79123
1895	41074	492845	224299	97476	183436	129602
1896	159640	493642	361380	253953	232877	146387
1897	158893	499967	306442	143530	266795	173122
1898	152592	615042	496332	162299	342539	203694
1899	253387	608545	423819	404092	467662	423747
1900	41846	449000	178640	160202	371643	325425

（续表）

年份	东北	华南	华北	华东	西南	华中
1901	182262	543356	420775	239139	361124	386023
1902	176902	429497	584693	390542	378598	471001
1903	177816	450252	473847	364027	504613	523487

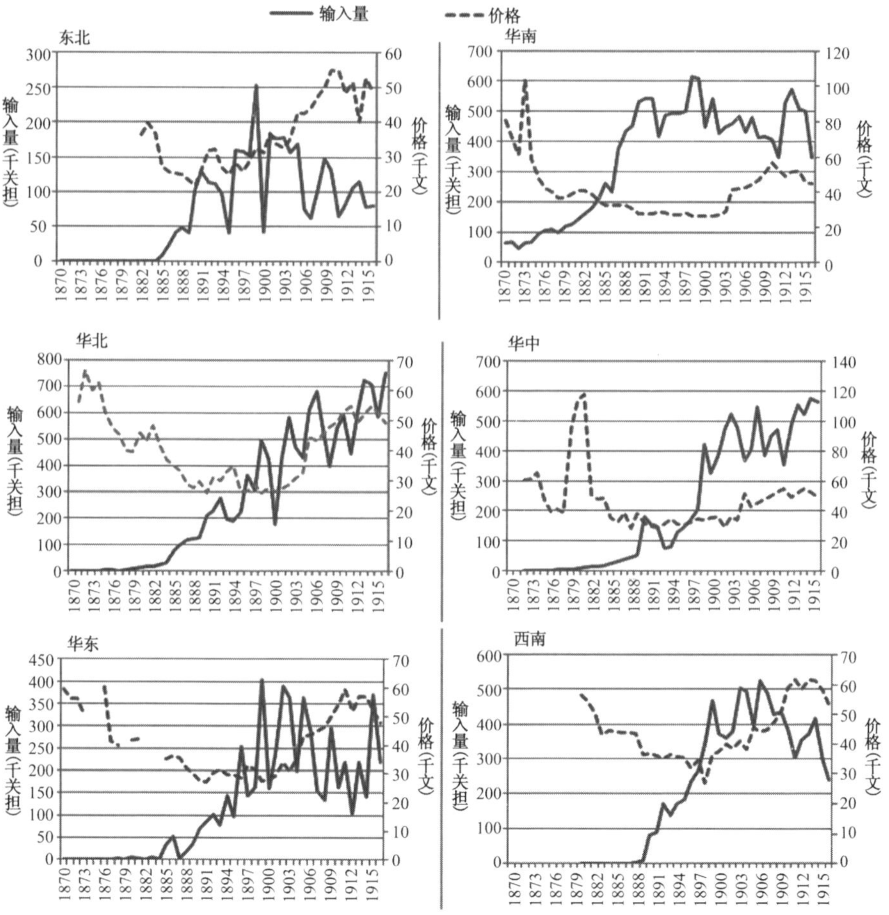

图 1.2　1870—1916 年各区域机制棉纱价格与输入量①

① 图中数据皆来自旧海关史料历次十年贸易报告。各区域棉纱价格皆经过银钱比价换算为铜钱价格，参见张家骧：《中华币制史》第五编，民国大学出版部 1925 年版，第 33 页。

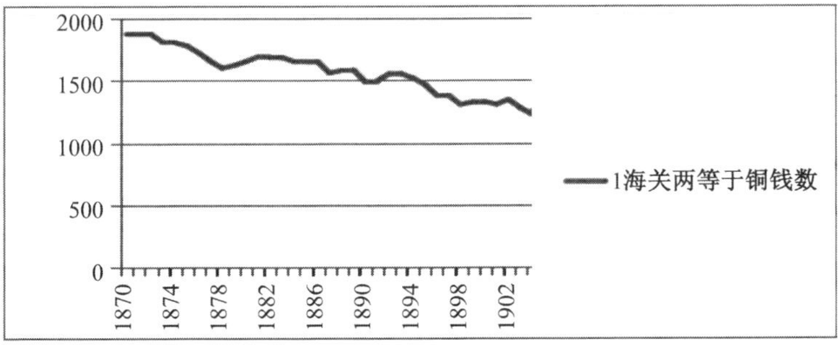

图 1.3　1870—1904 年全国银钱比价变动[①]

从上文各地土纱价格资料中可知，各地机纱价格低于土纱价格的时间差异很大。虽然严中平、森时彦等学者认为这一时间差异正好解释了机纱进入中国后“由非传统植棉区至传统植棉区”的过程，但我们仔细观察表 1.4 与图 1.2 可发现，这一“由非传统植棉区至传统植棉区”的说法是有问题的。如果单纯按照机纱进入中国的时间来看，在海关贸易统计所载进口商品中，机纱在各区域出现的次序为：华南、华东、华北、东北[②]、华中、西南口岸。与其说这是“由非传统植棉区至传统植棉区”，倒不如说是“从沿海到内地”的市场扩展过程。我们再来考察各地区机纱输入量出现明显增长的时间，华南、华中、华东、华北地区由于机纱进入时间较早，其明显增长始于 19 世纪 70 年代。但西南与东北地区在 19 世纪 80 年代出现机纱输入后，其进口量随即出现激增。因此，统观 19 世纪 70 年代至 20 世纪初各地区的状况，机纱输入皆呈加速增长之势。换言之，机纱输入的激增在各地区几乎是同时进行的。而在森时彦与严中平的研究成果中，并没有讨论清楚这一时间段机纱输入量增长速度持续加快，并且在各区域同时出现这一态势的原因。

（二）纱花比价变化与机纱进口贸易

现有文献资料及以往学者研究都显示 19 世纪末各地机纱对土纱的替代

---

① 参见张家骧：《中华币制史》第五编，民国大学出版部 1925 年版，第 33 页。

② 东北各关在 1874—1881 年间没有机纱输入记录，因此机纱进入时间实际上应和西南相仿。

经历了土经土纬—洋经土纬—洋经洋纬的过程，那么，这里可以把洋纱替代土纱看作是商品生产中两种生产要素的替代。根据经济学中生产要素替代效应，在生产规模一定的情况下，机纱对土纱的边际替代率等于机纱与土纱的价格之比。这意味着随着机纱相对于土纱的价格的下降，生产者每放弃一单位的土纱可以购得的机纱增加，因此，机纱输入的增长速度亦在增加。但关于土纱价格的资料难以获得，我们只能用其成本——棉花价格作为替代。1900 年前全国机器纺织业下的棉花市场尚未形成，由于资料所限，以下只能以上海（当时全国最大的棉花集散地）棉价作为全国棉价代表，以全国进口机纱价作为机纱价代表来讨论这一问题。以下是计算得出的 1867—1917 年的纱花比价①（机纱价格/棉花价格）。

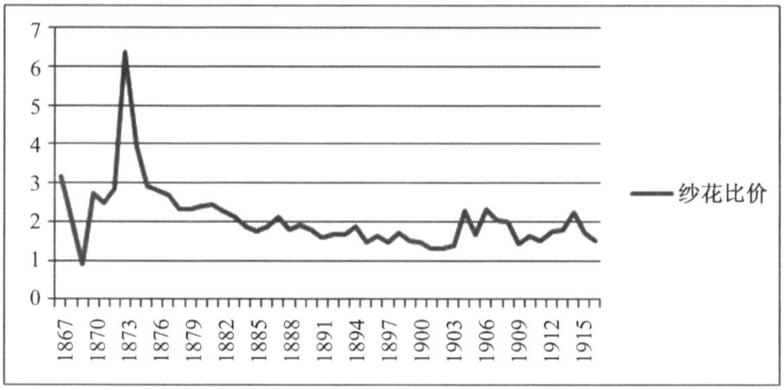

图 1.4 1867—1917 年全国纱花比价变动

依图 1.4 可见，纱花比价在 19 世纪 70 年代中期以后几乎是匀速下降的状态，而这一状态正好解释了机纱输入加速增长的现象，即随着纱花比价的下降，替代每单位土纱需要的机纱越来越多，机纱输入增长速度越来越快。可见，纱花比价的下降可以更好地、动态地解释 19 世纪后半叶机纱输入变化的态势。

① 以往研究中学者们多关注纱花比价在纺纱业中的作用，我们在这里关注这一比价在织布业生产要素选择中的作用。

虽然无法获得当时全国各个地区连续的棉价资料，但是通过考察这一时期各地银钱比价的变动，可以推知纱花比价的下降在各地的态势。①

本节通过对19世纪末机纱进口贸易变化趋势及背后动因的考察可以得出结论：在19世纪后期，银钱比价的下降导致了机纱的铜钱计价下降，最终导致机纱与以铜钱计价的棉花相比相对价格下降，从而构成了机纱在这一时期输入量加速增长的一个重要动因。而通过进一步分区域的考察可知，这一趋势在各区域市场是基本一致的。

第二节　进口替代与机纱进口贸易

19世纪后期银钱比价的下降趋势在20世纪初发生了改变，在失去银钱比价下降这一重要动因后，机纱进口贸易在20世纪初期又呈现出了怎样的变动趋势？进入20世纪后，主导机纱进口贸易量变化的长时段因素又是什么？本节将围绕这两个问题进行探讨。

一、银钱比价、纱花比价与20世纪初的机纱进口贸易

进入20世纪，尤其到1904年后，随着银钱比价的回升，机纱价格迅速升高，而从全国来看，在20世纪前十几年，进口机纱呈下降态势。由于1910年后棉价亦出现升高，因此据图1.4可见，纱花比价并未随银钱比价的回升持续增高，而是处于波动状态，即1910年前处于下降趋势，1910年后缓慢回升。

与之相应，图1.1中所示机纱进口量曲线大体在1910年前呈下降趋势，1910年后出现回升。这说明从全国范围来看，在20世纪初，纱花比价的变动对于机纱进口贸易量变动还是有一定解释力的。

下面我们依旧分区域来进行分析，进入20世纪后各区域进口机纱消费

---

① 在这里，银钱比价的作用可以这样理解：银钱比价的下降导致机纱实际价格下降，而以铜钱计价的棉花未受影响，因此纱花比价下降。

量变动过程是否一致。

图 1.5、图 1.6 呈现了进入 20 世纪后，东北、华南、华北、华中、华东、西南六个区域市场进口机纱消费量的变动趋势。

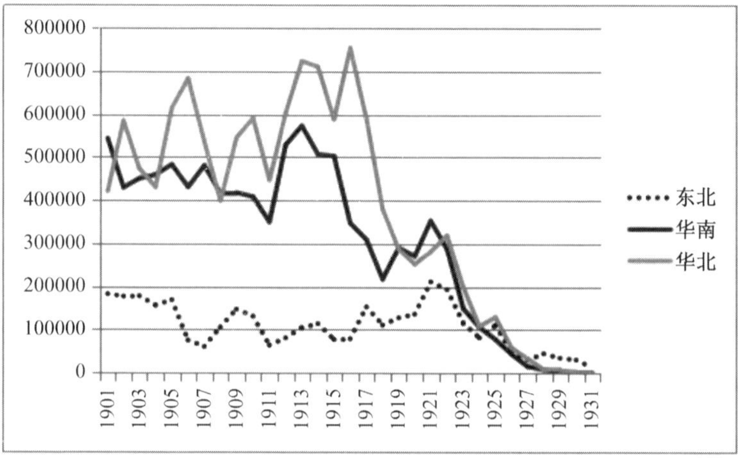

（单位：关担）

图 1.5　1901—1931 年东北、华南、华北进口机纱消费量

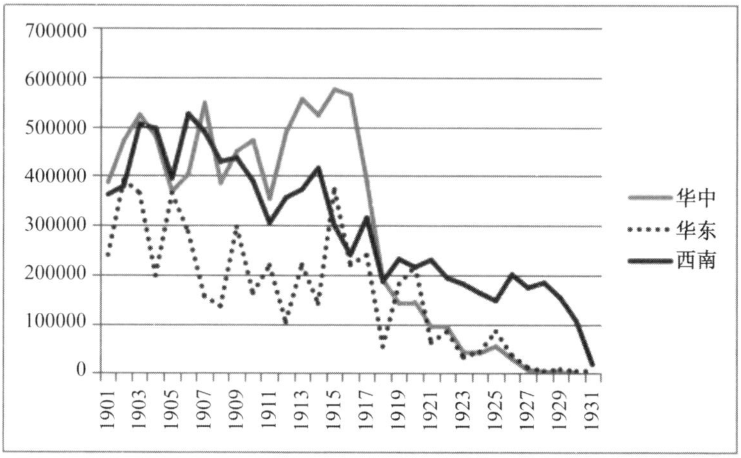

（单位：关担）

图 1.6　1901—1931 年华中、华东、西南进口机纱消费量

从大体趋势上看，在六个区域市场中，华东区域市场进口机纱消费量变动趋势与其他区域相比有所不同，在 20 世纪初下降幅度最大。在 1910—1920 年间，其常年消费量在 20 万关担左右，仅为 1902 年的二分之一强。相比华东区域，西南、华中、华南区域市场进口机纱消费量虽然也大体呈现出下降趋势，但下降幅度远不如华东。

通过分区域考察可知，进入 20 世纪后，各区域市场进口机纱消费量变动趋势是有差异的。这说明如果要解释这一时期机纱进口贸易的变动趋势，在全国范围内银钱比价、纱花比价的因素之外，还要考虑其他因素的作用。

二、20 世纪初机纱输入量变动中的进口替代因素

回顾图 1.1 可知，20 世纪初机纱进口贸易量最剧烈的变化发生在 1916 年后。在短短数年之内，机纱年进口量由约 275 万关担跌至不足 100 万关担。关于这一变化背后的原因，学界已有不少研究。

严中平认为，“一战”后民族资本的投资热潮以及当时日资纷纷涌入是这一时期纺织工业获得发展、机纱进口量下降的重要原因，同时，进口机制棉纱的迅速减少与当时日本国内纺织业由侧重于纺业到侧重于织业的结构变化有关。[①] 森时彦认为“一战”后大规模的抵制日货运动亦是当时进口机制棉纱迅速减少的重要原因。[②] 贺水金则认为当时铁路运输的兴起以及世界大战两个因素带来了国产棉纺织品需求的增加，促进了当时棉纺织工业的繁荣。[③]

事实上，这些研究皆把“一战”后棉纺织工业的发展、国产机制棉纱对进口机纱的替代看作是“一战”后机纱进口贸易量急剧下降的重要原因。虽然“一战”后为中国近代棉纺织工业投资的集中期，同时在当时确

---

① 严中平：《中国棉纺织史稿》，商务印书馆 2011 年版，第 203 ~ 258 页。

② ［日］森时彦著，袁广泉译：《中国近代棉纺织业史研究》，社会科学文献出版社 2010 年版，第 119 ~ 254 页。

③ 贺水金：《从供给、需求曲线变动看 1914—1925 年中国棉纺业的繁荣与萧条》，载《上海社会科学院学术季刊》2001 年第 4 期。

实出现了一系列有利于中国近代棉纺织业发展的国际、国内因素，但从图1.5、图1.6所示各区域进口机纱消费量变化曲线看，我们对其中进口替代因素的考察不应局限在“一战”后的短短数年中，而要把它作为一个长时段并且在空间上不断扩展的因素来讨论。

回顾上文中关于20世纪初各区域进口机纱消费量变动过程的分析，在华东地区，机纱进口贸易量的持续下降早在20世纪最初十年就已开始。从中可以推测，从空间上看，国产机制棉纱对进口机纱的替代首先在中国近代棉纺织工业的发源地上海及附近市场展开。

据图1.1可知，相比1915年，20世纪20年代初的全国机制棉纱进口总量大约下降了一半。而对照图1.5、图1.6，同期的进口机纱消费量下降幅度在各区域亦有不同。在同属长江流域的华东、华中、西南地区，这一下降幅度皆达到或超过了一半；而在东北、华南、华北区域市场，这一下降幅度明显小于上述长江流域。

通过以上对各区域进口机纱消费量变动情况的分析可以推测，从空间角度来看，国产机纱对进口机纱的替代应是一个长期的过程。这一过程在中国棉纺织工业发展伊始的20世纪最初十年，即已在上海及其附近的区域市场开始。由于各种因素，在“一战”后的数年时间内机制棉纱领域出现了进口替代的高潮。但分别对各区域市场考察后可发现，至20年代初，国产机制棉纱的进口替代仍主要发生在长江流域各地市场。而这一进口替代向全国范围的扩展过程贯穿了整个20世纪20年代。

三、从机纱进口贸易来源国、产品结构变化看棉纺工业的进口替代

这一部分内容旨在通过考察机纱进口贸易中的产品来源国、产品结构情况及其变化，讨论其中反映出的中国近代棉纺织工业进口替代的一些特点。

（一）进口机纱来源国分析

这里首先对近代机制棉纱进口贸易的来源国分布及变化做一分析。上

文已述，近代最先进入中国市场的机制棉纱来自英国。但在19世纪末，英国棉纱的地位逐渐被印度棉纱所取代。由于海关统计内容所限，分国别的棉纱进口贸易记载始于1889年。对1889—1936年历年进口机纱来源国情况整理为图1.7。

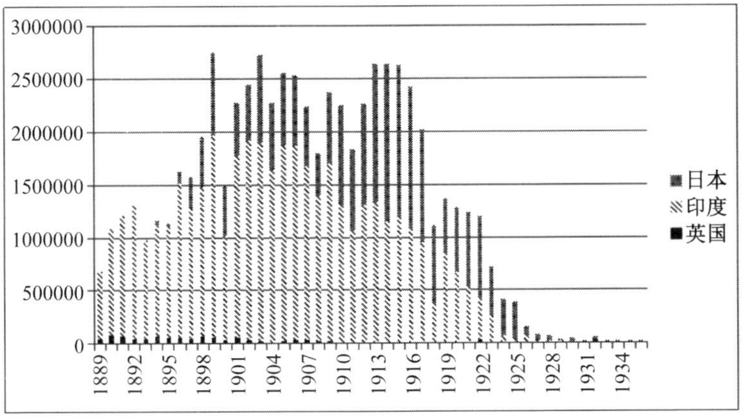

（单位：关担）

图1.7　1889—1936年历年进口机纱来源国结构

据图1.7可见，在19世纪末，印度棉纱在中国市场上占据了绝对优势。大约在甲午战争以后，日本棉纱输入量增加，但在1910年前历年变化幅度不大，在市场占有率上亦远小于印度棉纱。“一战”期间是日本棉纱在中国市场扩展的高峰期，日本棉纱在进口机纱中的市场占有率已经超越先前占主要地位的印度纱。“一战”后，无论是印度棉纱还是日本棉纱，进口量都开始迅速下降。从数量上看，其间日本棉纱在进口机纱中的市场占有率大体上仍高于印度棉纱，但印度纱并未被完全挤出中国市场，直至20世纪30年代仍为进口棉纱中的重要组成部分。此外，进口自英国的棉纱数量虽然不多，但除“一战”期间个别年份，其他年份贸易统计中皆有记载。

从空间上看，以1919年为例，大连、天津、重庆、汉口、上海、广州六大口岸进口机纱中各国产品比重如下：

表 1.5　1919 年各口岸进口机纱来源国结构

通商口岸	日本	英国	印度
大连	94.61%	5.39%	0.00%
天津	20.37%	0.00%	79.63%
重庆	6.28%	0.00%	93.72%
汉口	97.19%	0.00%	2.81%
上海	16.90%	0.05%	83.05%
广州	37.62%	0.00%	62.38%

据表 1.5 可知，以 1919 年为例，日本棉纱与印度棉纱形成了较明显的区域市场上的分工。以各区域代表性口岸为例，日本棉纱在东北、华中市场占据绝对优势，印度棉纱则在西南、华北、华南、华东市场占据较大的优势。

（二）进口机纱产品结构分析

从纱支结构上看，进口自各国的机纱产品结构也存在较大不同，见表 1.6。

表 1.6　1924、1927 年进口自各国机纱纱支结构

年份	国别	纱支进口量（关担）				平均纱支数（支）
		12—17 支	18—23 支	24—35 支	36—45 支	
1924	日本	70467	109353	78436	83709	25.83
	印度	51197	16308	—	—	15.83
	英国	—	—	17	1105	39.83
1927	日本	185	27432	13167	23806	29.19
	印度	18699	692	—	—	14.70
	英国	—	—	48	81	36.55

通过表 1.6 可知，从纱支结构上看，各国产品在不同层次市场亦形成了较为明确的分工。其中，印度纱集中在 12—17 支的低支纱，日本纱集中在 18—35 支的中支纱，而英国纱几乎全部为 36—45 支的高支纱。同时依表可见，占当时进口机纱最大比重的日本机纱在 1924—1927 年间平均纱支数有较显著的提高趋势。

根据以上关于进口机纱来源国、产品结构的讨论可知：在“一战”期间，日本棉纱取代印度棉纱在进口机纱市场上逐渐占据了主体地位。同时就 20 世纪 20 年代进口机纱的产品结构情况看，与 19 世纪末 20 世纪初中国手工棉织业所使用的 10 支左右的低支纱相比，当时进口的日本机纱以 18—35 支的中支纱最多，并且平均纱支数有着较为显著的提高趋势。这一趋势暗示了中国棉纺织工业在机制棉纱部门的进口替代集中于低支纱领域。

通过对海关贸易统计中丝光纱类产品历年进口量的考察（见图 1.8），可以进一步加深对上述问题的理解。海关贸易统计中丝光纱类产品的分类统计始于 1915 年，该类产品为较高级别的进口棉纱，支数可达 60 支。

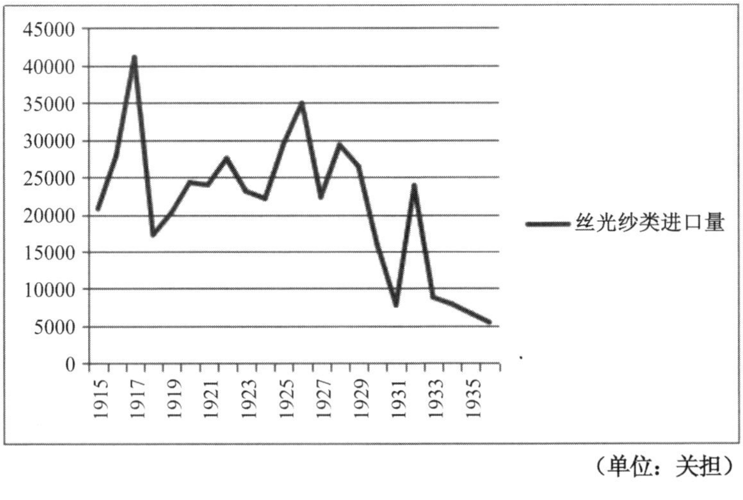

图 1.8　1915—1936 年丝光纱类产品进口量

据图 1.8 可知，“一战”后丝光纱类产品的进口量曲线与机纱进口总量曲线呈现出相反的趋势。从“一战”后至20世纪20年代末，该类产品进口量大体上呈上升趋势。这也暗示着当时国产机纱对进口机纱的替代并未触及以丝光纱为代表的高级产品领域。

尽管如此，不论产品结构如何，在20世纪20年代，日本、印度、英国机纱进口量皆呈现出下降趋势。丝光纱类产品虽然呈上升态势，但每年进口量极少，进口目的地也几乎局限在上海一地。由于中国近代机制棉纱的主要需求来自手工棉织业与机制棉布中各种原色布生产部门，市场需求以低支纱为主，因此从机纱进口总量变化曲线上看，这一时期国产机纱对进口机纱的替代还是较为彻底的，上述国产机纱进口替代在产品结构上的局限性并不影响这一总趋势。

本节对进入20世纪后机制棉纱进口贸易的变化趋势及背后动因进行了研究。通过对各区域进口机纱消费量的考察可知，银钱比价、纱花比价已不能解释各区域市场进口机纱消费量不同步变动的状况。

通过进一步研究发现，进口替代因素是这一时期全国及各区域市场机纱进口贸易变化趋势的主要长时段动因，这一进口替代进程开始于20世纪最初十年的华东市场，既而推进至长江流域，在20年代扩展至全国。

同时从进口机纱来源国、产品结构来看，20世纪20年代国产机制棉纱对进口产品的替代集中于低支纱领域。但由于低支纱市场已构成中国近代机纱市场需求的主体，因此从进口贸易量上看，国产机纱对进口机纱的替代还是较为彻底的。

第二章　中国近代机制棉布进口贸易的时空变迁

机制棉布是近代对外贸易中最重要的进口品之一。外国各种棉货在清代康雍乾嘉时期进口量极少，在英国东印度公司统计中称“殊有可记之价值”①。至鸦片战争前夕，自广州输入中国的各种棉货数量“频有增加”，外国棉货已“渐为华人购用”②。《南京条约》签订后直至咸丰年间，棉货迅速跃居英国输华制品之首位。③

考察海关统计资料，机制棉布进口总值自19世纪50年代以来一直位于各种进口物品总值首位。进口机制棉布类别下名目繁多，而且各时期统计格式不一。以往研究多关注其总值或总量的变化，即使关于其总量的计算，也由简单加总而来，忽略了各种机制棉布品质、规格的差别。而对于各种机制棉布输入在空间上的分布状况，关注更少。同时，在进口机制棉布对中国传统织业的影响这一问题上，学术界看法不一，以严中平为代表

① ［英］班思德编，海关总税务司署统计科译：《最近百年中国对外贸易史》，见刘辉主编：《五十年各埠海关报告（1882—1931）》（十），中国海关出版社2009年版，第20页。

② ［英］班思德编，海关总税务司署统计科译：《最近百年中国对外贸易史》，见刘辉主编：《五十年各埠海关报告（1882—1931）》（十），中国海关出版社2009年版，第36页。

③ ［英］班思德编，海关总税务司署统计科译：《最近百年中国对外贸易史》，见刘辉主编：《五十年各埠海关报告（1882—1931）》（十），中国海关出版社2009年版，第57页。

的老一辈学者认为进口机制棉布对中国传统土布生产造成了巨大的冲击，而近来亦有学者认为进口机制棉布事实上与传统土布并不属于同质商品，“反而与丝绸类织品较为相近”①，因此对传统织业的影响是很有限的。

事实上，近代海关贸易统计中所列进口机制棉布种类繁多，并且在品质、价格上都有巨大差异；分别从时间、空间角度来看，不同时期、不同地区对进口机制棉布的需求亦有着显著不同。可见，进口机制棉布对中国棉布市场的影响绝不能一概而论。

因此，根据海关统计数据对中国近代机制棉布进口贸易情况进行系统的研究是十分必要的。本章将解决以下几个问题：

1. 1867—1936 年间进口机制棉布在输入量、产品结构上有什么变化？

2. 各种进口机制棉布消费情况的空间分布如何？在 1867—1931 年间是否发生了变化？

3. 在空间分布上，近代机制棉布输入集中于通商口岸及省会大邑，还是已经大量深入内地？

4. 上述中国近代机制棉布进口贸易的时空变迁可反映出中国近代棉纺织业进口替代长时段因素怎样的特点？

以下研究在资料方面，主要依据 1867—1936 年各年度的海关贸易统计，包括历年总册中的分货物类别统计、各港口分册中的分货物类别统计及子口贸易统计。

第一节　进口机制棉布输入量及产品结构变化

进口机制棉布在海关贸易统计货物中占有重要地位，这一类别下货物名目繁多，进入 20 世纪后分类愈加详细。以下为海关贸易统计中进口机制棉布分类数目情况。

---

① ［日］森时彦著，袁广泉译：《中国近代棉纺织业史研究》，社会科学文献出版社 2010 年版，第 63 页。

表 2.1　海关贸易统计中进口机制棉布分类数目变化

年代	1870	1880	1890	1900	1910	1920	1930
分类数目	16	16	17	19	24	44	82

资料来源：根据历年海关贸易统计商品目录整理所得。

进口机制棉布在总体上可分为原色布与成品布两大类。其中原色布指未经染色、漂白、印花等工序的半成品机制棉布，包括本色市布、本色粗布、本色粗斜纹布、本色细斜纹布以及本色标布五种。这一统计分类方法在 1867—1936 年间基本保持不变。成品布指原色布之外的各种经过漂白、染色、印花等进一步加工的机制棉布，其产品既包括在以上原色布基础上的加工成品，也包括其他更为高档的成品机制棉布，其中羽绫、羽绸、印花布、剪绒四种产品可占到绝大多数比重。

一、各种花色棉布织造工艺、消费群体、规格及价格概述

这里首先考察各种花色棉布之间在织造工艺、消费群体、产品规格、产品价格等方面的差异。民国初年日本人井村薰雄著有《中国之纺织业及其出品》一书，概述了各种花色进口机制棉布的品质、规格及进口来源国与需求量。① 20 世纪 30 年代叶量著有《中国纺织品产销志》一书，对各种花色布匹的织造工艺、品质、规格、市场进行了更为详尽的叙述。② 依托于这两种资料，可以对以上几种布匹在织造工艺、消费群体、产品品质及规格等方面的差异形成较为完整的认识。

（一）分类标准

以原纱及组织法与加工方法的不同区分各种机制棉布，通常的标准有六项。这里引用叶量《中国纺织品产销志》中对此六项标准的界定：

---

① ［日］井村薰雄著，周培兰译：《中国之纺织业及其出品》，商务印书馆 1928 年版，第 105 ~ 124 页。

② 叶量：《中国纺织品产销志》，上海生活书店 1935 年版，第 73 ~ 107 页。

1. 原纱：粗纱织成粗布，细纱织成细布。原料影响于成品者至大。

2. 密度：普通布匹以紧密为贵，每单位面积中所含线数愈多，一方面足以表示质地之紧密，一方面亦足见用纱之细。但纱罗之类，在相当范围内反以空隙之多为贵者，自不在此例。

3. 组织：每组织纹中所含线数愈多，织成的花纹愈复杂。基本组织有平纹、斜纹、缎纹三种。

平纹（Plain Weave or Shirting Weave），一组织纹中含经纬各二线，互为起伏，乃组织纹中最简单者，其应用最广，质地也最为紧密。斜纹（Twill Weave），一组织纹中含经纬各三线以上，起伏按序作斜道。缎纹（Satin Weave），经纬交错最少，每组织纹四至十余线不等。

4. 色泽：普通本色布匹之色泽，多视使用原料及纺织工作而定。其他因加工而影响色泽者，有以下几种：（1）漂白，有全漂、市漂（未将杂色漂净，需加色中和）之别；（2）染色，有纱染、匹染两种；（3）印花，有单面、双面、套色之别，以单面一色至三色为多；（4）烧光；（5）丝光；（6）印光。

5. 宽长：土机所织之土布宽约尺余，长约丈余，适合农人大布之衣一件之材料；粗条格布宽一尺七八寸，长 5 丈上下，曩时受土布免税标准之限制者；普通厂布宽 1 码，长 40 码上下，宽为土布之倍，袖管无须添接，长度又多有伸缩之余地，故最合大宗销路；线呢等宽 27—30 寸，合于袍褂衫裤之剪裁，长约 20 码，可供长服 6 件或短衣 12 件之材料。

6. 重量：普通棉布每方码 2—8 英两，以 5—6 英两为多，更轻者限于夏季用品，更重者亦甚少销用。

（二）织造工艺、产品规格、消费群体

以下根据《中国之纺织业及其出品》及《中国纺织品产销志》两种资料，对占近代进口机制棉布绝大部分比重的几种产品的织造工艺、产品规格以及消费群体做进一步分析。

1. 本色市布（Shirtings and Sheetings，Grey），系最普通之本色平纹布。以粗细轻重不同可分以下三种：

本色原布（Grey Shirtings），每匹长38—39码，宽38—39寸，重3—11磅不等。系30—40支经纱及20—30支纬纱织成。供帐料、漂制绷布及染制衣里料用。本色细布（Grey Shirtings），每匹长40码，宽约36寸，重11—15磅，以12磅居多，约140线/方寸。系20—30支单纱织品。供内衣及染制衣面等用。本色粗布（Grey Sheetings），尺码与细布相同，重量为9—18磅。系20支以下单纱织品。轻者9—11磅，80—100线/方寸，供衣里之用；重者100—110线/方寸，供普通衣着、被褥等用。此外，我国内地的手机织品尺码、品质大致与本色粗布相同。

2. 漂布（White Shirtings），每匹长40—42码，宽35—36寸，重量以11磅为多。每方寸约含经、纬150线。上等品含浆较少者供内衣等用，次等供帐料杂用。

3. 染色市布（Dyed Shirtings），少见于正式市场，多为零售商人自购托染坊、染厂代染。

4. 本色洋标布（T－cloths，Grey），系本色平纹布，质地较之市布纱劣而浆重。每匹长24码，宽32或36寸，重4—9磅。原纱约为20支单纱，供面粉袋等用。

5. 本色斜纹布（Drills and Jeans，Grey），多为三线组斜纹织品。每匹长40码，宽30寸，重10—16磅。其中有粗、细两种，粗斜纹布由16支上下之粗纱织成，约120线/方寸；细斜纹布由20支以上之棉纱织成，约150线/方寸。两者均供内衣及染制衣面等用。漂白斜纹布（Drills and Jeans，White），细斜纹居多，供内衣及制服等用。染色斜纹布（Drills and Jeans，Dyed），即本色或漂白斜纹布之染色品，供普通衣着面料用。

6. 印花斜纹布（Drills and Jeans，Printed），系30—40支单纱织品。每匹长30码，宽28寸，约150线/方寸。供妇孺衣料等用。

7. 棉横贡呢（Lastings），一名羽绫。系纬面缎纹厚重织品，6英两/方码。每匹长30码，宽26—29寸。厚者染黑色供马褂用，薄者供普通棉夹衣面用。

8. 绸缎种类繁多，此处仅列以下四种：

羽绸（Italians）、冲西缎（Imitation Venetians），两者质地几乎完全相同，均为5线纬面缎纹织品。经、纬线为50支以上单纱，200—300线/方寸。通销者每匹长30余码，宽29—31寸。织后经烧光、染色、印光三项手续，光泽甚强。供罩衫、衣面等用，少数色素及织花、印花品可供上等衣里及其他装饰料用。

宁绸（Tientsin Twills），为5线纬面缎纹之印花织品。所用棉纱较粗，不足200线/方寸。尺码、用途与羽绸同。

泰西缎（Cotton Venetians），为8线经面缎纹织品。经线为60支以上双股纱，纬线为30支或40支单纱，200—300线/方寸。染色整理方法与羽绸同，光泽较柔。每匹宽30—31寸，长30码。供袍褂、鞋帽料用，色素及印花品供上等衣里及装饰等用。

9. 剪绒回绒（Velvets，Velveteens），系回绒织品之通称，花色甚繁。尺六绒最多，每匹长20余码，宽22寸，合中尺1尺6寸，故名。宽1尺9寸者，别名尺九绒。经80线/方寸，纬130—150线/方寸。6—9英两/方码。染元素色及印花者居多。供妇孺衣服及鞋帽装饰材料用。

10. 印花布（Plain Cotton Prints），英国印花布大抵宽28—30寸，组织为60×70至72×74，每磅重合5.5—8码。布宽28寸者长32码，宽29寸者长31码，宽30寸者长30码。俄国印花布大概宽24寸至25寸或26寸，长30码。共计八种，销路最广者为四号及八号布：四号布宽25寸，组织为88×68，每磅重合6.91码；八号布宽25寸，组织为88×68，与四号布同，每磅重合6.23码。日本印花布普通宽28寸，长30码。

此外，《中国纺织品产销志》对土布的工艺规格亦有叙述，可与上述各花色进口机织布做对照。土布乃单纱狭幅手机织品之通称，名目繁多。就普通情形而言，每匹长1—5丈，宽9寸至1尺7寸。所用棉纱多为16支以下之粗纱或手纺纱。颜色以本色、染色为多。组织多为素平纹。其他如坎布为斜纹组织，罗稀米稀为染纱织品，花布为土法印花品，数量均少。土布大多供农家日常服用。

通过以上分析可知，各种花色棉布品质差别取决于其所用原纱、组织方式及加工方式。大体上每方寸线数愈多，其织造方式愈精细；在原纱支数相同时，每方寸线数愈多，织品愈厚重；在每方寸线数相同时，使用原纱愈粗，织品愈厚重。织品的厚重程度决定了其保暖性与耐用性，而织造的精细程度决定了织品的品质。另外，布匹的加工方式亦对其品质、光泽有重大影响。

（三）各种棉布价格①、线密度、匹重分布

以下为上述各种花色进口机制棉布及土布的品质及价格差异示意图，其中价格数据为20世纪最初十年的平均值。②

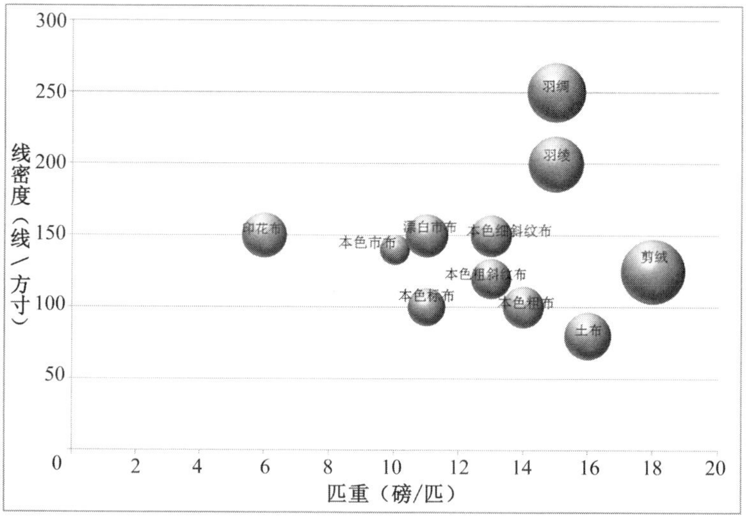

图2.1　各种花色棉布匹重、线密度及价格分布③

图2.1中纵坐标为线密度，标志布匹的精细程度；横坐标为匹重，标志布匹的厚重程度；图标的半径代表布匹的价格。可见，各种进口机制棉布中羽绸、羽绫织造最为精细且较为厚重，同时价格很高，多供高档衣料

---

① 各种原色布的加工产品品质与原色布相似，但价格略高。

② 根据1901—1910年历年海关贸易统计及十年报告整理。

③ 每种布匹规格不一，为方便比较起见，这里的单位“匹”都已换算为1×40码的标准匹。

用；剪绒虽然精细程度较低，但最为厚重，虽在需求上相对普遍，但由于其加工工序的复杂性，价格亦很高；印花布、漂白市布亦属较为精细的织品，价格亦较高，但厚重程度较低。各种原色布精细程度较低，厚重程度不等，价格较低。具体来看，本色粗布最为厚重，但精细程度最低；本色市布较为精细，但厚重程度最差；本色粗细斜纹布精细程度与厚重程度都较高；本色标布精细程度与厚重程度都较低。几种原色布中，除了本色市布非常廉价，其他价格都十分接近；在市场需求方面，几种织品都供日常衣物布料用。而土布与各种进口机制棉布相比，精细程度最低，厚重程度则仅次于剪绒。各种进口机制棉布中，本色粗布与本色粗斜纹布在品质、价格以及市场需求上与土布最为相近。

二、各种花色机制棉布进口量及产品结构变化

以上考察了各种进口机制棉布及土布在品质、价格及市场需求方面的异同，下面是对各种产品历年进口量及产品结构变化的分析。

（一）从进口原色布价值所占比重初步分析进口机制棉布结构变化

如上所述，中国近代进口机制棉布可分为较为高级的成品布与较为初级的原色布。未经印染加工、织造工艺较为粗糙的原色布更容易受到普通劳动者的青睐，因而市场更为广阔。虽然原色布进口在近代一直是进口机制棉布商品的大宗，但实际上其所占比重在1867—1936年间发生了巨大变化。

图2.2为进口原色布价值占进口棉织品（不包括棉纱）总价值比重变化情况。可见在20世纪20年代前，这一比重基本呈匀速下降状态，但下降速度并不剧烈。具体来看，19世纪80年代前，原色布进口价值可占到棉织品进口总值的80%以上；直到1920年前后，原色布进口价值还可占到棉织品进口总值的45%左右。但在20世纪20年代后，这一比重迅速下降，在1930年后已低于10%。考虑到原色布平均价格大约为成品布的一半，从19世纪末至1920年前后，原色布在匹额上都可占到进口机制棉布总体的一半以上，但到1930年后，这一比重已不足20%，因此可以推测，

20 世纪 20 年代后，进口机制棉布在产品结构（高级成品布与初级原色布）上发生了重大变化，以初级产品原色布占主体的进口棉织品结构被以高级产品成品布占主体的结构替代。

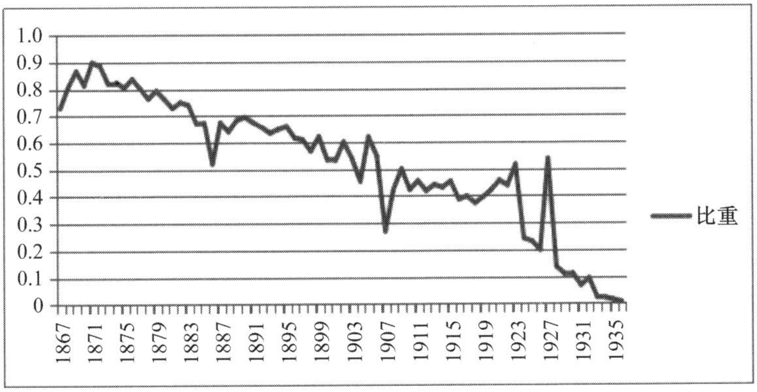

图 2.2　1867—1936 年进口原色布价值占进口棉织品总价值比重变化①

（二）各种花色原色布、成品布进口量变化

为证实上文中的推断，以下对各种花色原色布、成品布在 1867—1936 年间进口量的变化做进一步分析。

图 2.3、图 2.4 为本色市布、本色粗布、本色斜纹布（包括粗、细斜纹布）、本色标布的历年进口量变化情况。其中，由于海关统计中本色市布与本色粗布在 1924 年后合并，这里归为一项在图 2.3 中另行表示。可见本色市布粗布、本色斜纹布进口量在 19 世纪末呈增长趋势，在 20 世纪最初二十年达到最高，之后迅速下降。本色标布进口量虽然总体上呈下降趋势，但在 20 世纪初亦处于较高的位置。几种原色布在尺寸规格上亦较为相近，把几种原色布历年进口量加总所得原色布历年进口总量，同样在 19 世纪末呈较为缓慢的增长趋势，在 20 世纪最初二十年达到最高，之后迅速下降。

① 根据 1867—1936 年历年海关贸易统计整理。以下历年全国、各口岸机制棉布进口量、价值数据来源皆相同。

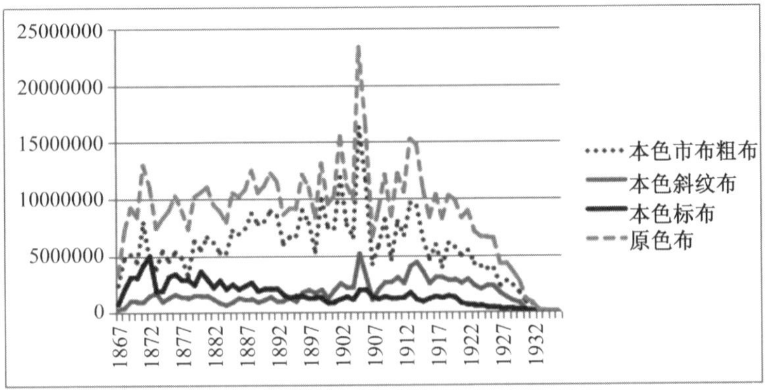

（单位：匹）

图2.3　原色布历年进口量变化之一

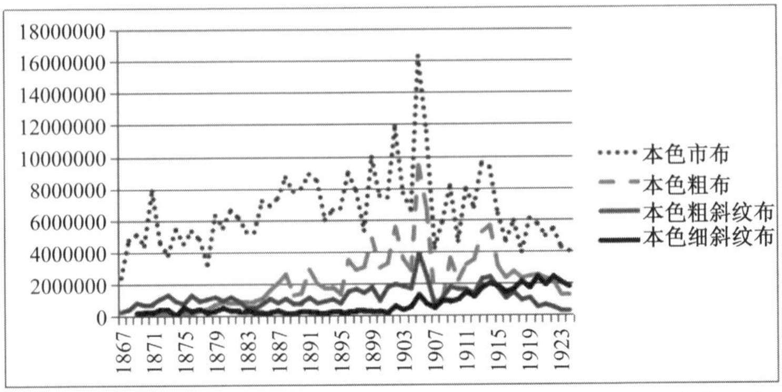

（单位：匹）

图2.4　原色布历年进口量变化之二

图2.5为漂白市布、染色市布、剪绒历年进口量变化情况。其变化趋势已与上图明显不同。漂白市布在19世纪末呈增加趋势，在20世纪20年代，虽然波动剧烈，但与19世纪末相比总体上处于较高位置；染色市布的情况与漂白市布类似，其进口量在20世纪20年代处于较高位置；剪绒的进口量最高值虽然位于“一战”前，但其在20世纪20年代亦处于较高位置，并且在数量上要超过19世纪末。这几种棉布进口量基本皆在20世纪30年代迅速下降（染色市布进口量在1934、1935两年远远高于其他年份）。

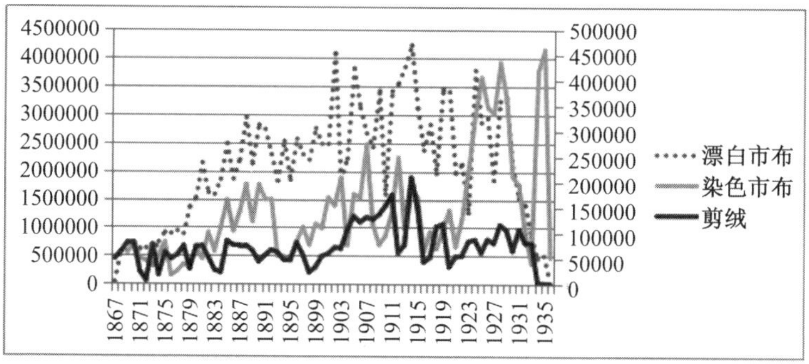

（单位：匹）

图 2.5　漂白市布、染色市布及剪绒历年进口量变化①

图 2.6 为羽绸、羽绫、印花布、印花斜纹布四种较为高档机制棉布的历年进口量变化情况。羽绸、羽绫的进口量在 19 世纪末呈增长趋势，在 20 世纪初至 20 年代，皆保持较高位置。②印花布在 19 世纪末 20 世纪初呈增长趋势，其进口量最高点位于 20 世纪 20 年代后期。印花斜纹布在 19 世纪进口量很少，无系统记录，其进口量最高值亦位于 20 世纪 20 年代后期。这几种棉布进口量皆在 20 世纪 30 年代迅速下降。

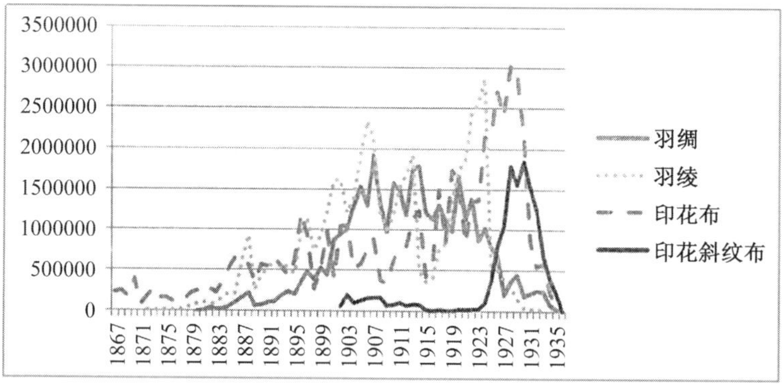

（单位：匹）

图 2.6　羽绸、羽绫、印花布、印花斜纹布历年进口量变化

① 漂白市布历年进口量参照左边纵轴，染色市布与剪绒参照右边纵轴。
② 羽绸、羽绫进口量在 1925 年后的剧减为统计类别格式的改变所致。

（三）各种花色进口机制棉布①来源国分析

由于"一战"影响，西方国家对中国的贸易量锐减，在棉织品领域，日本迅速取代了中国原先的主要进口贸易对象英、美等国，成为中国的第一大棉织品输入国。这一进口来源地的变化是否与上述进口机制棉布产品结构的变化有关，还需加以讨论。

图2.7至图2.13分别为19世纪末至1936年本色市布、本色粗布、本色粗斜纹布、本色细斜纹布②、本色标布的进口来源国结构图。本色市布粗布进口在19世纪末20世纪初，以英国、美国为主要来源地。③ 1910年后日本产品输入量开始增多，至"一战"后完全取代了英、美产品的地位，日本成为最主要的进口国。就其进口量来看，在20世纪20年代已呈下降趋势。

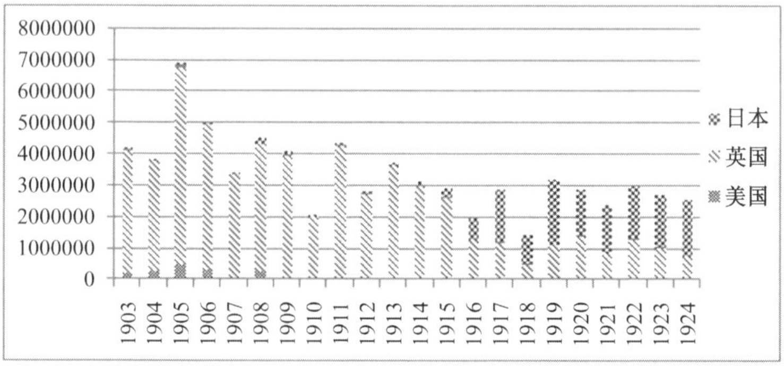

（单位：匹）

图2.7　**本色市布来源国结构**

---

① 本书之后对进口机制棉布的讨论，如无特殊说明，皆以前文所述种类为考察范围。上述种类机制棉布在清末几乎可占到进口机制棉布总匹额的全部，在1920年可占到总匹额的77.8%，在1935年亦可占到总匹额的50%以上。

② 下文将本色粗斜纹布与本色细斜纹布合称本色粗细斜纹布。

③ 其中，市布以英国为主，粗布以美国为主。这与两国国内机器织布业的产品结构是一致的。Douglas A. Irwin and Peter Temin, "The Antebellum Tariff on Cotton Textiles Revisited," *The Journal of Economic History* 61, no. 3 (September 2001): 777－798.

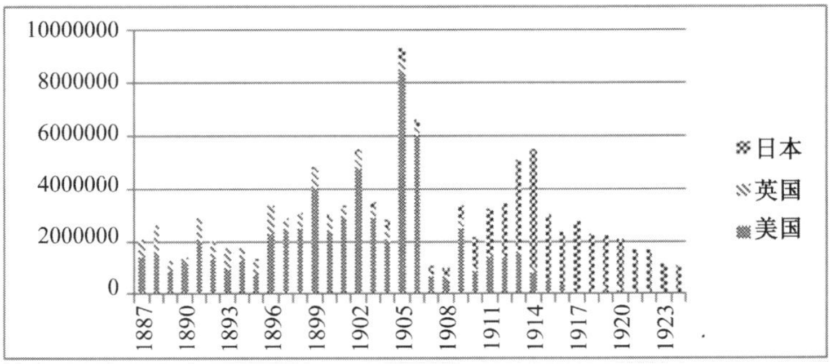

（单位：匹）

图2.8　本色粗布来源国结构

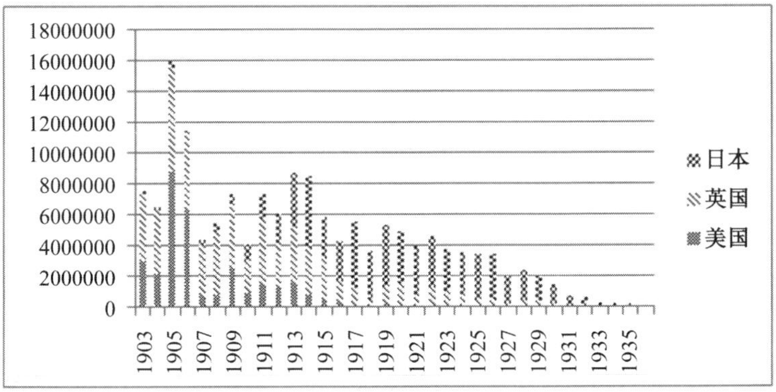

（单位：匹）

图2.9　本色市布粗布来源国结构

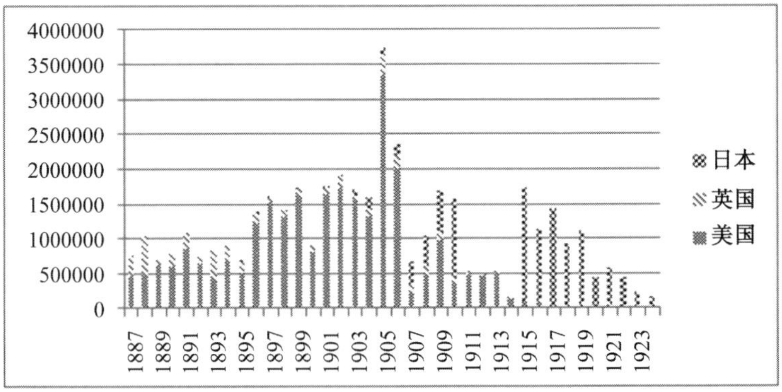

（单位：匹）

图2.10　本色粗斜纹布来源国结构

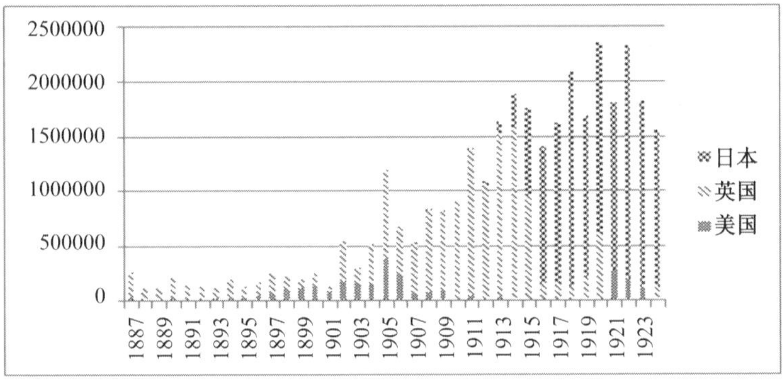

（单位：匹）

图 2.11　本色细斜纹布来源国结构

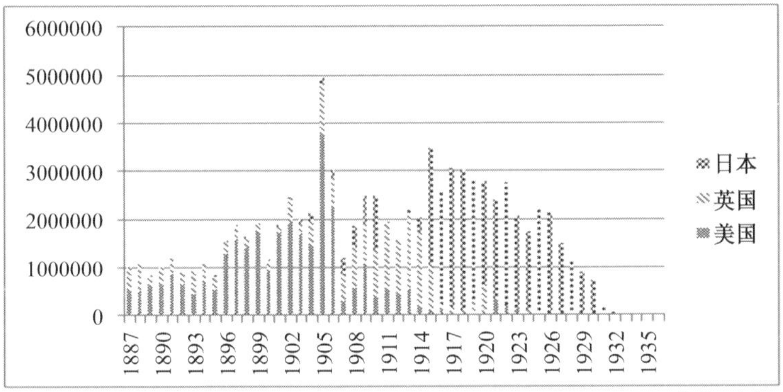

（单位：匹）

图 2.12　本色粗细斜纹布来源国结构

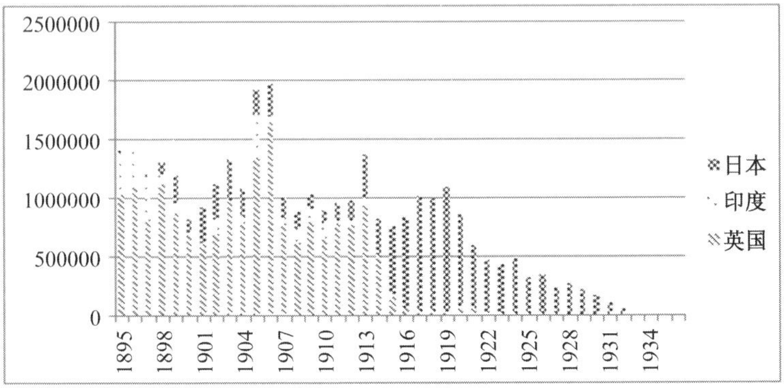

（单位：匹）

图 2.13　本色标布来源国结构

本色粗细斜纹布进口在1910年前以美国为主要来源国，1910年后则以英国为主。“一战”爆发后，英、美对华输入量皆一蹶不振，其市场迅速被日本产品占有。与上述本色市布粗布相似，本色粗细斜纹布进口量在20世纪20年代亦呈明显下降趋势。

本色标布进口在19世纪末20世纪初以英国为主要来源国，也有少量印度布输入。与上述本色粗细斜纹布相似，“一战”爆发后，日本产品迅速占领英、印产品在中国的市场。而在20世纪20年代，本色标布进口量亦呈下降趋势。

图2.14至图2.16分别为20世纪初至1936年漂白市布、染色市布、印花斜纹布的进口来源国结构图。漂白市布进口以英国产品为主，“一战”后至20世纪20年代末，日本产品进口量增加，但并未取代原先英国产品的地位。染色市布与印花斜纹布进口，在“一战”结束前后分别以英国、日本产品为主，并且在20世纪20年代，印花斜纹布进口量猛增，远远超过20世纪初。就其进口总量来看，在20世纪20年代，这几种布并未发生与上述原色布相似的下降趋势。

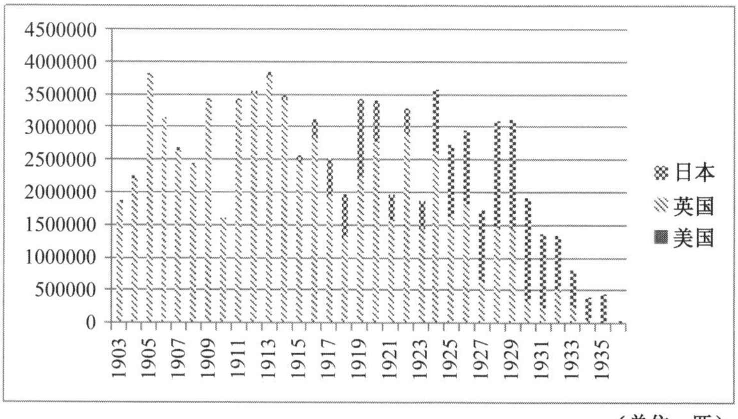

（单位：匹）

图2.14　漂白市布来源国结构

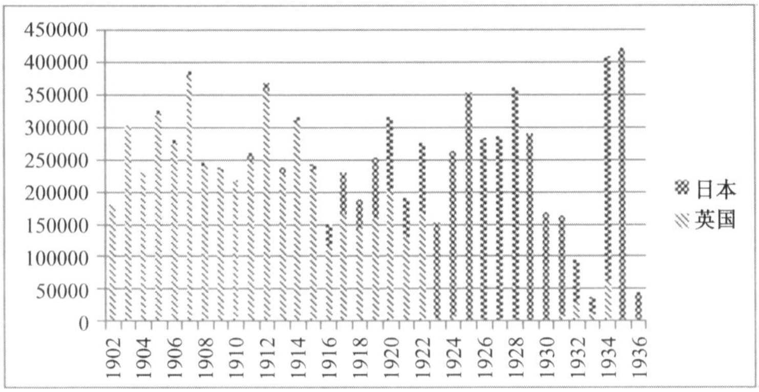

（单位：匹）

图2.15　染色市布来源国结构

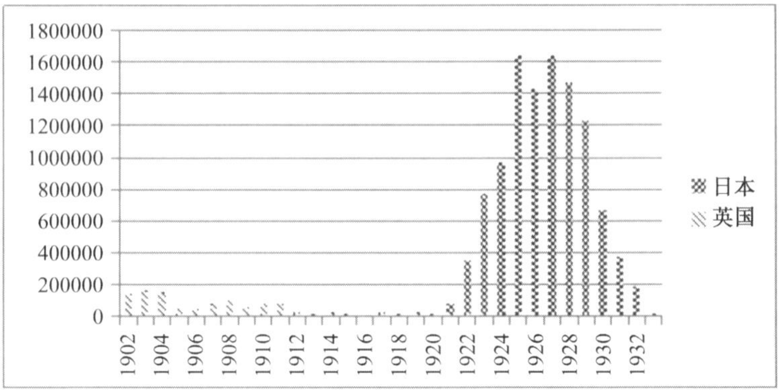

（单位：匹）

图2.16　印花斜纹布来源国结构

图2.17至图2.20分别为20世纪初至1936年剪绒、印花布、羽绫、羽绸等较高档布匹的进口来源国结构图。剪绒进口来源国在20世纪初以英国及欧洲其他国家为主，其进口量在经过“一战”期间的低谷后迅速回升。20世纪20年代后日本产品占有了一部分市场，但并未取代英国产品的地位。就其进口总量而言，20世纪20年代要高于20世纪初。

印花布进口来源国在20世纪初以英国为主，1910年后俄国产品进口量增加。“一战”期间，日本产品输入量开始增多，逐渐取代了原先英国、俄国产品的地位。“一战”后，虽然英国、俄国产品的进口量亦有恢复，但日本产品进口量的增加更为显著。就其进口总量而言，20 世纪 20 年代已远远超过 20 世纪初。

与上述印花布相似，羽绫进口在“一战”前亦以英国、俄国等国产品为主。“一战”爆发后，其市场迅速被日本产品占领。羽绫的进口量在 20 世纪 20 年代前期达到最高值。

在 20 世纪初，羽绸的进口来源国亦以英国为主。与其他花色布匹相比，在“一战”期间，日本产品并未取代英国产品地位，而在“一战”后，英国产品进口量亦有所恢复。

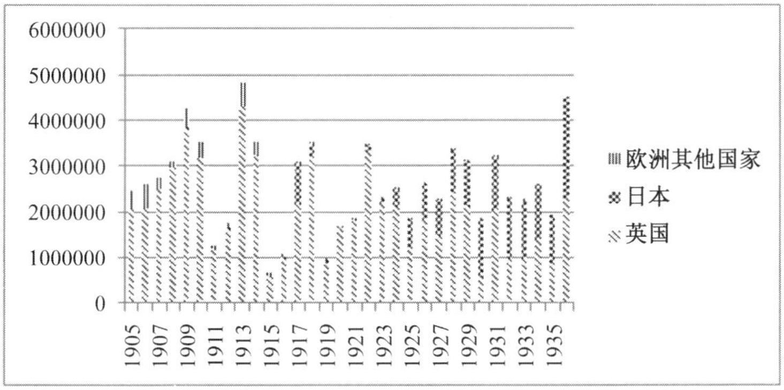

（单位：匹）

图 2.17 剪绒来源国结构

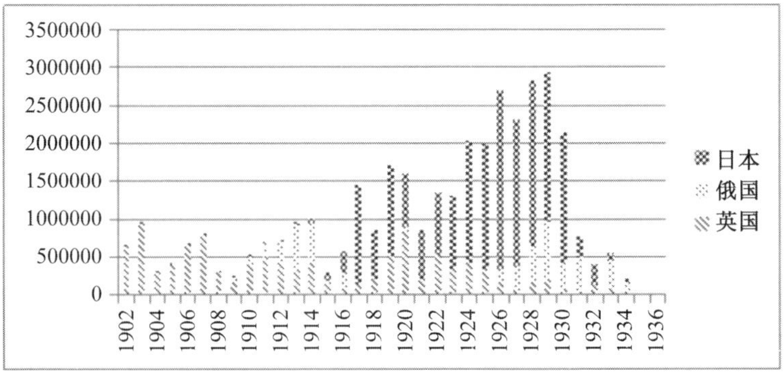

（单位：匹）

图 2.18 印花布来源国结构

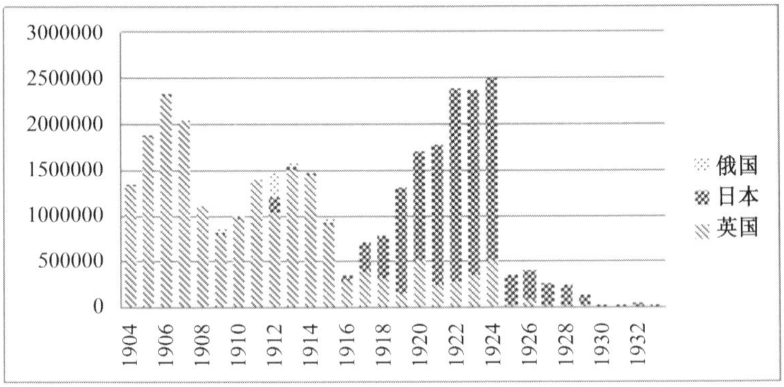

（单位：匹）

图 2.19　羽绫来源国结构

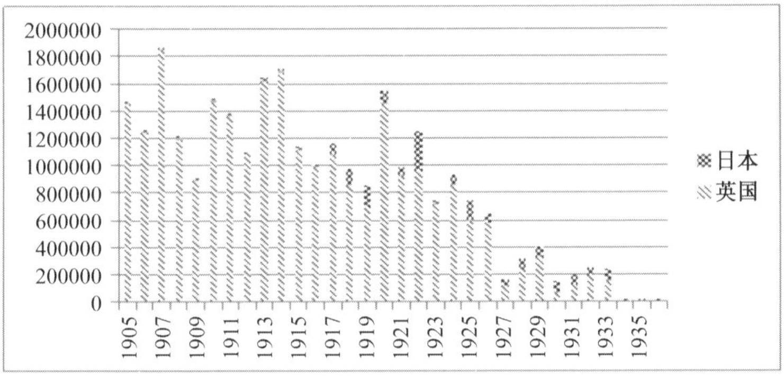

（单位：匹）

图 2.20　羽绸来源国结构

需要说明的是，以上对各种机制棉布进口来源国的分析皆把中国市场看作一个整体，事实上在各区域市场，日本机制棉布的占有率是有所不同的。以 1919 年大连、天津、上海、汉口、广州五个主要口岸的本色市布（进口量空间差异较小）进口为例，日本产品在大连港市场占有率最高，达到 95% 以上；其次为汉口、天津，分别约为 87%、75%；在上海和广州市场占有率较低，分别有 37%、16%。综合来看，日本本色市布在上述五个港口的平均占有率为 62%，高于机制棉纱（53%）。

通过以上分析可见，各种花色机制棉布进口来源国结构，在“一战”

前后发生了重大变化，即日本取代了英、美等西方国家对华主要贸易国的地位。而进一步分析可发现，上述关于原色布与成品布的产品结构变化，同样体现在各进口来源国的输入棉布结构中。在进口原色布领域，“一战”后日本产品所占比重增加，但进口总量仍在减少；在进口印花布、印花斜纹布、染色市布、羽绫等成品布领域，“一战”后日本产品所占比重增加，其进口总量亦在增加；在漂白市布、羽绸、剪绒等日本产品所占比重较小的领域，“一战”后英、日产品进口量皆呈增加之势，并且在20世纪20年代进口总量并未出现与原色布领域相似的下降趋势。由此可见，“一战”导致的机制棉布领域进口来源国结构的变化，并不能解释随后20世纪20年代进口机制棉布产品结构发生的变化。

综上所述，近代进口机制棉布在总体上可分为原色布与成品布两大类，其中仅原色布中的个别种类棉布与传统土布在价格、工艺上非常相近。

从进口量及产品结构上看，19世纪末20世纪初进口机制棉布以各类原色棉布为主，20世纪20年代后各类原色棉布进口量迅速下降，各类成品棉布成为进口机制棉布的主要组成部分。

从各种机制棉布进口来源国看，“一战”后日本取代了原先英、美等国对华主要贸易国的地位。至20世纪20年代，在绝大多数种类进口机制棉布中，日本产品皆占有较高的比重。

第二节　近代进口机制棉布消费分布（1867—1931）

经过以上对各种花色机制棉布历年进口量的分别考察以及对进口来源国的分析，可以证实上述20世纪20年代进口机制棉织品产品结构发生重大变化的推断。在20世纪20年代前，原色布进口量呈上升趋势，其进口价值所占比重呈下降趋势为进口布匹花色的增多所致。在20世纪20年代，原色布在进口量上迅速下降，而各种花色成品布进口量则出现增长或保持不变。由此可知，在20世纪20年代，进口机制棉布的主体由原色布转为较为高级的成品布。

了解近代进口机制棉布结构的变化后，还有一些问题亟待解决：

第一，19世纪末机制原色布进口量增加，而据上述关于各种花色布匹织造工艺、市场需求的分析可知，与土布品质、市场需求及价格较为相近的粗布、粗斜纹布皆属此类。各种机制棉布的进口分布如何？其进口量的增长对传统土布生产的影响如何？

第二，20世纪20年代亦为中国纺织业发展的黄金时期，而与纺纱业相比，机制棉布业的发展更加集中于这一时期。而上述分析亦表明，这一时期进口原色布的减少与成品布的增加，与“一战”期间造成的进口来源国的变化是无关的。而在这一时期的机制棉布市场上，国产机制棉布是否同进口机制棉布呈现出互为消长之势？国产机制棉布对进口机制棉布的替代达到了什么样的水平？从空间上看，这一替代是如何进行的？

如要回答上述问题，便要对近代进口机制棉布的影响以及国产机制棉布对之替代的过程加以讨论。首先需要对进口机制棉布的销售市场详加分析，这一研究将依托旧海关统计资料进行。与进口机纱不同，机制棉布花色繁多，且各港口的进口产品销售腹地分布更为复杂，因此想要得到对近代进口机制棉布销售市场的准确把握，需要更加细致的研究。研究由以下思路进行：

首先，掌握1867—1931年全国各开埠口岸的各种花色棉布进口数量，即对全国所有开埠口岸每五年做断面统计，对十四个主要口岸①进行所有年份的统计。其次，利用子口贸易统计，对不同时期各口岸的各类进口机制棉布销售腹地进行研究，各口岸子口贸易统计对商品销售目的地记载格式不一，长江流域各口岸可详细到府一级，而其他地区仅可到省，这里为统一起见以省为单位讨论。此外，各口岸子口贸易对商品记载的详略不一②，覆盖年份亦差别很大，因此在使用中还需结合其他资料或研究进一步讨论，这一问题将在以下具体分析中说明。最后，利用上述对各口岸各

---

① 大连、安东、牛庄、天津、青岛、烟台、重庆、宜昌、汉口、九江、上海、宁波、汕头、广州。

② 各口岸分货物类别的子口贸易记载截止到1904年，其后只能依据各年度通过子口贸易销往各省份的商品总价值来判断。

种进口机制棉布销售腹地的分布，汇总得出各种花色进口机制棉布在不同时期以省为单位的销售市场状况，从而完成这一研究。

另外，需要说明的是，1931 年后最重要的进口机制棉布销售市场之一东北沦陷，为了排除这一因素干扰，这里的研究时段限定在 1867—1931 年。

一、近代各口岸各种花色机制棉布进口量及销售腹地的考察

首先以区域为单位，讨论 1867—1931 年各口岸各种花色机制棉布进口量及销售腹地状况。

（一）东北

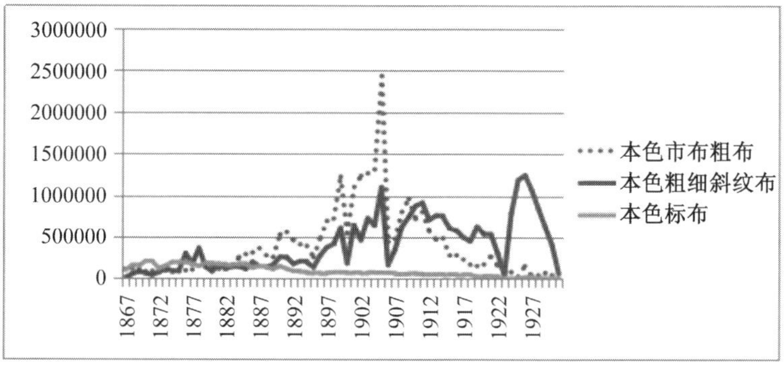

（单位：匹）

图2.21　大连、牛庄、安东三港原色布进口量

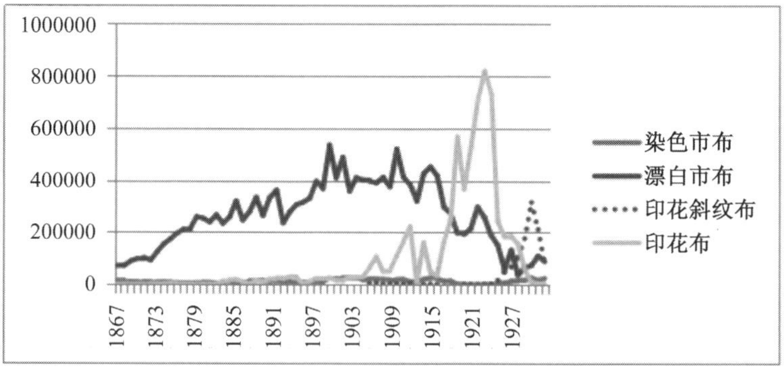

（单位：匹）

图2.22　大连、牛庄、安东三港漂染印花布进口量

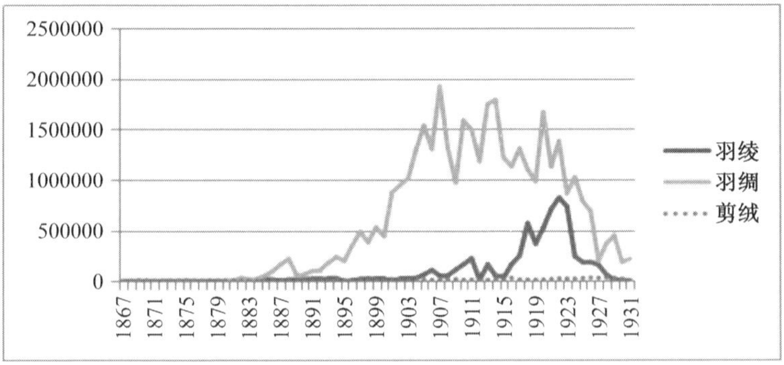

图 2.23　大连、牛庄、安东三港羽绫、羽绸、剪绒进口量

1. 牛庄：牛庄为东北地区开埠最早口岸，并且在 1907 年大连、安东开埠之前，一直为东北地区唯一开埠口岸。其进口机制棉布以本色粗布最多，其数量在 20 世纪最初几年达到顶峰，年进口量可达 100 万匹以上，1910 年后迅速下降，至 20 世纪 20 年代中期，年进口量已不足 1 万匹。其次为本色粗细斜纹布，其历年进口量少于本色粗布，但亦以 20 世纪最初几年为最，可达到 50 万匹，至 20 世纪 20 年代，年进口量虽出现下降，但下降趋势不如本色粗布明显。再次为本色市布，其历年变化趋势与上述产品相似，最盛时年进口量达到 20 万匹。另外，与本色粗布不同，本色市布在 1920 年后历年进口量仍保持稳定。最后为本色标布，其在 19 世纪 70 年代年进口量可达 20 万匹，但随后逐年减少，至 20 世纪年进口量仅数千匹。

19 世纪末至 20 世纪 20 年代，各种进口成品布中，大体上除了 20 世纪最初几年数量较多，其余年份变化不大。总体上以漂白市布为最多，最盛时年进口量达 20 万匹，常年亦在 5 万至 10 万匹之间。其次为羽绸、羽绫，最盛时年进口量皆可达到 10 万匹，1910 年后都出现下降趋势，由原先常年数万匹下降至 1 万匹上下。其余各种印花布、染色市布常年进口量皆在数千至万余匹之间。

牛庄口岸分货物类别的子口贸易统计仅在 1902 年有所记载，绝大部分棉织品销往奉天。1904 年后的历年子口贸易总值中，仍以奉天为最，除了 1917 年，其余年份皆占到 90% 以上。此外，销往直隶、吉林的商品亦占到一定比重，另有少部分商品销往黑龙江。

2. 大连、安东：两口岸均在 1907 年开埠，之后迅速成为东北地区机制棉织品进口的重要口岸。1910 年后，安东港各种花色棉布年进口量已超过牛庄，成为东北机制棉织品最大进口港，大连港进口量虽不及安东，但至 20 世纪 20 年代也跃居牛庄之上。

与牛庄相似，本色粗布、本色粗细斜纹布亦是两港进口大宗，但两港进口量在 20 世纪 20 年代的变化趋势与牛庄不同。安东港上述商品的进口在 20 世纪 20 年代达到最盛，其本色粗布年进口量可达 50 万匹，本色粗细斜纹布年进口量最盛时将近 100 万匹；大连港两种棉布进口数量虽远不及安东，但在 20 世纪 20 年代亦没有出现明显下降趋势。此外，本色市布进口，安东、大连皆以 20 世纪 20 年代为最盛，年进口量分别可达到 50 万匹、20 万匹。本色标布进口，安东港以 20 世纪 20 年代为盛，可达 5 万余匹；大连港以 1910—1920 年最多，但至 20 世纪 20 年代年进口量仅数千匹。

进口成品布中，两港以漂白市布、羽绫、印花布为大宗，并且皆在 20 世纪 20 年代达到最盛，当时漂白市布安东、大连两港年均进口量分别可达 30 余万匹、10 余万匹；羽绫年均进口量分别可达 40 余万匹、30 余万匹；印花布年均进口量分别可达 20 余万匹、10 余万匹。其余花色棉布中，两港进口剪绒、羽绸、印花斜纹布、染色市布皆以 20 世纪 20 年代为盛，其数量除染色市布稍多（最盛时分别可达 9 万、3 万余匹），其余各花色棉布年进口量多在数千至万余匹之间。

安东、大连两口岸仅有历年子口贸易各地运销总价值记载，其中安东有分省记载，大连则仅有“Manchuria”一项。考虑到安东、大连地域相邻，其腹地范围应基本相同，因此大连各种花色进口机制棉布销售腹地，亦按照安东子口贸易分布界定。考察安东港子口贸易统计，使用子口税单从安东港进口的洋货，绝大部分销往奉天，其价值历年皆占总值的 97% 以上，其余货物则销往直隶、吉林两地。

3. 大东沟、哈尔滨、瑷珲、三姓、珲春、龙井村、满洲里、绥芬河：这八个口岸开埠时间多在1910年后。各口岸进口的机制棉布中皆以本色市布、漂白市布、羽绫为最大宗，其数量在20世纪20年代最多，年进口量皆可达数万匹。其余各花色布匹进口量为数不多，皆在数千至万余匹之间。

考察以上几个口岸使用子口税单进口洋货的运销分布情况，哈尔滨港最初以黑龙江为主要洋货销售腹地，1910—1919年前期销往黑龙江的货物价值可占到总值的70%以上，后期销往吉林的货物增多，吉林迅速取代黑龙江成为哈尔滨港的主要腹地，至1919年销往吉林的货物价值已占到总值的90%以上。此外，使用子口税单进口洋货的运销范围涉及多省区的口岸还有绥芬河，其腹地以黑龙江为主，运销货物价值所占比重常年在30%—80%；运往吉林、奉天的货物价值常年亦在30%左右；另有价值不到10%的货物运往直隶。其余几个口岸使用子口税单运销洋货的腹地皆局限于所在省区。

（二）华北

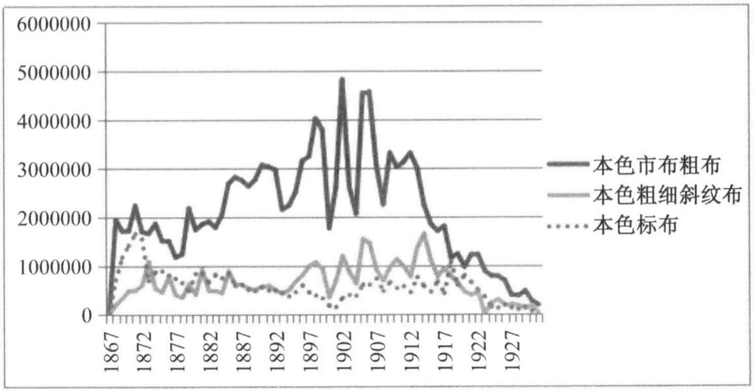

（单位：匹）

图2.24 天津、烟台、青岛三港原色布进口量

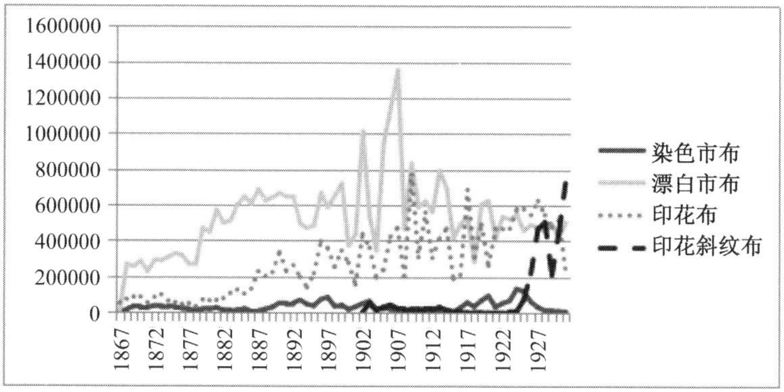

（单位：匹）

图2.25　天津、烟台、青岛三港漂染印花布进口量

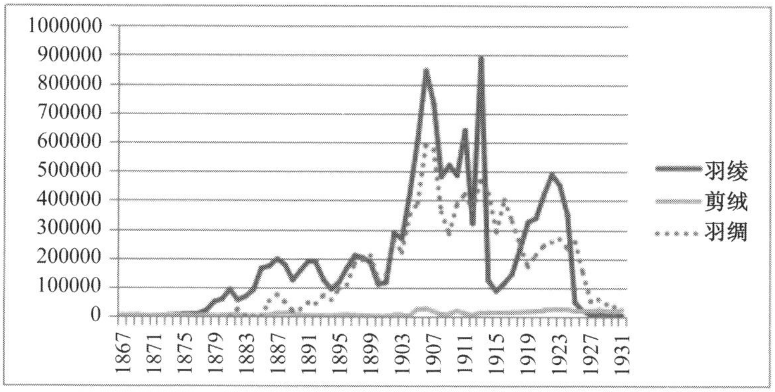

（单位：匹）

图2.26　天津、烟台、青岛三港羽绫、羽绸、剪绒进口量

1. 天津：天津为近代华北地区最重要的机制棉纺织品进口港，各种花色棉织品进口量都十分可观，以本色粗布、本色粗细斜纹布、本色市布为大宗。其中本色粗布进口量最多，19 世纪 90 年代年进口量即可达 100 万匹；自 1900 年至“一战”前，常年进口量在 100 万至 200 余万匹之间，年均可达 130 万匹。至“一战”后，本色粗布进口量迅速下降，1924 年进口量仅为 1 万余匹。本色粗细斜纹布与之相似，1890 年至“一战”前进口量最多，常年进口量可在 50 万匹至 100 万匹之间，至 20 世纪 20 年代，该类

布匹进口量下降，20 年代中后期年均进口量仅有 20 万匹。本色市布为天津港进口洋布又一大宗，在 19 世纪中后期常年进口量在 100 万匹以上，但进入 20 世纪后其进口量迅速下降，1900—1910 年年均进口 60 万余匹，1911—1920 年年均进口仅有 30 万余匹。此外，本色标布进口量变化与市布十分相似，其年均进口量在 19 世纪 70 年代一度可达 100 万匹以上，随后呈逐年下降态势，1900—1920 年间年均进口 25 万余匹，1921—1930 年年均仅有 16 万余匹。

在成品布方面，漂白市布、羽绫、羽绸、印花布、印花斜纹布皆为大宗。其中羽绫、印花布、印花斜纹布年均进口量皆在 20 世纪 20 年代达到最高，羽绫可达 30 万匹，印花布可达 35 万匹，印花斜纹布亦达 26 万余匹，这些数字皆要远高于 19 世纪后期至 20 世纪初的进口量。漂白市布、羽绸进口量以 1900—1919 年居多，年均分别可达 50 万余匹、22 万余匹，进入 20 世纪 20 年代，两者下降幅度相对而言并不十分大，年均进口量亦分别达 35 万余匹、11 万余匹。另外，相比以上各种花色布匹，染色市布进口量较少，其高峰亦在 20 世纪 20 年代，年均进口超过 10 万匹，其余年份皆为数万匹。

天津海关分货物类别的子口贸易统计仅在 1902—1904 年有记载。关于这一子口贸易运销分布是否可反映天津机制棉布进口的运销状况，可以做如下考察，见表 2. 2。

表 2. 2　天津港各种花色棉布使用子口税单运销量占总运销量比重①

印花布	粗斜纹布	羽绸	细斜纹布	羽绫	本色粗布
27. 00%	100. 00%	68. 19%	68. 86%	31. 05%	78. 74%
染色市布	本色市布	漂白市布	本色标布	剪绒	印花斜纹布
—	72. 11%	54. 74%	99. 67%	—	—

① 其中染色市布与剪绒三年中通过子口贸易运销的货物量竟达总量数倍，这可能为时间划分标准不同所致。另外，子口贸易中无印花斜纹布记载，其运销范围按相近货物——印花布来划分。

由表2.2可见，各类原色布这一比重除了细斜纹布，其他皆在70%之上，各类较高档成品布匹这一比重较低，但其中最低者印花布仍可达到27%，其余皆在30%—70%。从这一比重看，以使用子口税单进口机制棉布为样本来考察进口机制棉布的整体是较为合理的。

天津港进口棉布运销范围极广，涉及省份包括直隶、山西、山东、河南、甘肃、陕西、奉天、吉林、黑龙江、新疆等地。其中以直隶为最大销售腹地，各种花色布匹运销量占总量的比重最高可超过80%，最低亦在50%之上，大多在70%左右；山西为第二大销售腹地，除了各类市布（10%—20%），其他各种花色棉布运销量皆在总量的20%—40%；再次为河南、山东两省，各种花色棉布运销量所占比重皆在1%—5%；最后为陕西、甘肃、奉天、吉林、黑龙江、新疆等地，历年各种花色棉布运销量皆不足总量的1%。考察1904年后使用子口税单货物在各地的分布状况，上述情势未发生大的变化，直隶、山西运销量稍有下降，分别在50%—70%、15%—20%，其余地区的运销量均略有上升，这与当时铁路等新式交通运输的发展是有关系的。

2. 烟台、青岛：烟台、青岛两港亦是近代华北地区重要的机制棉织品输入港口。两港进口机制棉布以本色粗布、本色粗细斜纹布、本色市布及本色标布为大宗。其中烟台港本色粗布进口在19世纪最后二十年年均进口量为25万余匹，20世纪初至“一战”前，虽然受青岛开埠影响，进口量一度下降，但年均进口量仍有68万余匹，之后进口量锐减，至20世纪20年代初，常年进口量仅在10万匹上下。青岛本色粗布进口以20世纪初至“一战”前最多，其间年均进口量可达22万余匹，“一战”爆发后进口量有所下降，年均为18万余匹。烟台本色粗细斜纹布在1870年至20世纪初常年进口量在10万至20万匹之间，并在19世纪末20世纪初最多，将近20万匹。随后受青岛开埠的影响，进口量迅速下降，至“一战”前常年进口量在10万匹左右，“一战”后更降至数万匹，至20世纪20年代，年均进口量仅为4400匹。青岛开埠后，本色粗细斜纹布进口量迅速超过了烟台港，“一战”前常年进口量为10余万匹，“一战”后下降至数万匹，至20

世纪20年代年均进口量仅有1700匹。烟台港本色市布在19世纪最后三十年年均进口量为30万匹，年际变化不大，1900年后受青岛开埠影响，进口量跌至数万匹，进入20世纪20年代进一步下降至数千匹。青岛本色市布进口量以20世纪初至“一战”前最多，其常年进口量可达30万匹，“一战”后下降至10余万匹，至20年代进一步降至数万匹。与本色市布相似，烟台本色标布进口以19世纪最后三十年为多，年均进口量23余万匹，之后跌至数万匹，至20世纪20年代中期已鲜有进口。青岛本色标布进口以20世纪前二十年为多，常年进口量在30万匹上下，进入20世纪20年代后进口量迅速下降，至1930年仅有4000余匹进口。

各种花色成品布中，两港以印花布、漂白市布、羽绫、羽绸为大宗。烟台港印花布、漂白市布、羽绸进口量变化情况大致相同，皆以19世纪末20世纪初为第一个高峰，常年进口量分别可达5万匹、10万匹、5万匹；随后受青岛开埠影响进口量下降，之后有所回升，在20世纪20年代出现第二个高峰，常年进口量亦分别可达4万匹、5万匹、2万匹。此外，羽绫进口量以20世纪最初几年为多，可达10万匹，随后迅速下降，至“一战”后仅有2万匹左右。青岛印花布、漂白市布、羽绸、印花斜纹布在20世纪前二十年年均进口量分别为近7万匹、4万余匹、7万余匹、4000余匹，“一战”期间几种花色布匹进口量皆略微下降，但总体上变化不大。至20世纪20年代，印花布、羽绸、漂白市布、印花斜纹布均达到最盛，年均进口量分别为15万匹、13万匹、10万匹、6万匹。此外，羽绫进口以20世纪初至“一战”前为多，常年可达20万匹，经过“一战”影响后，在20年代虽有恢复，但常年进口量仅有10余万匹。此外，两港染色市布与剪绒进口量不多，常年在数千匹之间。

烟台、青岛两港中，1915年后青岛有子口贸易记载，其中绝大部分进口洋货销往山东，占到总货物值的75%以上，河南、江苏亦有部分货物运销，大约分别可占到总值的20%与10%。烟台港无子口贸易记载，据青岛港情况可推测其绝大部分进口洋货亦销往山东。

3. 秦皇岛、龙口、威海卫：三港开埠皆在19世纪末20世纪初。其中秦皇岛机制棉布进口量较多，本色市布、本色粗细斜纹布、本色粗布及漂白市布常年进口量皆可达数万匹，其余花色布匹常年进口量皆为数千匹。考察子口税单，其洋货运销腹地以直隶为主，历年比重在70%左右；其次为奉天，历年比重为30%左右；吉林、黑龙江等地亦有少部分洋货运销。此外，龙口港各种花色棉布常年进口量仅有数百至数千匹，威海卫港进口量更少。

（三）华东

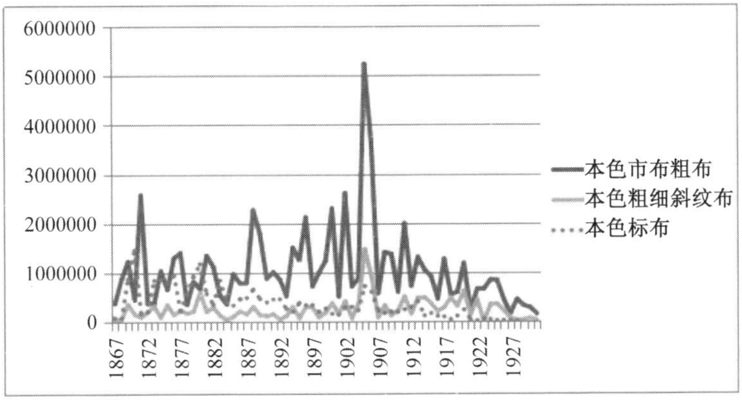

（单位：匹）

图2.27　上海、宁波两港原色布进口量

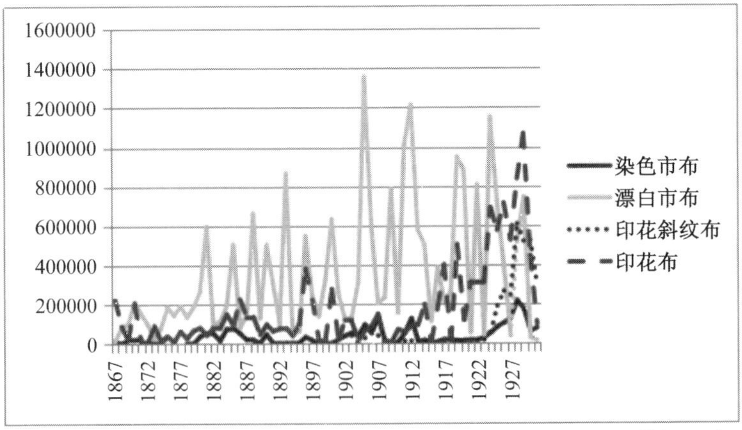

（单位：匹）

图2.28　上海、宁波两港漂染印花布进口量

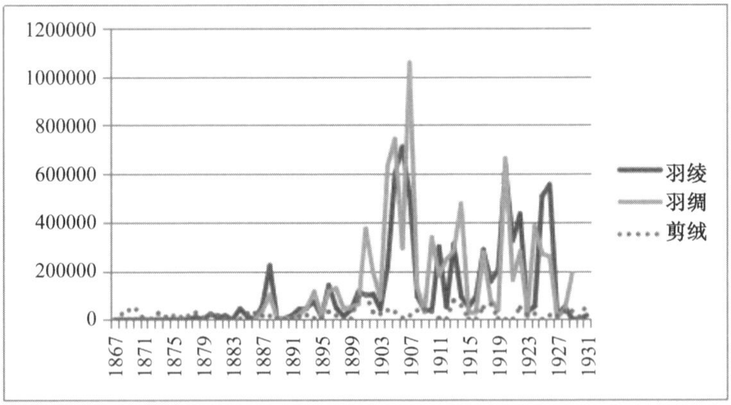

（单位：匹）

图 2.29　上海、宁波两港羽绫、羽绸、剪绒进口量

1. 上海：上海进口机制棉布中，几种原色布进口量均较为可观。其中本色市布在 19 世纪后半叶（1867 年后）年均进口量为 58 万匹，20 世纪前二十年为 51 万匹，进入 20 年代后，年均进口量下降为 30 万余匹。本色粗细斜纹布进口量以 20 世纪初最多，在“一战”前可达 45 万余匹，“一战”爆发后至 1920 年下降至 27 万余匹，至 20 世纪 20 年代年均进口量仅有 16 万匹。本色粗布进口亦以 20 世纪初为多，年均进口量将近 62 万匹，“一战”爆发后至 20 年代初，进口量迅速下降，年均仅 13 万匹。本色标布进口以 19 世纪七八十年代最多，年均进口量 53 万余匹，之后逐渐减少，至 20 世纪 20 年代年均进口量仅有 2 万余匹。

成品布进口以漂白市布、印花布、羽绫、羽绸、印花斜纹布为大宗。其中漂白市布、印花布、羽绫、印花斜纹布皆以 20 世纪 20 年代进口量最多，年均进口量分别可达 67 万余匹、52 万余匹、近 47 万匹、28 万余匹，这些数字皆远高于 20 世纪初至“一战”前的年均进口量；羽绸在 20 世纪 20 年代年均进口量亦可达 21 万余匹，虽然低于“一战”前的 30 万匹，但与“一战”期间的 12 万余匹相比，恢复趋势已十分明显。此外，染色市布在 19 世纪末 20 世纪初年均进口量为 3 万余匹，至 20 世纪 20 年代达到 7

万匹；剪绒在19世纪末20世纪初年均进口量为15000余匹，至20世纪20年代增至18000余匹。

由于上海港分货物类别的子口贸易统计中，棉织品数量过少，因此这里通过1881—1919年的子口贸易销往各地货物总值来判断上海港进口机制棉布的销售腹地范围。通过子口贸易运销的货物总值以浙江、江苏两省最多，其中浙江可占40%—50%，江苏可占30%—40%，1910年后，销往浙江货物所占比重有所下降，仅有30%左右。安徽亦为上海港进口洋货重要销售腹地，其占比重常年在15%—25%，进入20世纪后所占比重有所上升，大体在20%以上。此外，河南、山东、福建亦有一部分货物销往，常年所占份额皆在5%以下。

2. 宁波：宁波港进口各种原色布中以本色市布、本色标布数量最多，其中本色市布进口量在19世纪80年代至“一战”前一直保持稳定，常年进口量在40万匹左右，“一战”期间虽有所下降，但仍在30万匹左右，“一战”后，其进口量开始迅速下降，至20世纪20年代末已低于10万匹。本色标布进口量以19世纪为多，常年进口量在15万匹左右，19世纪末进口量开始逐渐下降，至“一战”爆发后，其进口量每年仅有数千匹。本色粗布、本色粗细斜纹布皆以20世纪前二十年进口最盛，年进口量皆在5万至10万匹之间，进入20世纪20年代两者皆下降至5万匹之下，至20年代末，本色粗细斜纹布年进口量仅有数千匹。

成品布进口以漂白市布最多，并以20世纪初至“一战”前最盛，可达到10万至15万匹，其余年份皆为数万匹。羽绸亦以20世纪初至“一战”前进口最盛，常年进口量皆在3万匹左右，“一战”后至20年代中期下降到2万匹。印花布、羽绫、印花斜纹布、染色市布等皆以20世纪20年代进口最盛，年进口量皆可达数万匹。此外，宁波港剪绒进口量较少，常年进口量仅数百至数千匹，以20世纪初最盛。

宁波分货物类别的子口贸易统计自1887年开始，通过子口贸易销售的各种花色机制棉布占总量的比重如下：

表 2.3　宁波港各种花色棉布使用子口税单运销量占总运销量比重

印花布	粗斜纹布	羽绸	细斜纹布	羽绫	本色粗布
14.00%	25.97%	4.26%	21.20%	14.59%	47.63%
染色市布	本色市布	漂白市布	本色标布	剪绒	印花斜纹布
—	25.59%	8.58%	28.31%	—	—

宁波港通过子口贸易销售的棉货较少，大体上占总量的 25% 左右。其中原色布进口使用子口税单的比重较高。1904 年后的销售范围，亦通过子口贸易总值判定。

各种花色进口机制棉布皆以浙江为主要销售市场，其所占比重在 19 世纪末 20 世纪初将近 100%，在 1910 年后，其历年比重也皆在 95% 之上。此外，安徽、江西亦有小部分棉布销往。

3. 镇江：在 19 世纪末，镇江为华东地区又一机制棉布进口大港，各种花色机制棉布进口量与上海、宁波两港几乎相当。其中以本色市布进口量最多，在 19 世纪末常年进口量可达 100 万匹，进入 20 世纪进口量迅速下降，至“一战”后每年仅有数万匹进口。本色标布进口亦以 19 世纪末最盛，常年进口量可达 10 余万匹，进入 20 世纪迅速下降至数万匹，至“一战”后每年仅有数千匹进口。本色粗细斜纹布、本色粗布及部分成品布进口皆在 19 世纪末 20 世纪初达到最盛，其中本色粗细斜纹布、漂白市布、本色粗布皆可达到 10 万匹以上，羽绫、羽绸、印花布亦接近 10 万匹，至 20 世纪 20 年代，几种花色机制棉布年进口量皆出现下降，但成品布的下降幅度要小于原色布。染色市布、剪绒、印花斜纹布进口量较少，每年仅有数百至数千匹。

镇江分货物类别的子口贸易统计始于 1873 年（运销地记载始于 1889 年），现考察 1892、1897、1902 年的各种花色棉布使用子口税单销售情况。其在总进口量中所占比重如下：

表 2.4　镇江港各种花色棉布使用子口税单运销量占总运销量比重

印花布	粗斜纹布	羽绸	细斜纹布	羽绫	本色粗布
18.94%	46.40%	68.89%	63.07%	55.34%	28.92%
染色市布	本色市布	漂白市布	本色标布	剪绒	印花斜纹布
6.02%	78.15%	43.81%	84.28%	76.23%	—

由上表可见，镇江港大部分花色机制棉布使用子口税单的销售量占总进口量的一半以上，其中原色布对子口税单的使用率依然较高，尤其是本色标布，可达 84% 以上。

考察各种进口机制棉布销售腹地范围可知，江苏为镇江港进口机制棉布最大的销售市场，各种花色机制棉布销售量占总量的比重皆在 50%—80%；山东、河南亦为镇江港进口机制棉布重要销售地，各种花色机制棉布销售量皆可占到总量的 20% 左右；此外，亦有 5%—10% 的进口机制棉布销往安徽。考察 1904 年后子口贸易总值统计，相比上述分布情况未有明显变化。

4. 南京、苏州、杭州、温州：四港皆开埠于 19 世纪中后期。其中南京进口机制棉布最多，本色市布年进口量可达 10 万匹，本色粗布、本色标布、本色粗细斜纹布、漂白市布、羽绫、羽绸亦可达数万匹，其余花色布匹年进口量在数百至数千匹之间。温州、苏州两港本色市布、漂白市布常年进口量亦可达数万匹，本色标布、本色粗细斜纹布、羽绫、羽绸等花色布匹最盛时亦在 1 万匹以上，其余花色布匹年进口量数百匹至数千匹不等。杭州机制棉布进口量很少，除了本色市布常年可达数千匹，其余花色布匹年进口量皆在 1000 匹之下。四港进口机制棉布中，各类原色布同样以 19 世纪末 20 世纪初最多，而成品布在 20 世纪 20 年代后最盛。

温州分货物类别的子口贸易统计自 1877 年开始，各类机制棉布运销目的地皆以浙江为主，其运销量可占到总量的 90% 以上，其余货物则运往福建。1904 年后子口贸易总值分布与上述情况一致。杭州、南京分货物类别的子口贸易统计皆从 1899 年开始，考察两港 1902 年通过子口贸易运销机制棉布情况，其销售腹地分别为安徽和江苏，因当时两港使用子口税单运销货物量较少，所以还需结合 1904 年后子口贸易总值分布情况来判断各自销售腹地。安徽、浙江为杭州进口货物主要销售腹地，在 20 世纪初，销往安徽货物可占到近 70%，浙江占到近 30%，之后浙江所占比重逐渐上升，安徽所占比重逐渐下降，至 1910 年后，销往浙江货物所占比重可达到近 70%，而安徽仅有 30%。此外，福建、江西、江苏等地亦有货物销售，所占比重皆在 5% 以下。南京进口货物销售范围主要为安徽、江苏、山东、河南四省，其中在 20 世纪初以安徽、江苏为主，1910 年后销往两地货物比重下降，至 1920 年前后，安徽降至 40%—50%，江苏降至 10% 以下，而销往山东、河南货物比重上升，分别为近 40%、15%。苏州子口贸易统计自 1899 年开始，但未有详细货物分类统计，其货物销售腹地以江苏为主，所占比重除了个别年份，其余皆在 90% 以上。

（四）华中

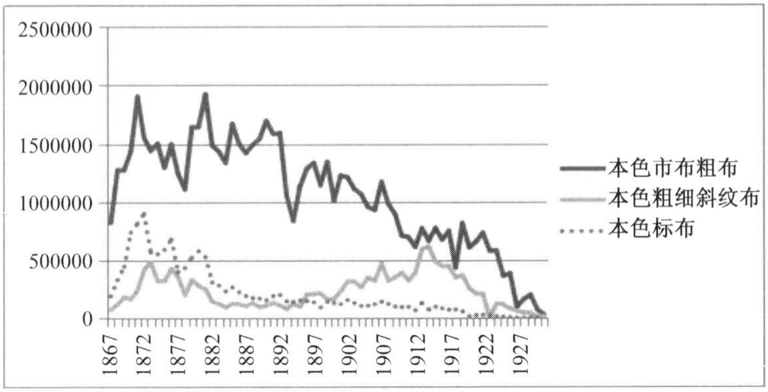

（单位：匹）

图 2.30　汉口、九江两港原色布进口量

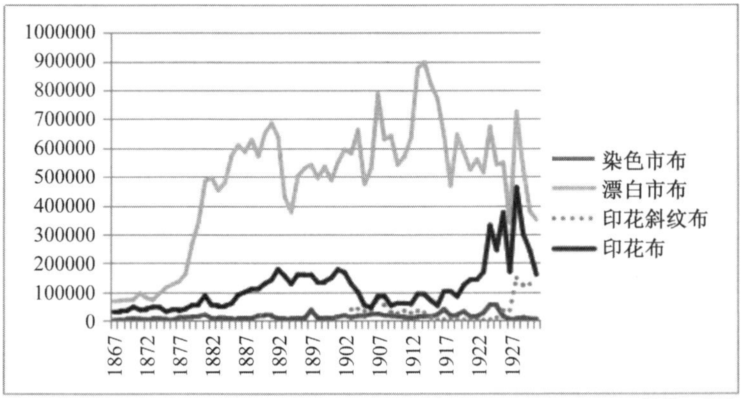

（单位：匹）

图2.31　汉口、九江两港漂染印花布进口量

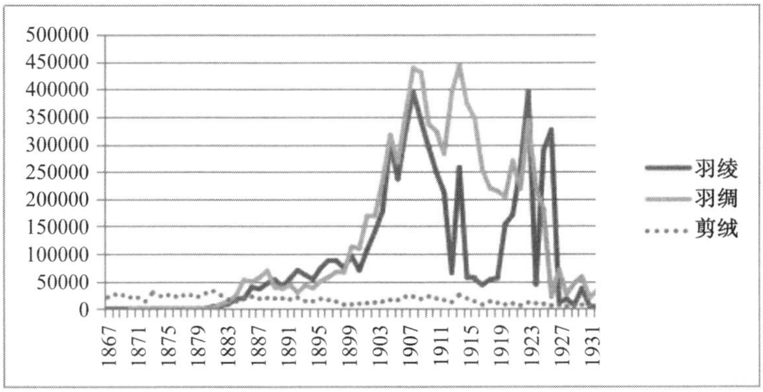

（单位：匹）

图2.32　汉口、九江两港羽绫、羽绸、剪绒进口量

1. 汉口：汉口港近代机制棉布进口以本色市布最多，其最盛时是在19世纪90年代之前，常年进口量在100万匹以上，至19世纪90年代，进口量逐渐减少，1910—1919年常年进口量仅在50万匹左右（“一战”爆发前后无明显变化），在20世纪20年代其进口量进一步减少，在1930年进口量仅有6万余匹。本色粗细斜纹布、本色标布进口量亦较多，其中本色标布进口量历年变化与本色市布相似，以19世纪80年代前为多，常年进口

量在50万匹左右，19世纪80年代后年进口量减少至10万余匹，在1910年后进一步减少至数万匹；本色粗细斜纹布最盛时为19世纪七八十年代及1910—1919年，常年进口量分别可达30万匹、50万匹，进入20世纪20年代年进口量锐减至数万匹。此外，在各类原色布中，本色粗布进口量最少，其最盛时是在20世纪最初十年，常年进口量在15万匹左右，其余除了19世纪个别年份，进口量皆仅为数万匹。

各种花色成品布进口中，羽绫、羽绸、印花布、漂白市布数量都非常可观。羽绫、印花布皆以20世纪20年代进口最多，常年进口量分别可达30万匹、20万匹；羽绸以20世纪初为最盛，常年进口量可达30万匹，“一战”爆发后锐减，之后有所恢复，在20世纪20年代年均进口量可达20余万匹；漂白市布自19世纪70年代至20世纪30年代初进口量变化不大，常年进口量在40万至50万匹之间。此外，印花斜纹布、染色市布、剪绒亦有一定数量进口，除了印花斜纹布在20世纪20年代可达10万匹以上，其余年进口量皆在数千至数万匹之间。

华中地区各港子口税单使用率皆较高，汉口港自1873年起已有分货物类别的子口贸易统计。其中各种花色进口棉布通过子口贸易运销货物量占总进口量比重平均值如下：

表2.5　汉口港各种花色棉布使用子口税单运销量占总运销量比重

印花布	粗斜纹布	羽绸	细斜纹布	羽绫	本色粗布
25.19%	46.43%	42.20%	57.52%	44.28%	25.59%
染色市布	本色市布	漂白市布	本色标布	剪绒	印花斜纹布
34.61%	57.00%	39.33%	41.60%	60.43%	—

可见各种花色进口机制棉布中，子口税单使用率大多在50%左右。其中原色布子口税单使用率高于成品布的趋势仍然存在。

汉口港各种花色布匹销售腹地皆以湖南、湖北为主，历年两省销售量可占到总进口量的60%左右。其中本色市布、漂白市布、印花布、剪绒、羽绫、羽绸销往湖南较多，而本色粗布、本色标布、本色粗细斜纹布销往湖北较多。其余四川、贵州、河南等省份亦有大量布匹销往，各种花色布匹销售量皆可占到10%上下。考察1904年后子口贸易总值的分布，销往湖南、湖北两省的进口货物价值逐渐下降，至1918年前后约占商品总值的50%，而销往河南、陕西、甘肃等地的货物价值显著增加，1911—1919年所占比重平均值分别为18%、10%及22%。

2. 九江：九江港亦为华中地区重要的机制棉布进口口岸。原色布中进口大宗为本色市布与本色标布。其中本色市布历年进口量较为稳定，在1870—1890年最盛，年进口量可达20万匹，之后进口量有所下降，在1900—1924年除了个别年份，其余年进口量皆在10万至13万匹之间，20世纪20年代中期后，年进口量迅速下降至数千匹。本色标布进口以19世纪70年代为多，常年进口量在50万匹左右，之后呈持续下降之势，1880年后年进口量已不足10万匹，至1902年后更跌至2万匹之下，至20世纪20年代中期年进口量仅为数千匹。本色粗细斜纹布与本色粗布历年进口量皆不过数万匹，其中本色粗布以19世纪末20世纪初最盛，年进口量可达到5万匹，1910年后年进口量仅为数千至万余匹；本色粗细斜纹布进口以19世纪70年代及20世纪前二十年最盛，常年进口量皆可达3万匹，其余年份进口量仅数百至数千匹。

各种成品布进口中以漂白市布最多，在其最盛的1915年前后，年进口量将近30万匹，至20世纪20年代，常年进口量亦在15万至20万匹之间。此外，羽绫、羽绸、印花布、印花斜纹布、染色市布进口量亦较多，羽绫进口以20世纪初至“一战”前最盛，常年进口量可达5万至7万匹，“一战”后贸易有所恢复，至20世纪20年代年进口量亦可达5万匹；羽绸进口在1910年至20世纪20年代最盛，常年进口量亦在5万匹左右；印花布、印花斜纹布进口则以20世纪20年代最盛，其常年进口量分别可达2万匹、1万匹；染色市布以20世纪前二十年为多，年进口量在 1 万匹左右。此外，剪绒进口量较少，历年皆在数百至数千匹之间。

九江港进口机制棉布子口税单使用率亦较高，其分货物类别的子口贸易统计自 1873 年开始。各种花色进口棉布通过子口贸易运销货物量占总进口量比重平均值如下（见表 2.6），几乎所有花色进口机制棉布子口税单使用率皆可达到 50% 之上。

表 2.6　九江港各种花色棉布使用子口税单运销量占总运销量比重

印花布	粗斜纹布	羽绸	细斜纹布	羽绫	本色粗布
72.79%	53.52%	61.47%	32.38%	41.87%	60.56%
染色市布	本色市布	漂白市布	本色标布	剪绒	印花斜纹布
57.83%	64.61%	59.84%	58.63%	59.15%	—

九江港各种花色进口机制棉布销售腹地以江西为主，本色市布、漂白市布、染色市布、本色标布、剪绒、羽绫、羽绸、印花布等运销量皆可占到总进口量的 80% 以上，此外，有 10%—20% 的货物销往安徽，有不足 1% 的货物销往湖北。本色粗细斜纹布、本色粗布销往江西的货物量所占份额在 70% 左右，剩余货物绝大部分销往安徽。考察 1904 年后的货物总值统计，与上述分布保持一致，销往江西货物价值所占份额常年在 90% 以上，销往安徽货物价值所占比重在 1908 年后有所下降，由占总值的 10% 左右下降至 1919 年的 3%。销往湖北货物价值所占份额除了个别年份，其余皆不足 1%。

3. 芜湖、长沙、岳州、沙市：四港皆开埠于 19 世纪中后期至 20 世纪初。其皆以本色市布与漂白市布进口最多，进口量以 20 世纪前二十年为多，其中长沙港两种布匹年进口量皆在 10 万至 20 万匹之间，沙市皆可达 4 万匹，芜湖本色市布进口可达 15 万匹，漂白市布进口在 10 万匹左右，岳州两种花色布匹进口皆在 5 万匹左右。其次为本色粗细斜纹布、羽绫、羽绸、印花布，各港每年皆有数万匹进口，其中本色粗细斜纹布以 20 世纪初至“一战”前最盛，其余花色布匹则在 20 世纪 20 年代初进口最多。此外，在其他花色布匹中，除了芜湖港本色标布在 19 世纪末年进口量可达 2 万余匹，其余皆在数百至数千匹之间。

四港中芜湖港口分货物类别的子口贸易统计最为详细，以下为 1877、1882、1887、1892、1897、1902 年各种机制棉布运销子口税单使用率的平均值：

表 2.7　芜湖港各种花色棉布使用子口税单运销量占总运销量比重

印花布	粗斜纹布	羽绸	细斜纹布	羽绫	本色粗布
25.02%	18.26%	—	34.38%	18.29%	12.52%
染色市布	本色市布	漂白市布	本色标布	剪绒	印花斜纹布
100.00%	36.98%	17.22%	32.15%	5.25%	—

可见芜湖港各种机制棉布子口税单使用率多在 40% 以下，其中以染色市布子口税单使用率最高，但其进口数量很少。大宗货物以本色市布、本色标布、本色细斜纹布等原色布子口税单使用率较高。

芜湖港各种花色机制棉布销售腹地以安徽为主，其所占份额可达 90%，其余货物则销往江苏。此外，考察岳州、沙市 1902 年分货物类别的子口贸易统计可知，岳州进口机制棉布皆销往湖北，沙市则大多数销往四川。

再考察 1904 年后子口贸易总值统计可知，芜湖港进口货物绝大部分年份销往安徽的比重在 95% 以上；岳州进口货物在 20 世纪初绝大部分销往湖南，之后持续减少，而销往贵州货物价值所占比重在 1918 年前后则上升到 90%，亦有一小部分货物销往江西、四川、湖北；四川为沙市进口货物最大销售腹地，除了个别年份，其余比重皆在 70% 以上，每年亦有 30% 左右货物销往湖北、湖南；长沙港子口贸易统计始于 1904 年，其进口货物主要销往湖南，绝大部分年份销往湖南的货物价值皆可占到总额的70%以上，江西亦为长沙进口货物重要销售腹地，历年销往江西货物价值可占总值的10%—30%，还有一小部分货物销往四川，货物价值所占比重多在1%以下。

（五）西南

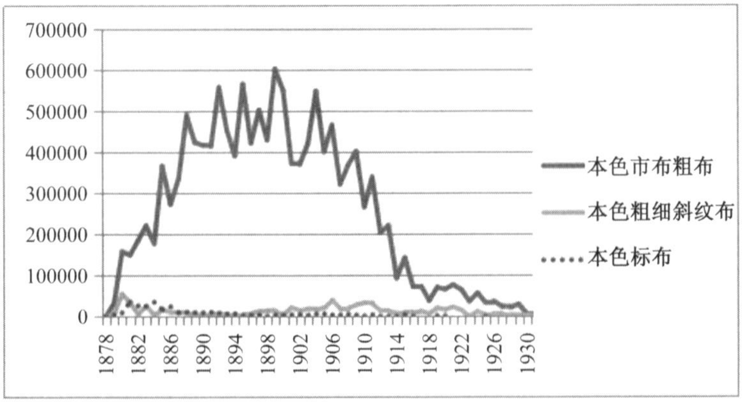

（单位：匹）

图2.33　重庆、宜昌两港原色布进口量

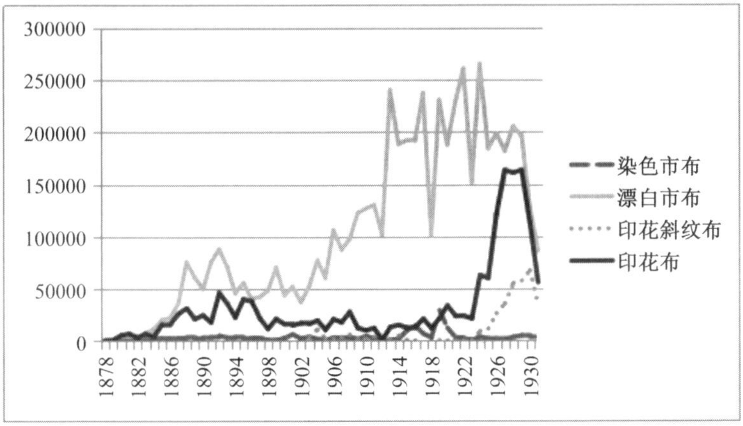

（单位：匹）

图2.34　重庆、宜昌两港漂染印花布进口量

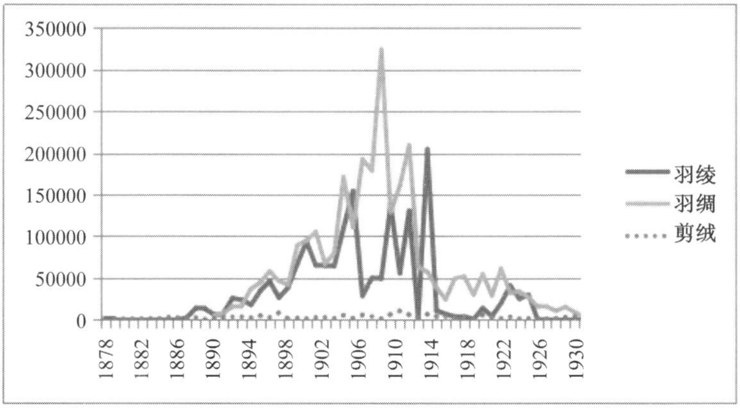

（单位：匹）

图 2.35　重庆、宜昌两港羽绫、羽绸、剪绒进口量

1. 重庆、宜昌①：两港为近代西南地区机制棉布进口最大口岸。在 19 世纪 90 年代前宜昌为西南地区唯一开埠口岸，重庆港开埠后，宜昌港的地位迅速下降，至 19 世纪末其地位已被重庆取代。两港进口贸易的这一消长过程在机制棉布进口上同样有所体现。

宜昌港各种花色棉布进口皆在 19 世纪 80 年代最盛，本色市布常年进口量可达 30 万匹，本色标布达 20 万匹，本色粗布与本色粗细斜纹布皆在 1 万匹左右，漂白市布在 5 万匹左右，印花布在 2 万匹左右，羽绫在 1 万匹左右，其余花色布匹年进口量皆为数千匹。1890 年后，各种花色机制棉布进口锐减，至 1900 年后其进口量与重庆港相比已微不足道。

重庆港各种花色机制棉布进口自 1891 年开始。各种原色布进口皆以 19 世纪末至“一战”前最盛，其中本色市布在 1891—1913 年间常年进口量为 40 万匹左右，此后这一进口量持续下降，至 20 世纪 20 年代末年进口量只有 2 万匹左右；本色粗布进口以 20 世纪初至“一战”前最盛，常年进口量在 5 万至 10 万匹之间；本色粗细斜纹布以 19 世纪末至“一战”前为盛，常年进口量为 2 万匹左右，1915 年至 20 世纪 20 年代年进口量仅有

① 虽然宜昌属于湖北，但是通过宜昌进口的棉布几乎都销往西南地区，即它的腹地是四川等西南地区，故本书将宜昌归入西南。

数百至数千匹；本色标布进口较少，最盛时不过数千匹，其余年份仅为数百至千余匹。重庆港各种成品布进口量高于原色布，其中漂白市布进口以1910—1930年最盛，常年进口量在20万匹左右；印花布、印花斜纹布进口皆以20世纪20年代最盛，在20年代后期年进口量分别在10万匹、5万匹以上；羽绫、羽绸进口皆以20世纪初至"一战"前最盛，常年进口量分别在10万匹、20万匹左右，"一战"后两种布匹进口皆有所恢复，至20年代常年进口量皆为3万匹左右；剪绒、染色市布进口以1910年前后最盛，年进口量皆可达1万匹，其余年份皆为数千匹。

考察两港子口贸易统计，宜昌港分货物类别的子口贸易统计自1880年开始，货物全部销往四川，1904年后据子口贸易总值统计，历年销往四川货物价值仍占到99%以上。

重庆港分货物类别的子口贸易统计始于1891年，各种花色机制棉布子口税单使用率如下：

表2.8　重庆港各种花色棉布使用子口税单运销量占总运销量比重

印花布	粗斜纹布	羽绸	细斜纹布	羽绫	本色粗布
—	25.18%	4.08%	73.27%	—	0.22%
染色市布	本色市布	漂白市布	本色标布	剪绒	印花斜纹布
—	12.81%	—	3.77%	4.26%	—

可见除了少数种类商品，重庆机制棉布子口税单使用率较低，所以在其销售腹地判断上还需参照子口贸易总值统计的分布状况。1904年前，各种花色进口机制棉布绝大部分销往四川，这与同期子口贸易总值的分布状况也是一致的。① 1904年后，销往云南、贵州两省货物价值上升，但并未改变四川的优势地位，在1905—1919年，销往四川货物价值年均所占份额亦达到87%，销往贵州、云南货物价值年均所占份额分别为7%、6%。

① 绝大部分年份销往四川货物价值皆占到总值的98%以上。

2. 蒙自、思茅、腾越、万县：在这四个口岸中，蒙自、腾越进口机制棉布较多。蒙自开埠于1889年，以本色标布、本色市布、羽绫、羽绸进口较多，其中本色标布进口以20世纪前二十年最盛，年均进口量达2万匹；本色市布在20世纪初至1930年进口量较多，亦可达2万匹；羽绫、羽绸进口以20世纪20年代最盛，年均进口量同样为2万匹。其余花色布匹年进口量皆在数百至数千匹之间。

腾越机制棉布进口以本色市布最多，在20世纪前二十年最盛，年进口量在2万匹左右。本色标布、漂白市布、羽绫、羽绸进口量次之，大体上皆在1910年后进口较多，常年进口量为数千匹。其余花色布匹常年进口量仅为数百匹。

万县、思茅机制棉布进口量很少，各种花色布匹历年进口量皆仅有数十至数百匹。

四个口岸中蒙自、腾越在1904年前有较为详细的分货物类别的子口贸易统计。以下为蒙自各种花色机制棉布子口税单使用率：

表2.9　蒙自港各种花色棉布使用子口税单运销量占总运销量比重

印花布	粗斜纹布	羽绸	细斜纹布	羽绫	本色粗布
—	—	—	—	69.32%	—
染色市布	本色市布	漂白市布	本色标布	剪绒	印花斜纹布
—	56.89%	14.07%	45.39%	32.38%	—

可见蒙自机制棉布子口税单使用率是比较高的。通过考察这一子口贸易运销分布可知，各种棉布销售腹地以云南为主，可占总量90%以上，其次为贵州、四川。进一步考察其子口贸易总值统计，在1896年前，输往云南的货物价值所占份额皆在99%之上，之后四川、贵州进口货物价值开始增加，至1900年，输往云南的货物价值所占份额已低于90%，在1910年后，其常年所占份额为70%左右，贵州、四川两省进口货物价值皆可占到总值的15%左右。

腾越1902年分货物类别的子口贸易统计中，各种花色布匹子口税单使用率如下：

表2.10　腾越港各种花色棉布使用子口税单运销量占总运销量比重

印花布	粗斜纹布	羽绸	细斜纹布	羽绫	本色粗布
44.44%	100.00%	90.92%	—	100.00%	—
染色市布	本色市布	漂白市布	本色标布	剪绒	印花斜纹布
—	85.09%	100.00%	36.54%	6.42%	—

可见腾越进口机制棉布子口税单使用率很高，大多数种类布匹都达到或将近100%。其中各种花色布匹销往云南的数量约占总量的90%。考察其子口贸易总值统计，销往云南货物总值所占份额在20世纪初达90%以上，之后持续下降，至“一战”后这一份额在50%—60%；而销往四川货物价值所占比重则从20世纪初的不到10%上升至“一战”后的40%—50%；每年亦有一部分货物销往贵州，所占份额不过5%。

另据子口贸易统计可知，万县进口货物皆销往四川；思茅进口货物销售市场以云南为主，其次为贵州、四川，每年亦有一部分货物销往广东、广西、江苏、湖南、山东、河南、直隶等省份。

（六）华南

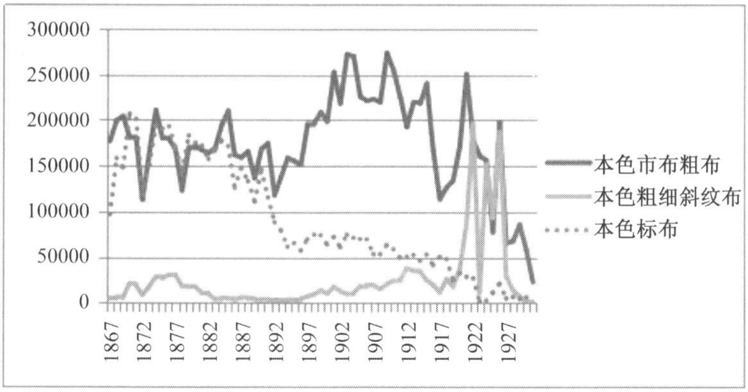

（单位：匹）

图2.36　广州、汕头两港原色布进口量

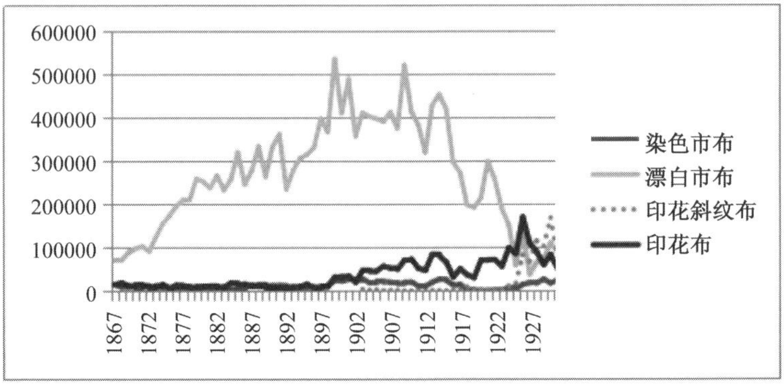

（单位：匹）

图2.37　广州、汕头两港漂染印花布进口量

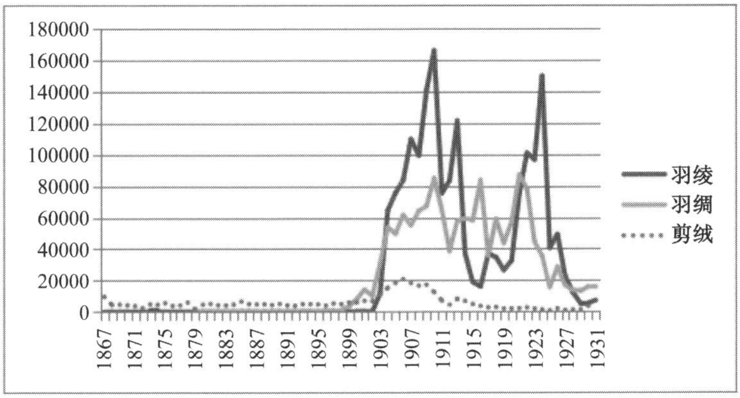

（单位：匹）

图2.38　广州、汕头两港羽绫、羽绸、剪绒进口量

1. 广州、汕头：两港为华南地区机制棉布进口主要港口，但是其进口量远不及其他区域重要港口。各种花色原色布中，本色市布为广州、汕头两港最主要进口机制棉布，进口量皆以20世纪初至“一战”前最多，其中广州港常年进口量在10万至15万匹之间，汕头港亦在10万匹左右，“一战”爆发后，两港进口量持续下降，至20世纪20年代中期以后，常年进口量皆不足5万匹。本色标布亦是两港进口大宗，进口量以19世纪90年代前最盛，其中广州港常年进口量在5万匹左右，汕头港可达10万至15万匹，之后两港进口量都持续下降，1911—1919年广州港年进口量还可保持在数万匹，而汕头港已跌至数千匹，至20世纪20年代则分别为

数千匹、数百匹。本色粗细斜纹布进口以汕头港为主，在 19 世纪 80 年代前常年进口量可达 2 万匹，但随后降至数千匹至万余匹，20 世纪后，进口量有所回升，1910 年前后至 20 世纪 20 年代，常年进口量亦可达 2 万匹，广州港进口量则较少。[①] 两港本色粗布进口量都很少，年进口量皆在数百至数千匹之间。

各种花色成品布中，两港以漂白市布进口最多，其中汕头港进口以 19 世纪末至“一战”前最盛，常年进口量在 20 万匹左右，进入 20 世纪 20 年代降至数万匹；广州亦以 19 世纪末至“一战”前进口最盛，进口量稍逊于汕头港，至 20 世纪 20 年代中期常年进口量亦降至数万匹。此外，常年进口量在 1 万匹之上的棉布有印花斜纹布、印花布、羽绫、羽绸，其中印花斜纹布、印花布以 20 世纪 20 年代最盛，广州港常年进口量均达 5 万匹，汕头港均达 3 万匹；羽绫、羽绸进口量最盛期从 20 世纪初持续至 20 年代，除了“一战”期间的短暂萧条，广州两种花色布匹常年进口量分别可达 6 万匹、4 万匹，汕头港可达 5 万匹、3 万匹。其余花色布匹中，染色市布进口以 20 世纪 20 年代最多，个别年份两港年进口量均可达数万匹；剪绒以 1915 年前后进口最多，广州常年进口量可达万余匹，汕头港仅为 4000 余匹。

广州分货物类别的子口贸易统计自 1890 年开始，各种花色布匹子口税单使用率如下：

表 2.11　广州港各种花色棉布使用子口税单运销量占总运销量比重

印花布	粗斜纹布	羽绸	细斜纹布	羽绫	本色粗布
24.48%	—	15.00%	—	—	—
染色市布	**本色市布**	**漂白市布**	**本色标布**	**剪绒**	**印花斜纹布**
61.10%	12.83%	24.23%	35.74%	68.39%	—

① 在 20 世纪 20 年代，两港有数个年份本色粗细斜纹布进口量都较多，可达数万匹。

相比华中、西南诸口岸，尤其在各种原色布领域，广州进口机制棉布子口税单使用率相对较低。各种花色进口机制棉布销售腹地以广东为主，其次为广西，本色市布、本色标布、漂白市布销往广东货物量皆占到总量的90%以上；羽绸、染色市布、印花布等花色布匹销往广东数量亦可占到百分之六七十；剪绒销售市场则以广西为主，可占到90%的份额。进一步考察子口贸易总值统计，1896—1919年历年输往广东货物价值所占份额，绝大部分年份皆在60%—90%，其余货物则销往贵州、广西，两地皆占到10%左右的份额。

汕头港无分货物类别的子口贸易统计，子口贸易总值统计虽始于1882年，但之后中断，直至1899年才继续统计。1910年前，汕头港通过子口贸易的货物皆销往广东，随后销往福建货物价值增加，至“一战”后，常年可占到30%的份额。

2. 福州、厦门：除了位于广东的汕头、广州，位于福建的福州、厦门两港在近代亦有数量可观的机制棉布进口。其中以本色标布最多，福州港本色标布进口以19世纪最盛，常年进口量在20万匹左右，进入20世纪后进口量降至数万匹，20年代后每年仅有数千匹至万余匹进口；厦门本色标布历年进口量变化不大，1870—1930年皆在4万至7万匹之间。此外，常年进口量在1万匹以上的还有本色市布与漂白市布，福州本色市布进口在19世纪末最盛，常年进口量在6万匹左右，进入20世纪后这一数字跌至5万匹，在20年代后更迅速降至2万余匹；厦门本色市布进口历年变化趋势亦不明显，绝大多数年份在2万至5万匹之间。福州漂白市布进口以20世纪20年代最盛，至20年代后期常年进口量可达3万匹以上；厦门则以19世纪末20世纪初最盛，常年进口量在5万匹左右，进入20世纪20年代后，进口量仍在2万匹以上。羽绫、羽绸进口，厦门皆以20世纪20年代最盛，福州皆以20世纪初最盛，其常年进口量皆可达数万匹。福州染色市布进口在20世纪20年代最盛时年进口量亦可达万余匹，本色粗细斜纹布亦有少数年份可达万余匹。此外，两港其余花色布匹进口绝大多数年份皆在数百至数千匹之间。

福州分货物类别的子口贸易统计始于1872年，厦门始于1874年。考察两港子口贸易统计，历年通过子口贸易的进口货物皆销往福建。

3. 北海、拱北、九龙[①]、琼州、江门、三水、梧州、南宁、龙州：九港开埠时间不一，除了琼州、拱北、北海、龙州开埠较早，南宁开埠较晚，其余港口皆开埠于1900年前后。这些港口进口机制棉布以漂白市布最多，其最盛时是在19世纪末20世纪初。其中拱北在19世纪末年进口量可达10万匹，梧州在1910年前后进口量亦将近10万匹，九龙、北海在19世纪末进口量分别可达6万匹、3万余匹，其余各港历年进口量皆在3万匹之内。

本色标布、本色市布亦是各口岸进口大宗，最盛时皆在19世纪末20世纪初，除了龙州，其他口岸常年进口量皆可达数万匹。其中拱北进口两种货物最多，年进口量分别可达5万匹、8万匹；其次为北海、梧州，两种货物均分别可达3万匹、5万匹；其余各口岸则均在3万匹之内。各港染色市布进口以1910年前后最多，其数量皆可达万余匹。

梧州、江门、南宁、北海四港羽绫、羽绸进口量亦不少，其最盛时是在20世纪20年代。梧州、江门、南宁三港两种货物合计年进口量皆可达2万余匹，北海亦可达万余匹。

此外，其余花色布匹，各港历年进口量仅在数百至数千匹之间。

以上各港中，三水、北海、梧州三港在1904年前有分货物类别的子口贸易统计，考察其中1897年、1902年的子口贸易统计，三港各种花色机制棉布子口税单使用率如下：

表2.12　三水港各种花色棉布使用子口税单运销量占总运销量比重

印花布	粗斜纹布	羽绸	细斜纹布	羽绫	本色粗布
—	—	0.44%	—	—	—
染色市布	**本色市布**	**漂白市布**	**本色标布**	**剪绒**	**印花斜纹布**
9.74%	1.81%	1.14%	6.56%	4.59%	—

① 由广九铁路运入货物在海关统计上另行计算，这里把这一部分进口量归入九龙口岸。

表2.13　北海港各种花色棉布使用子口税单运销量占总运销量比重

印花布	粗斜纹布	羽绸	细斜纹布	羽绫	本色粗布
—	100.00%	—	—	—	—
染色市布	本色市布	漂白市布	本色标布	剪绒	印花斜纹布
—	40.04%	20.32%	21.17%	61.93%	—

表2.14　梧州港各种花色棉布使用子口税单运销量占总运销量比重

印花布	粗斜纹布	羽绸	细斜纹布	羽绫	本色粗布
30.69%	—	—	—	—	—
染色市布	本色市布	漂白市布	本色标布	剪绒	印花斜纹布
100.00%	26.35%	40.60%	35.47%	82.19%	—

三港中梧州、北海各种花色机制棉布子口税单使用率较高，且多在20%—50%。考察三港进口棉布销售腹地，三水进口机制棉布运销目的地以广东、广西为主，两地货物运销量相当；北海以销往广西为主，运销货物量所占份额在95%以上；梧州以销往广西、贵州为主，其中广西运销量可占60%，贵州占到36%，其余货物运往云南、广东两地。

考察各口岸子口贸易总值统计，在1890—1919年，北海港销往广东货物价值年均所占份额为37%，销往广西为60%，剩余货物销往云南。在1908—1916年，江门港销往广东货物价值所占份额历年皆在98%以上，其余货物主要销往广西，云南、江西在少数年份亦有运销。在1900—1919年，龙州港销往广东货物价值所占份额历年皆在90%以上，其余货物销往广西。在1898—1919年，三水港销往广东货物价值年均所占份额为56%，销往广西为27%，其余货物大多销往贵州、四川，年均所占份额分别为9%、7%，少数年份亦有部分货物销往云南。梧州港子口贸易总值统计始于1898年，进口货物主要销往广西、贵州，在1900年前后销往广西货物价值可占到60%以上的份额，随后这一份额迅速下降至10%—20%，而在20世纪前二十年的大部分时间里，销往贵州货物价值可占到总值的80%以上，亦有部分货物销往广东、湖南、云南，历年货物价值所占份额皆在10%以下。此外，拱北、琼州使用子口税单进口货物皆销往广东，南宁皆销往广西。

4. 淡水、台南、三都澳：淡水、台南两港在1895年前机制棉布进口以本色市布、本色标布、漂白市布为主，其中台南本色市布常年进口量在2万匹左右，漂白市布在8000匹左右，本色标布在19世纪70年代后可达1万匹；淡水本色市布常年进口量在4万匹左右，漂白市布亦有4万匹左右，本色标布在19世纪70年代后亦可达1万匹。其余花色布匹进口量皆不过数百至数千匹。三都澳各种机制棉布进口数量甚微。

二、近代进口机制棉布消费分布

根据以上对1867—1931年各口岸各种花色机制棉布进口数量变化及子口贸易统计的考察，可以对此期间各种花色进口机制棉布在各省（地区）的消费空间分布及其变化做出复原。这里把各种花色进口机制棉布进一步整合为四类。第一类，包括本色市布、本色标布两种轻薄原色布。第二类，包括本色粗布、本色粗斜纹布与本色细斜纹布三种较为厚重的原色布。据上文考察可知，前两种进口棉布在织造工艺、商品质地与价格上与传统土布最为接近。第三类，包括上述考察中各种漂白、印花、染色布匹。第四类，包括羽绫、羽绸、剪绒三种织造工艺较为精细、价格亦较高的进口机制棉布。

（一）各种花色机制棉布消费空间分布及变化

以下为1867、1877、1887、1897、1907、1917、1927年各种花色进口机制棉布在全国各省（地区）的消费空间分布情况（见表2.15至表2.18），考察范围为各时期海关统计在册的所有开埠港口。

表 2.15　本色标布、本色市布消费分布

单位：匹

省份（地区）	1867 年	1877 年	1887 年	1897 年	1907 年	1917 年	1927 年
湖北	5652	49902	198760	238356	167521	238870	21089
贵州	0	935	88827	129415	254407	117024	29573
云南	0	0	0	1303	76907	141198	44775
四川	70838	507833	811533	495154	275942	127588	38516
广东	168517	299419	458057	332048	290107	149688	72198
广西	105470	70877	237766	202389	51066	29663	8040
安徽	54600	312971	303390	320661	491261	323649	29551
江苏	91879	832709	776598	634375	316711	242352	64040
浙江	65768	394561	156724	88642	102420	315639	39028
福建	10519	640488	822147	518523	401644	277053	143532
甘肃	156	3546	4718	625	115019	164262	68355
河南	8399	257848	382568	327434	428324	414042	76284
山东	23893	390453	481044	429302	661993	466558	94691
湖南	821640	797556	373294	548570	270319	227288	25963
江西	346641	769359	770473	784607	709444	386757	143610
吉林	0	0	0	0	21146	7311	193101
奉天	9433	328459	147042	82763	111454	308852	1070312
山西	11972	407243	444083	122732	134260	61117	75626
陕西	7	257	25718	80373	196590	64462	11361
蒙古地区	0	0	0	0	0	0	1506
新疆	3	48	73	3	0	19717	17593
黑龙江	0	0	0	0	156	5349	14759
直隶	37146	837776	1098930	155338	559222	203405	260400

表 2.16　本色粗细斜纹布、本色粗布消费分布

单位：匹

省份（地区）	1867 年	1877 年	1887 年	1897 年	1907 年	1917 年	1927 年
湖北	1625	29560	68342	197915	93497	172402	13169
贵州	0	5913	8686	2422	82065	39737	66384
云南	0	0	0	9	13598	1479	51976
四川	8588	196299	64901	45143	125176	19965	11753
广东	4972	39173	8402	13571	26065	11234	25023
广西	0	0	7804	433	4982	1176	3683
安徽	4467	64870	110115	218588	142879	244142	20286
江苏	5224	130904	300355	321068	104379	190858	33955
浙江	3740	94272	138487	61883	14699	245820	26660
福建	208	32188	11307	19554	12156	39769	13135
甘肃	337	22883	79030	114296	170283	327282	36570
河南	718	37439	87715	107934	332239	409705	31408
山东	1801	88779	378868	661961	1007379	491914	13983
湖南	56242	100110	30816	51965	164832	175526	23699
江西	16294	106561	91611	144896	214654	120294	27399
吉林	0	0	0	0	54447	33333	22463
奉天	10019	208409	460728	978840	757381	1486732	1028258
山西	5797	137929	416956	616194	327940	302984	37029
陕西	437	1858	13120	29181	148843	62810	6791
蒙古地区	0	0	0	0	0	662	719
新疆	589	2542	6307	10759	0	99674	8399
黑龙江	0	3225	0	0	375	18663	5757
直隶	13491	269470	912013	1345556	1386788	986874	138273

表 2.17　染色、漂白、印花布消费分布

单位：匹

省份（地区）	1867 年	1877 年	1887 年	1897 年	1907 年	1917 年	1927 年
湖北	0	2402	69890	67456	131641	212682	114651
贵州	0	44	30036	57041	280967	140425	102879
云南	0	0	0	15539	26121	35110	31486
四川	26684	79114	184816	65647	151110	320462	418580
广东	85209	229010	312680	418158	473315	293194	198345
广西	15134	10876	72145	168903	72295	52365	13507
安徽	38647	42285	112202	204592	373236	240454	232906
江苏	107009	116112	148304	282377	226845	273466	326516
浙江	83722	78790	80598	85482	110089	258996	348718
福建	2453	92058	85589	92701	102179	121239	167000
甘肃	578	8470	20528	19393	150640	230974	222891
河南	10120	25240	60782	85073	258194	346862	267426
山东	8730	44584	147514	224769	328073	367202	302977
湖南	0	75361	337774	462586	232179	86018	118462
江西	17990	52698	71822	179151	496070	307005	268996
吉林	0	0	0	0	40438	17569	52442
奉天	2870	24688	31825	45689	157859	430633	824116
山西	21411	68167	199231	219988	257111	164005	174347
陕西	435	1485	6166	8743	169972	64264	49580
蒙古地区	0	0	0	0	0	0	3292
新疆	127	465	1012	1793	0	49787	38464
黑龙江	0	0	0	0	298	22678	7496
直隶	40505	209964	557452	586015	1059964	490176	536189

表 2.18　羽绫、羽绸、剪绒消费分布

单位：匹

省份（地区）	1867 年	1877 年	1887 年	1897 年	1907 年	1917 年	1927 年
湖北	62	137	53987	24652	111907	83040	6476
贵州	0	90	8996	22631	140884	43042	60069
云南	0	0	407	623	39054	9713	112305
四川	1734	9370	29217	84731	248746	76296	33388
广东	7509	3003	3239	2953	187231	80900	47484
广西	2035	1655	2106	10642	26616	15181	11969
安徽	1090	2270	25115	68622	531591	216542	28072
江苏	40	6565	89521	146803	784043	209629	109029
浙江	0	4615	31619	34569	411644	239226	19332
福建	0	314	1889	16501	60256	78971	36627
甘肃	9	85	2619	3606	104101	83478	12628
河南	36	1050	20986	23579	288322	192070	36527
山东	258	6845	70418	107875	465906	197173	42852
湖南	14635	10896	19273	89833	217818	69675	15624
江西	3276	5194	5911	36778	223736	71665	22320
吉林	0	0	0	0	22036	6434	9725
奉天	434	2732	4768	46781	135096	227100	237359
山西	840	2705	80481	108383	138770	52959	11047
陕西	64	69	3560	6007	160435	24484	2830
蒙古地区	0	0	8	15	0	0	211
新疆	41	16	214	96	0	15819	2469
黑龙江	0	0	0	0	159	48687	3807
直隶	1508	3883	128963	180260	574809	157506	68483

通过表2.15至表2.18可知，1867年，进口机制棉布消费以本色标布、本色市布等轻薄原色布为主，消费量以华南、长江中下游各省为多。广东、广西、湖南、江西四省消费量皆在10万匹之上，江苏、浙江、安徽、四川四省消费量在5万至10万匹之间。其余各种花色布匹各省消费量几乎全部在10万匹以内。

1877年，轻薄原色布消费量仍然最多，大部分省份消费量皆在10万匹之上。四川、江苏、福建、湖南、江西、直隶各省消费量超过了50万匹。此时各种厚重原色布消费量有所增多，直隶、奉天两省消费最多，皆在20万匹以上，其余消费较多省份有四川、山西、江苏、湖南、江西等省，消费量皆为10余万匹。染色、漂白、印花布消费量此时亦有显著增加，消费量超过10万匹的省份有直隶、广东、江苏。但总体而言，染色、漂白、印花布及各种高档机制布匹，与前两类相比，消费量仍为稀少。

1887年，轻薄原色布消费分布与1877年较为相似。而各种厚重原色布消费量的增加非常显著，直隶、奉天、山西、山东、江苏的消费量皆在30万匹之上。各种染色、漂白、印花布消费量与十年前相比有所增加，以直隶、湖南、广东为多，亦皆在30万匹之上。

1897年，进口机制棉布消费形势发生了一些变化，轻薄原色布消费量出现下降，各种厚重原色布消费量已与先前占绝对优势的轻薄原色布不相上下。其中奉天、直隶、山西、山东四省各种厚重原色布消费量皆在60万匹之上。此外，各种染色、漂白、印花布消费量继续增加，除了直隶、广东、湖南已达到40万匹以上，其余如山东、山西、安徽、江苏等省份消费量亦达到20万匹以上。

1907年，除了轻薄原色布消费量与十年前基本持平，其余花色布匹消费量皆明显增长。轻薄原色布在南方大部分省份的消费量尚可居于首位，在北方大部分省份不仅不及各种厚重原色布，甚至不及各种染色、漂白、印花布匹。各种厚重原色布仍以北方各省消费为主，其中山东、直隶消费量皆已超过100万匹。各种染色、漂白、印花布以及羽绫、羽绸、剪绒消费量增长亦十分显著，在大多数省份其消费量已与先前占主要地位的原色布相差无几。

1917 年，受“一战”影响，进口机制棉布消费量总体上略微下降，其中羽绫、羽绸、剪绒由于进口来源国为欧洲各国，下降较为明显。就各种花色机制棉布消费分布而言，与 1907 年情况大体一致。

1927 年，全国进口机制棉布消费格局发生了重大变化，即各种花色机制棉布消费集中在东北地区。其中原色布的消费除了东北各省，在全国其他省份（地区）消费量已十分稀少，各种染色、漂白、印花机制棉布消费在东北各省以外的地区占据了绝对优势。在消费总量上，各种原色布消费量下降极为显著，而各种花色染色、漂白、印花棉布以及羽绫、羽绸、剪绒消费量与 20 世纪初相比基本持平或有所增减。①

本书附录六为牛庄、大连、安东、天津、烟台、青岛、上海、宁波、广州、汕头、汉口、九江、重庆、宜昌十四个港口进口各种花色机制棉布在各地的销售情况。通过以上考察可知，近代各种花色棉布绝大部分是通过这些港口输入的。

表中的区域消费分布情况与变化趋势与以上分析内容是一致的。各种花色厚重原色布的消费集中于冬季气候寒冷的东北、华北地区，以 20 世纪前二十年消费数量最多；各种花色轻薄原色布则大体上以气候较为温和的华中、华东地区消费为多，消费量自 19 世纪 70 年代起就呈下降趋势。以上两类原色布消费量在 20 世纪 20 年代皆急剧下降，但这一时期东北地区各种花色原色布消费变化趋势与其他地区相异。

各种花色染色、漂白、印花机制棉布除了在华北地区消费较多，在其他地区分布较为均匀，消费量在 20 世纪 20 年代最多；各种花色高档棉布消费在全国各地分布较为均匀，消费量在 20 世纪初达到顶峰，之后该项贸易受“一战”影响较大，但在“一战”后至 20 世纪 20 年代消费量亦有所回升。

---

① 海关贸易统计格式的改变造成 1924 年后羽绫、羽绸进口量在统计上的锐减，关于 20 世纪 20 年代各种花色高档棉布进口只能依据 1925 年之前的情况。

（二）19世纪末各省（地区）进口机制棉布人均消费量

为消除行政划分上的人口差异，下面结合1880年的全国各省（地区）人口数据对19世纪末（1897年）各省（地区）进口机制棉布的人均消费情况进行考察，见下表。

表2.19　19世纪末各省（地区）进口机制棉布的人均消费量

单位：匹

省份（地区）	安徽	福建	甘肃	广东	广西	贵州	河南	湖北	湖南	浙江
人均消费量	0.038	0.046	0.028	0.029	0.030	0.021	0.021	0.028	0.051	0.017
省份（地区）	东北①	江苏	江西	直隶	山东	山西	陕西	四川	新疆	云南
人均消费量	0.155	0.047	0.086	0.074	0.037	0.121	0.018	0.019	0.009	0.002

可见各种机制棉布人均消费量以东北地区最多，其次为山西、江西、直隶、湖南、江苏等省份。大体上在通商口岸所在省份或交通较为便利区域，人均消费机制棉布相对较多，而在东北地区由于气候最为寒冷，加之手工棉纺织业原有基础薄弱，近代移民涌入，棉织品需求旺盛，因此成为人均消费机制棉布最多的地区。

当然，这里的匹数还需换算为传统手工土布匹数以便比较，由于传统土布各地规格不一，而且这里所涉及各种花色进口机制棉布规格不同，只能按照当时进口机制棉布10磅的匹重大致换算。换算后如表2.20所示，东北地区人均进口机制棉布消费量可合土布1.07匹，山西可合0.83匹，江西合0.59匹，直隶合0.51匹，其余省份皆在0.4匹之下。据上又分析可知，各种花色进口机制棉布对传统土布的替代作用不一，如果仅计算对传统土布替代较强的原色布，以上人均消费量还会更低。结合徐新吾对19世纪末中国人均布匹消费量的计算，表2.20中用1.65标准土布匹②作为

① 直到1907年，清朝将东北地区的军府制改为行省制，才有奉天、吉林、黑龙江三省，因此本部分将19世纪末的东北地区当成一个整体对待。

② 徐新吾主编：《江南土布史》，上海社会科学院出版社1992年版，第229页。

各地人均棉布消费量，以此估计各地进口机制棉布人均消费量所占比重。可见，除了东北、山西、直隶、江西、湖南，其他各省这一比重皆在20%之下，且大多分布在10%左右。从统计数据上看，19世纪末进口机制棉布确实占据了一部分传统土布的市场，其影响在东北、华北地区较大，在其他地区并不十分显著。①

表2.20　19世纪末各省（地区）进口机制棉布的人均消费量及比重

单位：匹

省份（地区）	安徽	福建	甘肃	广东	广西	贵州	河南	湖北	湖南	浙江
人均消费量	0.26	0.32	0.19	0.20	0.21	0.14	0.14	0.19	0.35	0.12
比重	15.83%	19.16%	11.66%	12.08%	12.49%	8.75%	8.75%	11.66%	21.24%	7.08%
省份（地区）	东北	江苏	江西	直隶	山东	山西	陕西	四川	新疆	云南
人均消费量	1.07	0.32	0.59	0.51	0.25	0.83	0.12	0.13	0.06	0.01
比重	64.56%	19.57%	35.82%	30.82%	15.41%	50.39%	7.50%	7.91%	3.75%	0.83%

说明：人均消费量单位依据徐新吾主编《江南土布史》换算成标准土布匹计算。

本节通过以上分析，可以对中国近代进口机制棉布消费变化趋势及分布状况得出以下初步结论：

第一，进口机制棉布在各地的消费量有很大差异。在19世纪六七十年代，消费集中于华南及长江中下游各省，在19世纪末，东北、华北各省消费量最高，且大体上呈现出北方多于南方、沿海多于内地的趋势。同时，

① 虽然各地的人均布匹消费量由于经济水平及气候条件的差异定会有所差别，但是东北及华北直隶、山西等省份人均机制棉布消费量及所占比重皆远高于全国其他地区，因此可推断进口机制棉布在这些区域对土布市场影响较大。

在19世纪末机制棉布人均消费量上，东北及华北直隶、山西等省亦明显高于全国其他地区。

第二，各种花色机制棉布的消费在各地情况不一。较为轻薄的本色市布、本色标布消费集中于南方各地，较为厚重的本色粗布、本色粗细斜纹布消费集中于北方各地，这一分布与各地气候条件的差异是分不开的。同时，各类较为高档的染色、漂白、印花棉布及羽绫、羽绸、剪绒的消费在地域分布上较为均匀。这些对于研究进口机制棉布的输入对各地手工棉织业的影响是有意义的，据上文分析已知，本色粗布、本色粗斜纹布从材质、工艺、价格上看与传统土布最为相近，可推断其对传统棉织业的影响最强。这也可以解释为什么19世纪末华北地区传统纺织业记载中屡次出现“业已全部停止”之类描述，而这类描述在华东、华南、华中地区则很少看到。

第三，总体来看，近代进口机制棉布消费重心不断北移。19世纪80年代前，本色市布与本色标布占据进口机制棉布市场主体，其消费以长江中下游及华南各省为主；随后本色粗布、本色粗细斜纹布进口增多，以之为偏好的北方各省消费量增长，并且在19世纪末超过南方各省；20世纪20年代后，东北之外的其他地区各种原色布匹消费量锐减，进口机制棉布消费重心遂移至东北。这一过程暗示了国产机制棉布对进口机制棉布替代的空间过程。

第三节　19世纪末进口机制棉布的普及程度

本节将从微观层面出发，考察19世纪末进口机制棉布的普及程度。严中平、徐新吾等老一辈学者对此皆曾有过探讨，一方面认为进口棉布对土布市场带来了一定的冲击，另一方面认为由于土布与机制棉布的不同质性以及机纱的应用降低了土布成本等因素，进口棉布的影响力不如进口机纱。这些研究和结论皆以描述性史料的定性考察和理论上的推断为主。那么，在19世纪末，进口机制棉布是否已如机制棉纱般深入至广大内部偏远地区？其对传统土布的排挤作用，即对传统手工纺织业的影响如何？本节首先对相关的文献资料做一梳理考察，之后利用子口贸易统计数据较为定量地说明这些问题。

一、文献资料对19世纪后期进口机制棉布市场影响力的描述

关于19世纪后期进口机制棉布的销售及影响，海关贸易报告、领事报告，以及当时各地官员文集、地方志等文献资料中皆有描述。其中文集、地方志对进口棉织品销路、影响的描述，往往较为粗略，多把洋纱、洋布合称，或把国产、进口机制棉布皆称为洋布，难以从中分析出进口机制棉布在市场上真正的影响力。因此，这里主要依据19世纪60年代后各地海关贸易报告、领事报告等资料，对描述性文献资料记载下的进口机制棉布销售情况做一说明。另外，需要注意的是，这些资料所记载的区域集中在长江流域，因此其反映的19世纪后期进口机制棉布的销售情况可能更适用于长江流域。

本色市布与本色标布是各地报告中提到的最为畅销的进口机制棉布，两种花色棉布在19世纪后期的畅销缘于其低廉的价格。以本色市布为例，在19世纪60年代，其价格已可与土布竞争，在天津，土布每磅值441文，而洋布（本色市布）值495文①；在烟台，“本色市布在1866年的卖价是2.9—4.0两，1867年是2.5—3.0两，而1868年的价格大约在2.2—2.5两之间。外国棉布在这样的低价下就能与土布竞争，并能负担运输费用深入到内地去”②。据海关十年报告统计，1862—1899年，本色市布价格由2.58关两/匹下跌至1.32关两/匹，本色标布（32码）价格由1.88关两/匹下降至1.33关两/匹，而其他花色机制棉布在价格上未有明显下降，甚至部分花色棉布有所上涨。考虑到19世纪末银钱比价的下跌，本色市布与

① “1866年海关贸易报告（天津）”，见姚贤镐编：《中国近代对外贸易史资料（1840—1895）》第3册，中华书局1962年版，第1345页。

② “1868年海关贸易报告（烟台）”，见姚贤镐编：《中国近代对外贸易史资料（1840—1895）》第3册，中华书局1962年版，第1358页。

本色标布的铜钱价格下降幅度更为显著。回顾图 2.1 对 20 世纪最初十年各种进口机制棉布与土布价格的比较，其中本色市布、本色标布价格明显低于土布。

同时，本色市布、本色标布为 19 世纪末进口棉布的大宗，回顾上文中对各种机制棉布进口量的分析，19 世纪末本色市布在进口量上远高于其他几种花色机制棉布，本色标布亦在大部分时间里居各类进口机制棉布中的第二位。

关于进口机制棉布的销售，在 19 世纪后期，尤其是六七十年代，进口棉布的消费者主要是富裕阶级，“他们能常常换制新衣，并且愿意为了爱好漂亮和新奇而不顾布匹是否耐穿”①。而在内地区域，人们只是“把洋布当作一项奢侈品”②。但本色市布、本色标布较为例外，如在东部沿海地区的浙江，“本色市布，价格低廉……运入内地去的，也能迅速出卖”；而本色标布更是“主要流行于本省贫瘠和人口稀少的区域，如衢州、姚州（即余姚）、金华”③。但需要注意，这种贸易形势并不能代表全国进口机制棉布的销售情况。如在四川，即便到 19 世纪 90 年代，洋布仍主要“供给几个城市的居民使用，例如重庆、泸州、叙府、嘉定，并且几乎全部都为中产阶级买去”④。

然而，据前文考察可知，此时畅销的本色市布、本色标布与土布并不完全为同质产品。在 19 世纪后期的文献资料中，对洋布轻薄、不耐久穿的描述比比皆是。⑤ 当时，每单位土布的重量相当于进口机制棉布中最为厚

---

① “1869 年海关贸易报告（宁波）”，见姚贤镐编：《中国近代对外贸易史资料（1840—1895）》第 3 册，中华书局 1962 年版，第 1351 页。

② “李希霍芬书信集（1872 年）”，见姚贤镐编：《中国近代对外贸易史资料（1840—1895）》第 3 册，中华书局 1962 年版，第 1342 页。

③ “1871—1882 年海关贸易报告（宁波）”，见姚贤镐编：《中国近代对外贸易史资料（1840—1895）》第 3 册，中华书局 1962 年版，第 1352 页。

④ “1893 年英国领事商务报告（重庆）”，见姚贤镐编：《中国近代对外贸易史资料（1840—1895）》第 3 册，中华书局 1962 年版，第 1356 页。

⑤ 可参考徐新吾主编《江南土布史》及姚贤镐编《中国近代对外贸易史资料（1840—1895）》中所辑史料，兹不赘述。

重的斜纹布的三倍。[①] 由于这一不同质性，即使在广大农村地区，进口机制棉布对传统土布的替代也是较为有限的。据调查，当时四川农村居民"仍继续穿用土布，因为土布又温暖又耐穿"[②]，而洋布则被用作寿衣[③]。

从以上所述文献资料中，可以获得一些关于19世纪后期进口机制棉布销售市场及影响程度的信息。不同花色机制棉布销量与销路并不相同，其中本色市布与本色标布销量最大，价格最低，在东部沿海地区甚至可以深入至较为落后的山区。但在广大内地，机制棉布的消费市场似乎仍局限在城镇富裕阶级。同时，由于进口机制棉布与土布相比过于轻薄，其对传统土布的替代作用亦是有限的，虽然进口机制棉布中本色粗布、本色斜纹布在厚重程度上与土布相近，但据图2.1可知，其价格与土布相比并不占明显优势。

二、19世纪末进口机制棉布以府为单位的消费分布——以华中、华东、华北部分省份为例

关于19世纪末进口机制棉布消费的分布情况，通过以上以省为单位的分析已可得出一个初步印象，即大体上在通商口岸所在省份或交通较为便利区域，人均消费机制棉布相对较多。而通过上文对文献资料的梳理，亦可获得相似信息。以下利用1880年人口数据以及子口贸易统计，对19世纪末进口机制棉布在微观层面的消费分布情况做进一步考察。

这里选取汉口、九江、镇江、宁波四个开埠口岸。据上文考察已知，在19世纪末，四口岸进口机制棉布销售腹地主要涉及湖南、湖北、江西、江苏、河南、山东、浙江几个省份，且对运销目的地的记载都以府为单

---

① ［德］马克思：《对华贸易》，见《马克思恩格斯选集》第2卷，人民出版社1972年版，第59页。

② "1893年英国领事商务报告（重庆）"，见姚贤镐编：《中国近代对外贸易史资料（1840—1895）》第3册，中华书局1962年版，第1356页。

③ "1878—1880年英国领事商务报告（宜昌）"，见姚贤镐编：《中国近代对外贸易史资料（1840—1895）》第3册，中华书局1962年版，第1353页。

位。同时，四口岸进口的机制棉布子口税单使用率皆较高，这进一步保证了这里以子口贸易统计数据为样本估计进口机制棉布整体消费分布情况的合理性。

（一）各种花色机制棉布消费分布的集中程度测算

这里首先需要解决的问题是，各种花色进口机制棉布中，消费分布的集中程度是否有差异。通过观察这几个口岸的子口贸易统计可知，各种花色机制棉布的消费集中地基本相同，这里使用行业集中率（Concentration Ratio）来进一步分别考察各港口进口轻薄原色布（Ⅰ类）、厚重原色布（Ⅱ类）、漂染印花布（Ⅲ类）及各种高档棉布（Ⅳ类）消费分布的集中程度。计算公式如下：

$$CR_n = \frac{\sum (X_i)_n}{\sum (X_i)_N}$$

其中 CR_n 为某港口进口某种商品的集中指数，n 为该港口进口该种商品消费量位于前 n 位的府州数，N 为该种商品销售腹地范围内府州总数，这里 $n = 10\% N$（n 向上取整数）。因此，某港口某种进口机制棉布的集中指数即该种布匹消费量位于前 10% 的府州消费总量所占比重。各港口计算结果如下：

表 2.21　汉口、九江、宁波、镇江四港进口机制棉布消费分布集中程度

港口	CR_n			
	Ⅰ	Ⅱ	Ⅲ	Ⅳ
汉口	0.66	0.88	0.76	0.73
九江	0.66	0.63	0.86	0.79
宁波	0.70	0.70	0.69	0.76
镇江	0.62	0.61	0.77	—

可见，在微观层面，各种花色进口机制棉布消费分布的集中度都很高

（都在0.6至0.9之间）。其中各种花色较高档布匹（Ⅲ类及Ⅳ类）的集中程度又要略高于原色布，这与上文中全国范围的分布情况是有所不同的。这一考察的意义还在于，说明19世纪末进口原色布的影响力在各种花色进口机制棉布中是最为广泛的。不过，通过上文研究可知当时各地消费进口机制棉布皆以各类原色布为主，通过上述计算亦可知各类原色布的集中程度较为接近，因此这里对各府机制棉布消费的考察，可以仅仅把各种花色布匹数量加总，而不另做分类讨论。

（二）19世纪末华中、华东、华北部分省份进口机制棉布以府为单位的消费分布

对进口机制棉布消费分布的考察分以下几部分：首先，计算各年度某港口腹地涉及省份各府消费进口机制棉布数量；其次，计算出该港口腹地各府消费量占该港口进口总额百分比；最后，利用1880年人口数据、1897年各府消费进口机制棉布数据考察各府每百人消费进口机制棉布数量。

1. 汉口：19世纪末销往湖南、湖北两省的进口机制棉布绝大部分来源于汉口港。1877年，从汉口港进口的机制棉布消费集中于常德、长沙、衡州三府，其消费量皆在10万匹之上；永州、襄阳、澧州次之，消费量皆有数万匹。

1887年，从汉口港进口的机制棉布消费依然基本集中于以上几府，襄阳府居于首位，消费量达25万余匹；长沙、永州、衡州皆在10万至20万匹之间；南阳府、河南府消费量亦可达数万匹；常德、澧州消费量相比十年前则有所下降，皆仅在万匹左右。

1897年，从汉口港进口的机制棉布消费分布大体上仍无变化，襄阳府依然居于首位，消费量达23万余匹；长沙消费量次之，可达15万余匹；永州、南阳、河南府又次之，消费量可达数万匹；衡州、澧州等府消费量为万余匹。

在1877、1887、1897年，汉口港输入各府机制棉布分别占该港口进口总额比重平均值如下：

表 2.22　1877、1887、1897 年汉口输入各府机制棉布所占比重平均值

府名	安陆	宝庆	长沙	常德	郴州	辰州	广西州
消费量所占比重	0.04%	0.32%	14.01%	4.27%	0.81%	0.73%	2.23%
府名	贵阳	桂林	汉中	河南府	衡州	荆州	靖州
消费量所占比重	0.79%	2.23%	0.69%	1.52%	8.20%	0.08%	1.20%
府名	开封	夔州	澧州	南阳	乾州厅	思南	铜仁
消费量所占比重	0.01%	0.24%	1.59%	3.35%	0.01%	0.32%	2.77%
府名	武昌	西安	襄阳	广州	永州	酉阳州	岳州
消费量所占比重	0.01%	0.14%	15.95%	1.45%	10.18%	0.45%	0.53%
府名	郧阳	镇远	重庆	遵义	—		
消费量所占比重	0.04%	0.19%	25.53%	0.12%	—		

可见，各地进口机制棉布消费量差异很大。销往长沙、重庆、襄阳、永州、衡州、常德等府的机制棉布数量占到汉口港进口总数的绝大部分。

为消除行政划分上的人口差异，以下利用 1880 年人口数据、1897 年各府消费进口机制棉布数据，计算出湖南、湖北两省各府每百人消费进口机制棉布匹额如下：

表 2.23　湖南、湖北各府每百人消费进口机制棉布匹额

单位：匹

府名	郧阳	襄阳	德安	汉阳	黄州	武昌	安陆
每百人消费匹额	0.08	13.12	0	0	0	0	0.05
府名	荆门州	宜昌	荆州	施南	永绥厅	乾州厅	凤凰厅
每百人消费匹额	0	0	0.03	0	0	0	0
府名	晃州厅	澧州	常德	岳州	长沙	宝庆	永顺
每百人消费匹额	0	0.97	0.24	0.91	2.42	0.17	0
府名	辰州	沅州	靖州	衡州	永州	桂阳州	郴州
每百人消费匹额	1.00	0	3.36	0.50	1.96	0	1.16

可见，在人均消费进口机制棉布上，各府差异仍然巨大。先前进口机制棉布消费量占较大比重的襄阳、长沙、永州等府人均消费进口机制棉布亦居前列。

2. 九江：19 世纪末在江西销售的进口机制棉布绝大部分来自九江港。1887 年，从九江港进口的机制棉布消费集中于南昌府，达到 10 万匹以上；其次为饶州、建昌、袁州、广信府，消费量在 2 万匹左右；其余诸府消费量仅数百至数千匹。

1897 年，江西省各府通过九江港输入的机制棉布与 1887 年相比有所增加。其消费依然集中于南昌府，达到 11 万余匹；饶州、建昌、袁州、广信四府仍为仅次于南昌府的进口机制棉布消费集中地，其消费量皆有 2 万余匹；其余各府通过子口贸易输入的机制棉布亦有所增多，皆可达数千至万余匹。

在 1887、1897 年，九江港输入各府机制棉布分别占该港口进口总额比重平均值如下：

表 2.24　1887、1897 年九江输入各府机制棉布所占比重平均值

府名	临江	饶州	抚州	建昌	瑞州	袁州	赣州
消费量所占比重	2. 82%	9. 95%	0. 20%	9. 01%	0. 97%	8. 51%	3. 24%
府名	南安	广信	吉安	南昌	安庆	徽州	汀州
消费量所占比重	1. 46%	10. 80%	4. 24%	41. 58%	6. 87%	0. 09%	0. 27%

可见，各府进口机制棉布消费数量差异同样很大。南昌一府消费进口机制棉布数量占到九江港进口总量的将近一半，其余广信、建昌、饶州、袁州等府亦可占到 10% 左右的比重。

接下来，利用 1880 年人口数据及 1897 年江西省各府通过子口贸易输入各种花色机制棉布消费数据，计算出江西省各府每百人消费进口机制棉布匹额如下：

表2.25　江西各府每百人消费进口机制棉布匹额

单位：匹

府名	南康	吉安	宁都州	瑞州	袁州	临江	饶州
每百人消费匹额	0	0.84	0	0.94	3.28	1.80	2.05
府名	抚州	广信	南安	赣州	建昌	九江	南昌
每百人消费匹额	0.01	1.86	1.25	0.67	4.53	0	5.92

可见，各府在人均消费进口机制棉布上同样有很大差异。之前进口机制棉布消费量居于前列的南昌、建昌、袁州、饶州、广信等府，人均消费进口布匹亦居于前列。

3. 宁波：19世纪末在浙江销售的进口机制棉布大部分来自宁波港。[①]1877年，从宁波港进口的机制棉布消费集中于衢州府，其消费量将近10万匹。其次为温州府，消费量达3万余匹。其余如绍兴、严州、金华等府消费量仅为数百至万余匹。

1887年，从宁波港进口的机制棉布消费集中于衢州府、处州府，两地消费量皆可达10万余匹。绍兴府消费量次之，可达3万余匹。其余各府消费量仅为数百至万余匹。

1897年，从宁波港进口的各种花色机制棉布消费情况与十年前相比变化不大，仍集中于衢州、处州两府，其消费量分别为6万余匹、10万余匹。绍兴府消费量仍然次之，达到4万余匹。其余各府消费量仍仅为数百至万余匹。

在1877、1887、1897年，宁波港输入各府机制棉布分别占该港口进口总额比重平均值如下：

① 在19世纪末，上海进口机制棉布亦有部分输往浙江，但考察子口贸易统计，其数量较为有限。温州港亦以浙江为腹地，但其历年进口机制棉布数量亦较少，考察子口贸易记载，其腹地主要局限在沿海一带。

表 2.26　1877、1887、1897 年宁波输入各府机制棉布所占比重平均值

府名	徽州	广信	泉州	处州	严州	金华	衢州
消费量所占比重	0.55%	2.29%	2.25%	38.13%	3.42%	3.38%	35.05%
府名	绍兴	台州	杭州	温州	—		
消费量所占比重	10.41%	0.03%	0.01%	4.46%	—		

其中，处州、衢州两府进口机制棉布消费量占到 70% 以上的份额，远远高于其他府州。

接下来，利用 1880 年人口数据、1897 年浙江省各府通过子口贸易输入各种花色机制棉布消费数据，计算出浙江省各府每百人消费进口机制棉布匹额如下：

表 2.27　浙江各府每百人消费进口机制棉布匹额

单位：匹

府名	湖州	嘉兴	温州	处州	杭州	严州	台州
每百人消费匹额	0	0	0	11.14	0.01	2.82	0.01
府名	衢州	金华	绍兴	宁波	定海厅	—	
每百人消费匹额	9.24	0.36	1.81	0	0	—	

考察浙江各府人均进口机制棉布消费量，处州、衢州亦远远高于其他府州。这与上文文献资料中的描述是一致的。

4. 镇江：19 世纪末镇江港腹地主要为江苏、河南、山东三省。但需要注意，由于同样以上述三省为腹地的上海、天津、烟台等港口历年进口机制棉纺织品数量巨大，仅仅通过考察镇江港进口货物并不能反映以上三省当时进口机制棉纺织品消费分布全貌。这里对镇江港进行考察，仅是由于该港进口机制棉布子口税单使用率很高，且分府统计较为详尽，对其进

行分析亦可对这一研究有所参照。

1897 年，从镇江港进口的机制棉布在江苏、河南、山东三省各府的消费分布情况如下：消费主要集中于海州、开封，两府消费量皆在 10 万匹之上；其次为济宁州、徐州、海州，消费量皆可达 7 万余匹；再次为扬州、淮安、陈州，消费量分别可达 6 万余匹、5 万余匹、3 万余匹；通州、江宁、沂州各府消费量则在 1 万至 2 万匹之间；其余各府消费量皆仅为数百至数千匹。

在 1897 年，镇江港通过子口贸易输入各府机制棉布分别占该港口进口总额比重如下：

表 2.28　1897 年镇江输入各府机制棉布所占比重

府名	安庆	泗州	六安	滁州	颍州	凤阳	庐州
消费量所占比重	0.12%	0.60%	2.52%	0.44%	0.88%	0.54%	2.00%
府名	扬州	江宁	兖州	沂州	济宁州	开封	太平
消费量所占比重	7.52%	1.61%	0.37%	1.64%	11.43%	21.25%	0.13%
府名	镇江	宁国	汝宁	光州	归德	陈州	常州
消费量所占比重	0.36%	0.01%	0.05%	0.01%	0.14%	5.90%	1.08%
府名	徐州	海州	淮安	通州	—		
消费量所占比重	11.43%	16.79%	9.85%	3.31%	—		

镇江港进口货物销售腹地范围很广，但其进口机制棉布消费主要集中于开封、海州、济宁州、徐州、淮安，五府州消费进口机制棉布所占份额在 70% 以上，远高于其他府州。

利用 1880 年人口数据与 1897 年江苏、山东、河南三省各府通过子口贸易输入机制棉布消费数据，计算出江苏、山东、河南各府每百人消费进口机制棉布匹额如下：

表 2.29　江苏、山东、河南各府每百人消费进口机制棉布匹额

单位：匹

府名	镇江	常州	太仓州	松江	海州	淮安	扬州
每百人消费匹额	0.33	0.48	0	0	7.37	1.83	0.84
府名	江宁	海门厅	苏州	登州	卫辉	光州	汝宁
每百人消费匹额	0.64	0	0	0	0	0	0.01
府名	陕州	许州	汝州	陈州	归德	青州	泰安
每百人消费匹额	0	0	0	2.34	0.03	0	0
府名	莱州	通州	彰德	怀庆	临清州	东昌	武定
每百人消费匹额	0	0.67	0	0	0	0	0
府名	济南	沂州	兖州	济宁州	曹州	南阳	河南府
每百人消费匹额	0	0.22	0.07	6.93	0	0.93	1.58
府名	徐州	开封	—				
每百人消费匹额	1.90	5.32	—				

可见，上述进口机制棉布消费集中的府州人均消费量一般也较高，海州、济宁州、开封、陈州、徐州、淮安恰好居于这一人均消费量的前六位，并且远高于其他府州。

（三）19 世纪末进口机制棉布消费分布特点

从以上对子口贸易统计中，19 世纪末进口机制棉布以府为单位的消费分布情况的考察可知，湖北、湖南、江西、浙江、江苏、河南、山东等省进口机制棉布消费在空间分布上都非常不均衡。进一步考察其分布特点，亦可发现一些规律之处：

在湖南省，长沙、常德、衡州、永州四府为进口机制棉布的消费集中地。其中又以长沙府的消费量最多，其在 1877、1887、1897 年的年均消费量约占汉口港进口量的 14%。

在湖北省，进口机制棉布消费集中于作为传统南北交通枢纽的襄阳

府，其在 1877、1887、1897 年的年均消费量约占汉口港进口量的 16%。

在江西省，进口机制棉布消费集中于北部鄱阳湖平原地区的南昌、饶州等府。其中以南昌府消费量最多，其在 1887、1897 年的年均消费量约占九江港进口量的 42%。

在浙江省，位于钱塘江水系上游的衢州、处州两府消费了从宁波港进口的 70% 以上的进口机制棉布。此外，绍兴府的消费量也不少，可达 10% 以上。这一分布表明，浙江省机制棉布消费似乎集中于较为落后的山区，但这一情况在全国范围内并不普遍。

在江苏、山东两省，从镇江港进口的机制棉布消费集中于济宁州、徐州、淮安等大运河沿岸的府州。

在河南省，仅从汉口、镇江两港进口的机制棉布中可知，河南省进口机制棉布消费集中于南阳府与开封府。其中南阳府为传统陆路南北交通枢纽，而开封府为河南省传统政治经济中心。

对比 19 世纪末湖南、江西两省进口机制棉纱消费分布情况，可以进一步理解以上进口机制棉布消费分布的特点。湖南、江西两省机制棉纱输入倾向于非传统植棉区，其消费分别集中于湘南的永州府、赣南的南安府。而两府的进口机制棉布消费情况，除了永州府在 1887 年消费较多，其他时间两府消费量皆远低于两省进口机制棉布的消费中心。反观两省的棉产中心湖南长沙、常德等府与江西饶州、广信等府，机制棉纱消费量稀少，却是机制棉布消费集中地区。长沙府进口机制棉布消费量居湖南省各府首位，饶州、广信两府在江西省亦是仅次于南昌府的进口机制棉布消费中心。

当然，上述进口机制棉布消费集中地，特别是各省城所在府州，一般来说人口数量较多，但各府间的人口差异远小于进口机制棉布消费差异。通过以上对各府人均进口机制棉布消费量的计算可看到这一点。那些总消费量集中的府州，在人均消费量上亦远高于其他府州。

通过上述考察可得出结论：19 世纪末，至少在华中、华东、华北的广大区域，进口机制棉布的消费在空间上是非常不均衡的。这一分布倾向于各省传统的政治经济中心、传统的交通枢纽与水陆交通便利区域。① 仅以子口贸易统计为样本来看，上述政治、经济、交通中心消费了绝大部分的进口机制棉布。因此可以进一步认为，19 世纪末进口机制棉布的影响并未深入至广大内地。

然而，即使在上述进口机制棉布消费集中之地，其在市场上的影响力可达到何种程度呢？据上文考察，在上述各府中，湖北襄阳每百人消费进口机制棉布最多，可达 13.12 匹；其次为浙江处州、衢州，分别为 11.14、9.24 匹；再次为海州、济宁州、南昌、开封等地，分别为 7.37、6.93、5.92、5.32 匹②；其余各府皆在 5 匹之下，诸如长沙府等进口机制棉布消费集中的府，其每百人消费进口机制棉布尚不及 2.5 匹。可见，19 世纪末，在上述考察涉及区域，严重依赖进口机制棉布的地区只有少数，大部分地区市场上进口机制棉布的销量十分有限。

通过以上分析可回答本节一开始提出的问题。在 19 世纪末，进口机制棉布的销路从空间上看集中于较为发达的政治、经济、交通中心城市或所在府州，并未广泛深入至内地；同时由于其与传统土布的不同质性，对土布的替代作用是有限的。因此可认为，至少在本节考察范围涉及的华东、华中、华北广大地区，进口机制棉布对手工棉纺织业的影响是不能被高估的。

---

① 浙江宁波、江苏镇江以及江西九江虽为各地政治经济中心、通商口岸本身所在地，但进口机制棉布消费量稀少。这一点可能是由子口贸易统计的特点导致的。上述各府皆为通商口岸所在地，商品运销距离较短，所承担厘金较少，因此并无使用子口税单的经济动力。

② 当然，河南、山东各府消费的进口机制棉布数量肯定不止于此。但就考察天津港子口贸易统计情况，运往河南、山东的各种花色机制棉布仅仅占总体的一小部分，因此这一偏差并不会太大。

第三章　中国棉纺织工业“自发的”进口替代

据前文研究可知，在近代，机纱进口量在“一战”后迅速下降；机制棉布进口量总体上的明显下降虽出现在20世纪20年代末30年代初，但其中原色布进口量在20年代已经迅速下降。而“一战”后至20世纪30年代初，尤其是“一战”后至20年代是中国近代棉纺织业的“黄金时期”，这一结论已是当前学术界的共识。这一时期棉纺织工业的迅速发展对我国近代机制棉纺织品的自给无疑起到了关键作用。

这里回顾发展经济学中“进口替代”这一概念，即“从经济上的独立自主的目的出发，减少或完全消除该种商品的进口，国内市场完全由本国生产者供应的政策”①。在这里，“进口替代”的原意为发展中国家在工业发展初期为保护本国工业而实施的一种对外贸易政策。随后，经济学界将“进口替代”视为发展中国家工业化的一种进程，认为其“作为一种自发的历史现象”从“一战”即已开始，“二战”后，更多的发展中国家将其作为“工业发展的一种战略来执行”，即所谓“自觉的”进口替代。② 近来亦有学者认为“进口替代是一种自然过程”，“是后起国家工业化所必需的、不可或缺的”，不能把它仅仅理解为一种政策。③

一般来说，在世界范围内，由于“一战”影响，发达国家削弱或中断

① 罗志如等：《当代西方经济学说》（上），北京大学出版社1989年版，第369页。

② 朱章国：《进口替代简论》，载《世界经济》1982年第1期。

③ 董师嫡：《近代东北棉业经济初探》，吉林大学硕士学位论文，2007年。

了同发展中国家的经济联系。为填补本国对工业品的需求，发展中国家的民族制造业便发展起来。到了 1929 年，始于发达国家的世界经济危机使得世界贸易量收缩，亦使得发展中国家工业品市场出现需求空缺，这促使发展中国家的民族工业得到进一步发展。① 而事实上，中国近代面临的国际环境并不与上述一般情况完全一致。以机制棉纺织品为例，“一战”虽然削减了与英国的贸易量，但来自日本的产品大量涌进中国市场；虽然 1929 年世界经济危机爆发使得世界贸易量缩减，但此时亦是国民政府关税自主运动取得成效之时。这说明当时进口量缩减的原因是多方面的。总之，中国近代进口替代进程所面临的国际环境要远比上述一般情况复杂。

关于中国近代进口替代工业的发展，学界亦有不少研究成果。樊卫国通过对中国近代各种新兴工业的研究，认为价格、质量、销售技巧是中国近代国货可与洋货竞争的主要因素，还认为中国近代进口替代工业集中于那些工艺简单、技术含量低、附加值低、资金投入有限的行业，其发展仍处于较低层次。② 这一研究并未讨论进口替代政策对进口替代工业的影响，属于对“自发的”进口替代进程的考察。邓泽辉依据中外产品的市场占有率情况，对中国近代各种类型工业的进口替代程度进行了考察，认为中国进口替代工业经历了由被动到主动、由初级到较高级的历程，并简要讨论了关税和银价对中国近代进口替代工业与对外贸易的作用。③ 两位学者的研究皆对棉纺织工业有所涉及，并且都把棉纺织工业列为最为成功的进口替代工业之一。

本章主要考察国产机制棉纱、棉布在全国及各区域对进口产品的替代

---

① 朱章国：《进口替代简论》，载《世界经济》1982 年第 1 期。

② 樊卫国：《论进口替代与近代国货市场》，载《上海社会科学院学术季刊》1995 年第 3 期。

③ 邓泽辉：《1912—1936 年中国的进口替代工业与对外贸易》，广西师范大学硕士学位论文，2000 年。

过程，考察时间为1890—1931年①。其间棉纺织工业的进口替代是由市场主体——棉纺织厂商主导的。这一部分将围绕这一“自发的”进口替代进程，试图论述以下三个问题：

第一，“一战”后至1931年，国产机制棉纱、棉布在全国范围内完成对进口产品替代的过程如何？在各区域这一替代过程以及国产机纱、机布所能达到的自给程度是否一致？这一时期以市场主体为主导的“自发的”进口替代所达到的程度如何？

第二，在以上进口替代的过程中，外国资本厂商与民族资本厂商分别扮演怎样的角色？

第三，在这一进口替代过程中，各种资本来源类型的棉纺织厂商的发展呈现不同特征的原因何在？

第一节　研究资料与可行性

一、研究资料概述

本章的主要数据资料来源于历年的《华商纱厂联合会中国纱厂一览表》（下文简称为《中国纱厂一览表》）②，以及旧海关史料历年全国进出口贸易统计、各关分册中进出口贸易统计、进口洋货分类产销统计和出口土货分类产销统计。

全国及各区域历年机制棉纱、棉布产量数据主要来源于《中国纱厂一览表》，该资料根据1919—1936年历年调查结果编制而成（无1923年及1926年数据，抗战胜利后，1947年亦进行调查编制），包括全国各地华、洋厂商历年资本、设备、工人、机纱和棉布产量等数据。其统计虽未包括

① 由于中国近代第一家棉纺织工厂——上海机器织布局开工于1889年12月，因此考察的时间上限定在1890年。由于1931年后东北沦陷，对东北地区的贸易事实上已由原先的国内贸易变为国际贸易，加上20世纪30年代关税修订后新关税的作用也需考虑在内，因此，1931年后的情况会另章分析。

② 上海市棉纺织工业同业公会筹备会编印：《中国棉纺统计史料》，1950年。

为数不少的未入会之小厂商，在棉布生产数量统计上也仅包括纱厂附设布厂产量，但事实上各大纱厂及其附设布厂的纱、布产量占到了全国机制棉纱、棉布的绝大部分。① 而且其在时间序列上的系统性是其他资料无法比拟的。但是该资料关于各厂商机制棉纱、棉布产量的记载并不十分完整，其在1925年前的历年统计资料中关于该项数据存在较为严重的缺载，因此这些厂商之产纱、产布量，只能由当年开工纱锭数结合各地纱厂、布厂平均生产效率估计得出。② 1919年前全国及各区域产纱、产布量主要依据严中平“中国纱厂沿革表（1890—1937年）”及“全国纱厂已开车的机器设备（1890—1913年）”结合其他统计资料整理得出。③

全国及各区域历年进口机制棉纱、棉布消费数据来源于旧海关史料历年全国进出口贸易统计、各关分册中进出口贸易统计（1920年前）、进口洋货和出口土货分类产销统计（1919年后）。具体整理方法在上两章中已详细论述。④

二、埠际贸易数据可否反映区域间贸易状况

各区域历年国产机制棉纱、棉布的运销数据来源于旧海关史料出口土货分类产销统计。这一统计中的埠际贸易数据可否反映中国近代国产机制棉纱、棉布产品的区域间贸易状况？

以下为1891—1931年历年海关统计中国产机纱埠际贸易量占总消费量的比重，计算方法为：比重 = 国产机纱埠际贸易量/（国产机纱总产量 -

---

① 据徐新吾等估计，1936年纱厂附设布厂机制棉布产量可占全国机制棉布总产量的74.07%。参见徐新吾主编：《江南土布史》，上海社会科学院出版社1992年版，第224页。

② 方显廷：《中国之棉纺织业》，商务印书馆2011年版，第112～123页。

③ 严中平：《中国棉纺织史稿》，商务印书馆2011年版，第426～460页。

④ 在分区域考察中，机制棉纱进口贸易量采用全部港口的进口数据；机制棉布进口贸易量采用第二章中十四个港口的历年进口数据，通过第二章考察可知，绝大多数外国机制棉布都是通过这十四个港口进口的。国产棉纺织品埠际贸易量采用全部港口的历年海关统计数据。

国产机纱出口量）。

表3.1 1891—1931年历年海关统计中国产机纱埠际贸易量占总消费量比重

年份	比重	年份	比重	年份	比重
1891	1.66%	1905	20.58%	1919	51.80%
1892	0.00%	1906	11.23%	1920	29.38%
1893	7.10%	1907	11.50%	1921	28.38%
1894	2.68%	1908	25.16%	1922	34.87%
1895	7.14%	1909	28.46%	1923	37.27%
1896	3.10%	1910	21.70%	1924	38.26%
1897	15.75%	1911	26.32%	1925	35.73%
1898	27.40%	1912	37.25%	1926	49.38%
1899	34.53%	1913	31.12%	1927	46.13%
1900	26.50%	1914	42.88%	1928	45.98%
1901	24.80%	1915	46.40%	1929	41.67%
1902	22.52%	1916	42.68%	1930	44.55%
1903	14.43%	1917	49.29%	1931	44.50%
1904	20.01%	1918	45.49%		

由表3.1可见，在1910年前，国产机纱埠际贸易量占总消费量的比重多在30%以下，这与当时棉纺织工业起步不久，产品市场较为局限的情况相一致。在“一战”爆发后至20世纪30年代初，这一比重常年位于40%至50%之间，这也反映了当时棉纺织工业获得发展，产品市场大幅拓展的变化。

以下是1924、1927、1930年上海、青岛、汉口、天津四地国产机纱输出量占当地机纱总产量的比重。

表 3.2　1924、1927、1930 年上海、青岛、汉口、天津国产机纱输出量占当地机纱总产量比重

年份	上海①	青岛	汉口	天津
1924	60.51%	28.24%	46.79%	0.00%
1927	50.08%	15.46%	19.35%	0.36%
1930	45.98%	16.33%	36.85%	0.46%

可见，这一比重在上海最高，三年皆在 50% 左右，产品主要销往他埠市场；其次为汉口、青岛，产品以供应附近区域为主。这与三城市在全国纺织工业中的地位也是一致的。天津紧靠华北，机纱大多供应本地机制棉布业与手工织布业，因此运往他埠产品所占比重很低。

以下为 1912—1931 年历年海关统计中国产机布埠际贸易量②占总消费量的比重，计算方法同上。

表 3.3　1912—1931 年历年海关统计中国产机布埠际贸易量占总消费量比重③

年份	比重	年份	比重	年份	比重
1912	50.18%	1913	33.07%	1914	23.98%

① 由于南通、常州、无锡纱厂部分产品通过上海运出，因此把三地纱厂产量 50% 计入上海。下文机制棉布部分处理办法相同。

② 据严中平研究，海关埠际贸易统计中市布、粗布、斜纹布等各种花色棉布皆为工厂机制布，各种仿制机布则统计在"土布"类别之下。参见严中平：《中国棉纺织史稿》，商务印书馆 2011 年版，第 392 页。

③ 1912、1913 年数据根据严中平《中国棉纺织史稿》第 460 页布机数计算得出。赵冈、陈钟毅《中国棉业史》附录二（第 290 ~ 293 页）中将 1913 年前湖北布机数量记为 2000 台，事实上直至 1919 年湖北各厂开工布机仅有 600 台，故不采用赵冈等人的估计。1914—1918 年数据，方显廷、赵冈等人都有估计。其中方显廷之估计明显偏高；赵冈的估计系参照多种史料得出，且数字较为符合该时段机制棉布部门的发展状况，故采用后者估计的数据。产布量根据方显廷《中国之棉纺织业》第 119 页布机效率估计。以下全国及各区域产布量估算数据来源与计算方法与此相同。另外，这里计算出的比重较高，这与《中国纱厂一览表》的统计为不完全统计有关。

（续表）

年份	比重	年份	比重	年份	比重
1915	31. 91%	1920	41. 95%	1927	79. 87%
1916	32. 80%	1921	46. 00%	1928	80. 02%
1917	39. 78%	1922	42. 32%	1929	83. 22%
1918	42. 42%	1924	75. 50%	1930	71. 43%
1919	39. 10%	1925	58. 32%	1931	61. 04%

这一比重在 1922 年之前大部分位于 30% 至 50% 之间，至 20 世纪 20 年代中期后，历年皆在 60% 以上。这同样可反映出国产机制棉布市场的拓展。

以下再以 1927、1930 年为例，考察上海、天津、青岛、汉口四地在海关埠际贸易统计中国产机布运销量占当地机布总产量之比重。

表 3. 4　1927、1930 年上海、天津、青岛、汉口国产机布输出量占当地机布总产量比重

年份	上海	天津	青岛	汉口
1927	60. 11%	6. 11%	80. 74%	70. 39%
1930	69. 54%	9. 90%	90. 32%	53. 62%

可见，上海、青岛、汉口三地在埠际贸易统计中国产机制棉布运销量所占比重皆很高。而天津由于其纺织工业产品销售市场为华北、西北广大地区，因此，当地生产的国产机制棉布的运销情况无法在海关贸易统计中体现。

这里可对用海关统计中的埠际贸易数据反映中国近代国产机制棉纱、棉布产品的区域间贸易状况的合理性做出初步判断。在海关埠际贸易统计中，国产机制棉纱、棉布的运销量皆在两种产品总产量中占据很高比重。而且这一比重变化趋势反映出的产品市场拓展的情况，与中国近代棉纺织

工业的发展是相符的；这一比重在中国近代几个主要棉纺织工业城市中的差异，亦反映出各城市棉纺织业市场辐射力的不同，以及各自在中国近代棉纺织工业中的地位。对上述合理性的进一步的实证性考察，将在下文进行。

三、区域的划分

这一部分的考察仍把全国分为东北、华北、华东、华中、西南、华南、西北七个区域进行研究。

与本书第一章相同，由于中国近代西北地区机制棉纱输入极少，因此对机制棉纱的实际考察仍仅涉及东北、华北、华东、华中、西南、华南六个区域。其中对海关贸易报告中各关分册及出口土货分类产销统计中埠际贸易部分数据的整理，与第一章中进口机制棉纱各地消费量的整理方法相同。

关于机制棉布的考察与第二章有所不同。由于海关统计中国产机制棉布产销的系统记载自 1912 年开始，而分货物类别的子口贸易统计截至 1904 年，对国产机制棉布以省为单位运销情况的复原没有详细子口贸易统计数据以资利用，因此这一部分把全国划分为东北、华北、西北①、华东、华中、西南、华南七个区域分析，分别计算各区域各口岸的国产机制棉布输入量。②

各区域历年国产机制棉纱、棉布的消费量按照以下方法计算：某区域消费量 = 某区域产量 + 某区域输入量 - 某区域输出量。③

① 由于西北地区（甘肃、陕西、新疆、蒙古地区）虽然纺织业发展落后，机制棉纱需求量很低，但机制棉布的消费不能忽视，因此这里与机制棉纱的考察不同，多出对西北区域的研究。

② 关于个别运销腹地跨多区域的港口，如天津、上海、汉口等港，其输入的国产机制棉布参照进口机制棉布的运销情况分配到各区域。所幸这些港口皆为国产机制棉布的主要输出港，输入量很有限。

③ 由于无法获得系统的各厂商历年销售量统计数据，这里只得假设供给量等同于需求量。

第二节　国产机制棉纱、棉布对进口产品的替代过程（1890—1931）

本节首先考察1932年前进口机制棉纱、棉布与国产机制棉纱、棉布在全国范围内消费量的消长情况，从而在总体上把握国产机制棉纱、棉布对进口产品的替代过程。[①] 之后，依据上文确定的区域划分方法，分别考察各区域进口机制棉纱、棉布与国产机制棉纱、棉布消费量的消长情况，从而在空间上定量地把握国产机制棉纱、棉布对进口产品的替代过程。

一、全国范围内进口机制棉纱、棉布与国产机制棉纱、棉布消费量的消长

（一）机制棉纱

中国近代棉纺织工业机制棉纱部门创设于19世纪末的上海与汉口。这里在全国市场层面对1890—1931年进口、国产机制棉纱的消长情况做一考察，借以证实第一章中依据棉纱进口贸易量变动情况对中国近代棉纺织工业机制棉纱部门进口替代状况做出的推测。

依图3.1及表3.5可知，自19世纪末中国近代纺纱工厂出现至“一战”期间，国产机纱市场占有率缓慢提高，由30%左右提高至40%左右；“一战”后数年内这一数字迅速提升至60%以上；至20世纪20年代中期，国产机纱在全国范围内几乎占据了整个市场。

需要注意的是，虽然国内纺纱工业的发展是这一时期实现进口替代的重要原因，但从图3.1来看，这一替代是从当时各种国际、国内因素作用下进口机纱的剧减开始的，而且在“一战”期间及之后的几年，国产机纱并未补上进口机纱减少带来的需求缺口，而国产机纱产量真正的飞跃增长

---

① 以往关于纺织工业产品的研究多集中在对出超、入超情况的探讨上，可见于新娟：《近代长江三角洲棉业外贸研究述评》，载《史林》2008年第5期。

则在20世纪20年代初。从供求规律来看，“一战”期间及之后几年的机制棉纱需求缺口，加之当时各地改良土布、仿制机布手工棉织业的兴起，必然会导致机纱价格的提高。这一背景事实上亦构成了20世纪20年代“纱贵花贱”市场环境的一个条件，为中国近代棉纺织业“黄金时期”的到来提供了有利时机。

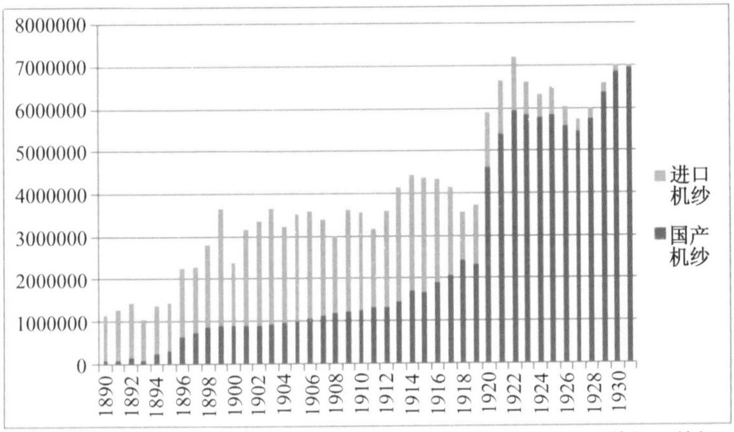

（单位：关担）

图3.1　1890—1931年全国范围内进口机纱与国产机纱①消费量的消长情况

表3.5　1901—1930年国产机纱市场占有率五年平均值

年份	1901—1905	1906—1910	1911—1915	1916—1920	1921—1925	1926—1930
国产机纱市场占有率	27.38%	34.10%	37.85%	60.36%	86.56%	95.39%

需要说明的是，机制棉纱市场事实上由低支纱与高支纱组成，但就目前笔者所掌握资料而言，尚难以对两者分别进行长时段的定量考察。森时彦通过研究认为，20世纪二三十年代日资棉纺织厂商生产的棉纱产品经历

① 国产机纱资料来源与第一章中进口机纱相同。

了一个“高支化”的过程。这是否意味着当时国产机制棉纱进口替代经历了由低支纱向高支纱的扩展过程?

森时彦通过计算认为，在1927年前日商纱厂产品平均支数接近20支，1932年提高至近30支。[①] 就进口机纱中占主体地位的日本机纱来看，1924年平均支数已近26支，1927年更达到了29支。而据森时彦研究，这一时期日商产品“高支化”的主要推动力量是国内仿制机布及纱厂附设布厂原色布生产的发展，就使用纱支数而言，20世纪20年代进口日本机纱平均支数已远高于上述仿制机布、原色布所需平均支数。

森时彦上述关于纱支数的计算有高估的倾向。这一计算为各厂纱支数简单平均得出，考察其使用原始数据，所涉及十余家厂商中，在20世纪20年代仅有同兴厂纱支数较高，即使在30年代，发生明显“高支化”倾向的厂商也仅有内外棉、公大两家。在日商纱厂中，同兴、公大皆属规模较小之纱厂。笔者据1930年《中国纱厂一览表》计算发现，内外棉、公大、同兴三家厂商平均产纱量明显小于上海日商纱厂平均产纱量。由此可见，森时彦关于当时日商纱厂产品“高支化”的倾向明显高估了。

另外，如森时彦研究所述，日商纱厂“高支化”的倾向由国内织业部门发展开拓，但其并未导致机纱进口量的增加，通过第一章研究可见，当时来源于各国的机制棉纱进口量都呈下降趋势。可见，当时进口机纱与国产机纱的需求市场并不在一个层面。

通过以上讨论可知，与当时进口产品结构相比，国产机制棉纱纱支明显偏低，因此，在20世纪20年代，国产机制棉纱进口替代由低支纱向高支纱的扩展过程并不显著。而且中国近代棉纺织业机制棉纱部门以供应手工棉织业与较低档原色机制布生产原料为主，高支纱的市场是极其有限的，以进口机纱为例，丝光纱等高支纱所占份额极其微小。因此，20世纪20年代中国棉纺织工业在机制棉纱市场的进口替代仍旧可以看作是比较彻底的。

---

① ［日］森时彦著，袁广泉译：《中国近代棉纺织业史研究》，社会科学文献出版社2010年版，第227页。

（二）机制棉布

中国近代棉纺织工业机制棉布部门虽早在19世纪末即已创设，但在19世纪末20世纪初相对于机制棉纱部门发展极为缓慢，直至民国初年才呈现出较快的发展趋势。因此这里在全国层面的考察仅关注1911年之后的情况，具体分析如下：

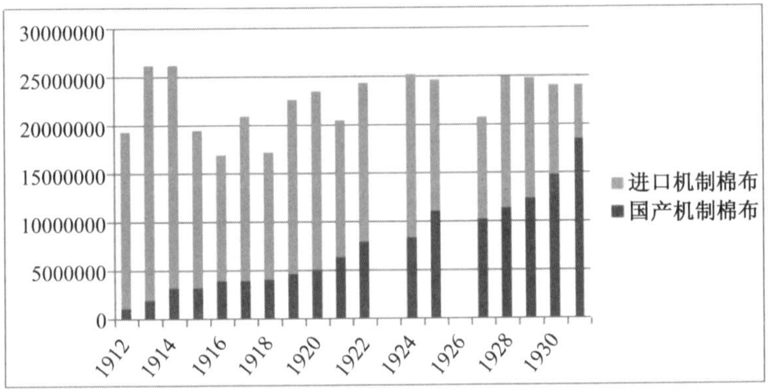

（单位：匹）

图3.2 1912—1931年全国范围内进口机制棉布与国产机制棉布①消费量的消长情况

表3.6 1912—1930年国产机制棉布市场占有率平均值

年份	1912—1915	1916—1920	1921—1925	1926—1930
国产机制棉布市场占有率	10.81%	21.98%	35.38%	51.72%

虽然这里对国产机制棉布的统计并不完全，但是从图3.2仍可看出，从1912年至1931年，进口机制棉布消费量并没有持续减少，在总体上变化并不明显。而即使至1930年前后，国产机制棉布的市场占有率由民国初年的10%左右提高至50%左右，可见就整个机制棉布领域来看，在20世

① 1919年后国产机制棉布数据根据历年《中国纱厂一览表》产布量与布机数整理汇总。

纪20年代，国产机制棉布远未实现对进口产品的替代。①

考察海关埠际贸易统计中国产机制棉布商品分类，长期以来仅有市布、粗布、斜纹布三种。② 当时中国印染业“大部分为手工业，机器染印厂，大小合计，不过五十余家”③，可见当时国产机制棉布主要为各类原色布，而各种机器印染布匹及高档布匹仍以进口产品为主。因此，这里需要再次考察全国范围内国产机制棉布与进口原色布的消费量变化情况，具体分析如下：

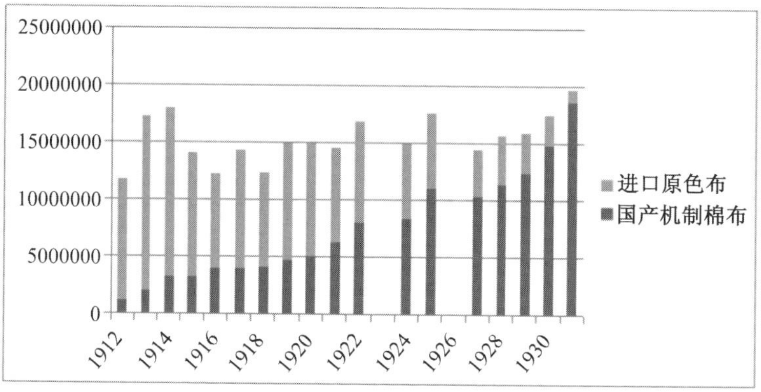

（单位：匹）

图3.3　1912—1931年全国范围内进口原色布与国产机制棉布消费量的消长情况

① 前文已述，据徐新吾等估计，这里统计范围所涉纱厂附设布厂机制棉布产量在1936年可占到整个机制棉布产量的74.07%。而据上一章所述在20世纪20年代，统计范围内的机制棉布进口量亦可占进口总量的78%左右。如徐新吾等估计74.07%的比重可适用于20世纪20年代，那么这里关于市场占有率的估算当与实际情况非常接近。而在整个20世纪20年代统计范围内的机制棉布进口量占实际进口总量的比重事实上是减少的，在30年代前期常年仅有50%左右，但这仅仅会导致对国产机制棉布在整个机制棉布市场占有率判断上的偏高，而不会影响在已进行完全统计的原色机制棉布市场的占有率的判断，亦不会影响这里所得出的结论。

② 在20世纪20年代末曾有短暂几年出现绒布、棉法绒的分类，但历年运销总量仅有数万匹，在此为统一统计口径起见予以忽略。

③ 工商部上海工商辅导处调查资料编辑委员会编印：《上海市纺织印染工业》，1948年，第13页。

表 3.7　1912—1930 年国产机制棉布在原色布市场的占有率平均值

年份	1912—1915	1916—1920	1921—1925	1926—1930
国产机制棉布市场占有率	15.86%	32.12%	52.39%	76.56%

据图 3.3 及表 3.7 可见，在 20 世纪 20 年代，进口原色布消费量迅速下降，而国产机制棉布消费量明显上升。① 同时，国产机制棉布在原色布市场的占有率大幅提高，由 1916—1920 年的 32.12% 提高至 1926—1930 年的 76.56%，仅根据纱厂附设布厂棉布产量的不完全统计，在 1930 年，其市场占有率已达到 84.69%。可见在原色布领域，至 20 世纪 20 年代末，国产机制棉布对进口产品实现了一定程度上的替代。这与第二章中进口机制棉布结构变化所反映的机制棉布部门在这一时期的进口替代特点是相符的。

通过以上考察可知，从 1912 年至 20 世纪 30 年代初，国产机制棉布在进口替代上达到的程度远远低于国产机制棉纱。由于棉布市场商品种类繁多，在进一步分析后发现，国产机制棉布产品主要供应原色布市场，在这一初级产品领域，国产机制棉布对进口产品实现了一定程度上的替代②，但这一过程要比国产机制棉纱对进口产品的替代更为漫长，而其在 1930 年前后所达到的市场占有率也要低于国产机制棉纱。从市场角度而言，当时国产机制棉布除了面临进口产品的竞争，亦面临仿制机布、改良土布的竞争，其市场竞争激烈程度要远大于机制棉纱市场。同时，纺业与纱业在进口替代上所达到的不同程度暗示了中国近代纺织工业的一个重要特点：其

① 这一时期机制棉布的总消费量未呈明显增长趋势，一是因为这里对机制棉布的统计并不完全，二是因为当时仿制机布、改良土布的兴起占有了一部分市场。

② 韩国学者金志焕《南京国民政府时期关税改订的性质与日本的对策——兼论 1933、1934 年度中国关税改订与棉业的关系》（载《抗日战争研究》2000 年第 3 期）一文中亦有相似观点，认为“20 年代日本从英国手中夺取了中国高级棉制品市场，但随着中国兼营织布业的发展，从日本进口的中下级棉制品在同中国棉制品的竞争中陷于困境。因此，日本纺织业勉强转换为高级棉制品的生产，避免跟中国纺织业的竞争，以此来维持一部分市场”。

投资侧重于纺业而轻于织业。

二、国产机制棉纱、棉布进口替代过程的空间考察

以下以区域为单位，分别考察各区域进口机制棉纱、棉布与国产机制棉纱、棉布消费量的消长情况。

（一）机制棉纱

上文将全国划为东北、华北、华东、华中、华南、西南、西北七个区域，但考虑到西北机制棉纱产量有限，这一部分有关机制棉纱的考察仍限于西北以外的六个区域。通过考察可证实第一章中依据各区域进口机纱消费量变化对这一进口替代空间进程做出的推测。

图 3.4 及表 3.8 事实上描述了国产机制棉纱市场扩展的整个过程。①

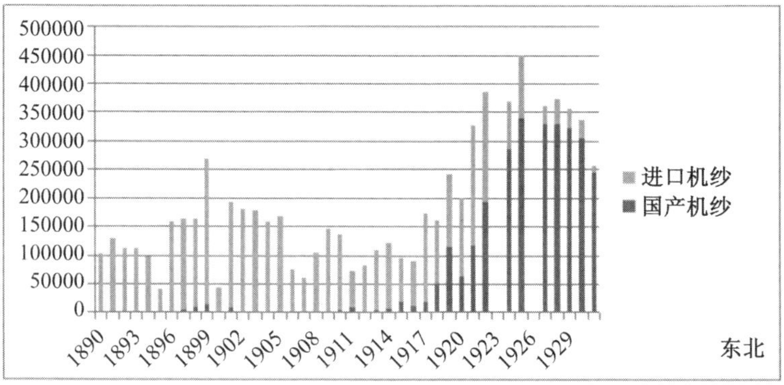

① 从各区域机制棉纱的总消费量可以看出，在20世纪20年代，总消费量明显上升的区域为华北、华中、华东以及东北地区。从绝对数量上看，这一时期的机纱消费量以华东地区为最，可达到200万关担/年，其次为华北，在150万关担/年左右，再次为华中，在100万关担/年左右。与20世纪初相比，三个区域的机纱消费量皆出现了数倍的增长。东北地区这一时期的机纱消费量常年在30万至40万关担之间，虽然在绝对数量上远小于以上区域，但与20世纪初相比亦有数倍增长。以上区域成为20世纪20年代机纱消费的重要地区。这一时期机器织布业在以上区域的城市获得发展，同时改良土布、仿制机布的手织业在这些区域兴起，这些变化导致了机纱消费量的增加。相对而言，这一时期西南、华南地区常年的机纱消费量分别为70万关担与50万关担，虽然多于东北地区，但与20世纪初相比几无增长，并且这一数字在20世纪20年代仍保持稳定，这也暗示了当时纺织业发展在这两个区域的停滞。

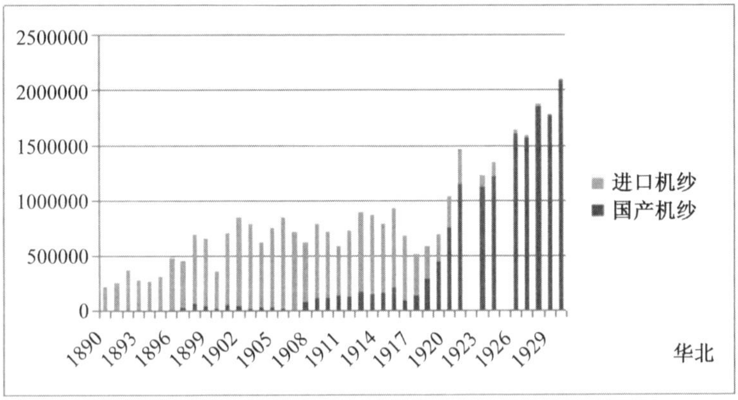
2500000
2000000
1500000
1000000
500000
0
1890
1893
1896
1899
1902
1905
1908
1911
1914
1917
1920
1923
1926
1929
进口机纱
国产机纱
华北

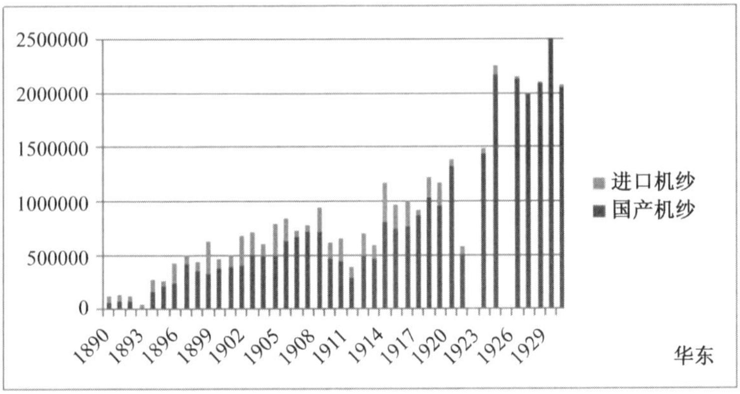
2500000
2000000
1500000
1000000
500000
0
1890
1893
1896
1899
1902
1905
1908
1911
1914
1917
1920
1923
1926
1929
进口机纱
国产机纱
华东

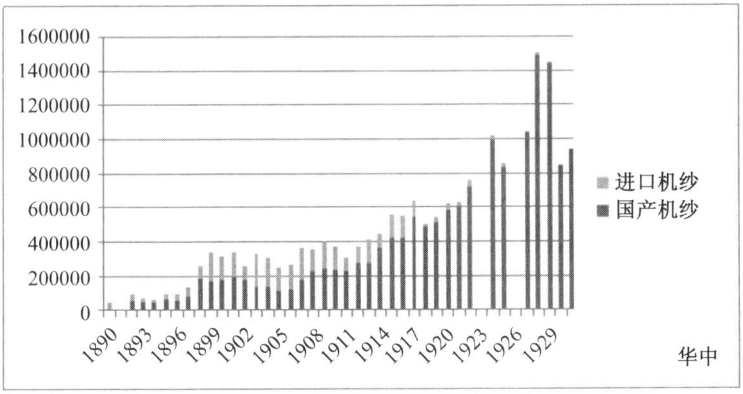
1600000
1400000
1200000
1000000
800000
600000
400000
200000
0
1890
1893
1896
1899
1902
1905
1908
1911
1914
1917
1920
1923
1926
1929
进口机纱
国产机纱
华中

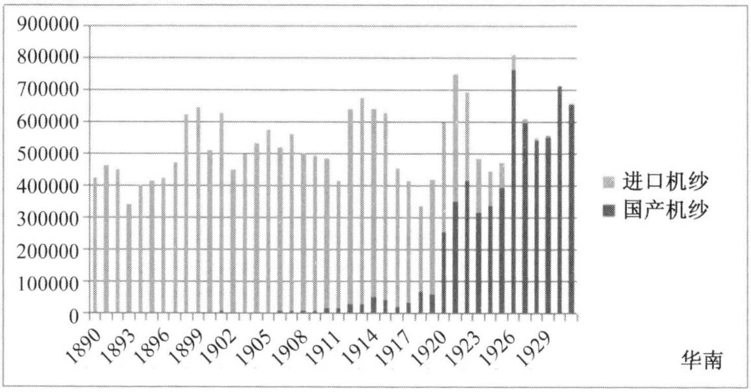

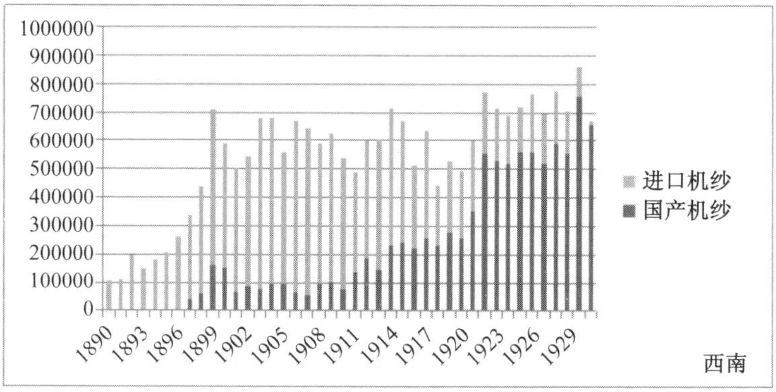

（单位：关担）

图3.4　1890—1931年各区域进口机制棉纱与国产机制棉纱消费量的消长情况

表3.8　1891—1930年各区域国产机制棉纱市场占有率五年平均值

年份	东北	华北	华东	华中	华南	西南
1891—1895	0.20%	0.62%	55.07%	51.20%	0.02%	0.80%
1896—1900	3.61%	6.73%	70.01%	59.03%	0.32%	15.37%
1901—1905	2.30%	5.08%	69.44%	51.25%	0.42%	14.21%
1906—1910	4.13%	9.37%	81.62%	55.76%	2.12%	12.99%
1911—1915	9.47%	20.02%	83.61%	73.81%	5.83%	30.24%

（续表）

年份	东北	华北	华东	华中	华南	西南
1916—1920	27.15%	38.14%	91.36%	89.30%	18.53%	48.18%
1921—1925	59.65%	83.09%	93.61%	96.23%	66.24%	71.48%
1926—1930	90.18%	99.36%	99.69%	99.71%	97.83%	78.05%

国产机制棉纱最早占据了华中、华东区域市场。在19世纪末20世纪初，这两区域的国产机纱占有率即可达到50%以上。[①] 1910年后，这一比重继续上升，至1920年，两区域的国产机制棉纱市场占有率皆达到了90%以上。由此可见，华东、华中两区域是国产机制棉纱最先完成进口替代的地区。

西南区域市场是紧随华中、华东后国产机制棉纱进入的地区。因同属长江流域，借航运交通之利，在19世纪末20世纪初，国产机制棉纱在西南地区的市场占有率为15%左右。1910年后，这一数字迅速升高，至1920年已达到50%以上。在20世纪20年代，这一数字常年在70%—80%。

在华北市场，国产机制棉纱对进口机纱的大规模替代始于“一战”后。在1910年前，其市场占有率不足10%。1910年至“一战”前，其市场占有率常年在10%—20%。至1920年，这一数字上升到63%。在20世纪20年代初，国产机制棉纱在华北市场的占有率已达到80%以上。

国产机制棉纱进入东北与华南区域市场最晚。在“一战”结束前，其在东北地区的市场占有率常年在10%以下，在华南地区这一数字则更微不足道。“一战”结束后，国产机制棉纱在两地的市场占有率皆迅速上升，至1920年，已分别达到32%与52%。20世纪20年代是国产机制棉纱在两地真正完成进口替代的时期，在1921—1925年，两地国产机纱年均市场占有率分

① 这一时期没有具体机纱产量及开工纱锭数字，机纱产量仅依据纱锭数量计算得出，因此这一百分比可能偏高。但尽管如此，国产机制棉纱最初在华中、华东两个区域市场拓展的事实是毋庸置疑的。

别约为60%与66%，至1926—1930年，分别增长至90%与98%。①

通过以上定量考察，可进一步从空间上理解国产机制棉纱对进口机制棉纱的替代过程。这一替代过程是依照地理空间上的距离远近、交通便利程度的高低来进行的。国产机制棉纱首先占领近代纺织工业诞生之地所在的华东、华中市场，并在1910年后即已基本完成进口替代；之后进入有长江航运之利的西南市场以及地域上相毗邻的华北市场，在“一战”后的几年中，国产机制棉纱在这两个区域完成了进口替代②；而地域相距较远的东北、华南市场，国产机制棉纱的进口替代在20世纪20年代后期才最终完成。这一国产机制棉纱进口替代的空间过程与第一章中通过分析各区域进口棉纱贸易变动情况而得出的结论是相符的。

（二）机制棉布

在第二章中，我们依据进口机制棉布的空间分布变化对国产机制棉布的替代过程做了推测。这里将通过分析各区域国产、进口机制棉布的消长过程对上述推测做出证实。1890—1931年各区域进口机制棉布与国产机制棉布消费量的消长情况如图3.5。③

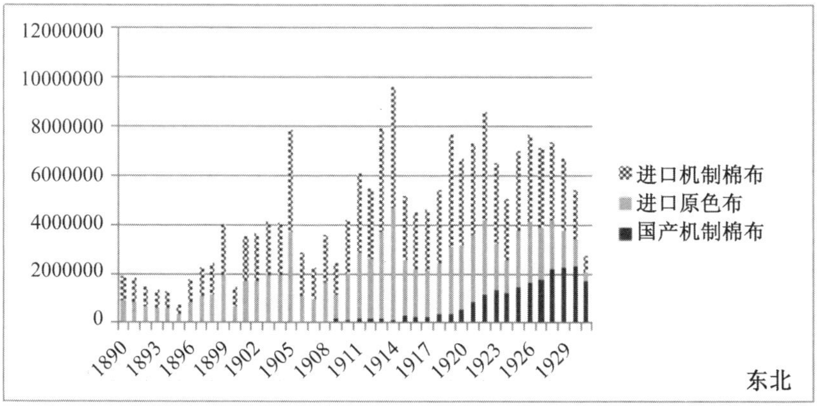

① 东北地区的几家纺织工厂皆在20世纪20年代成立，华南地区纺织工厂的设立则迟至20世纪30年代。

② 与此同时，在华北地区的天津等地，纺织厂亦建成投产。

③ 分区域的机制棉布进口数据采用第二章中十四个主要口岸的数据。

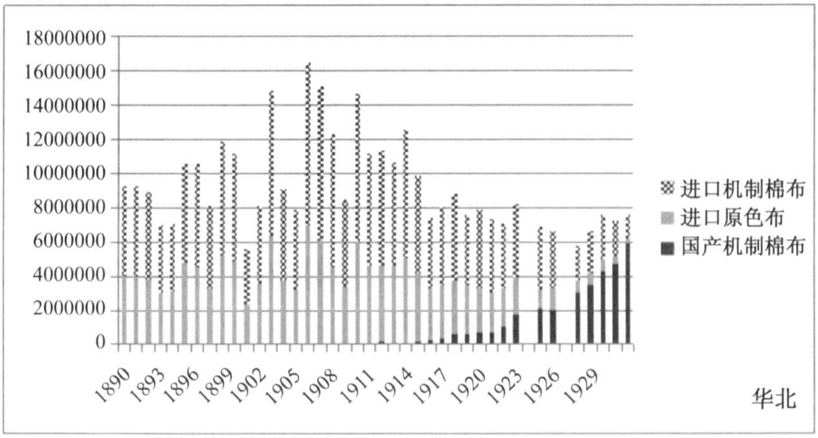
18000000
16000000
14000000
12000000
10000000
8000000
6000000
4000000
2000000
0
进口机制棉布
进口原色布
国产机制棉布
1890
1893
1896
1899
1902
1905
1908
1911
1914
1917
1920
1923
1926
1929
华北

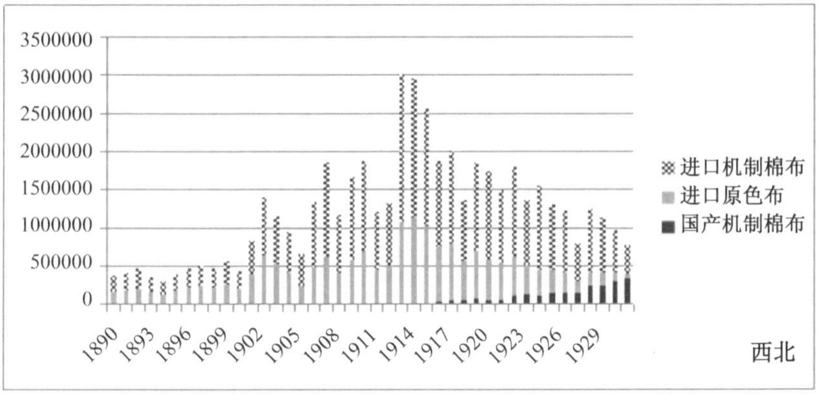
3500000
3000000
2500000
2000000
1500000
1000000
500000
0
进口机制棉布
进口原色布
国产机制棉布
1890
1893
1896
1899
1902
1905
1908
1911
1914
1917
1920
1923
1926
1929
西北

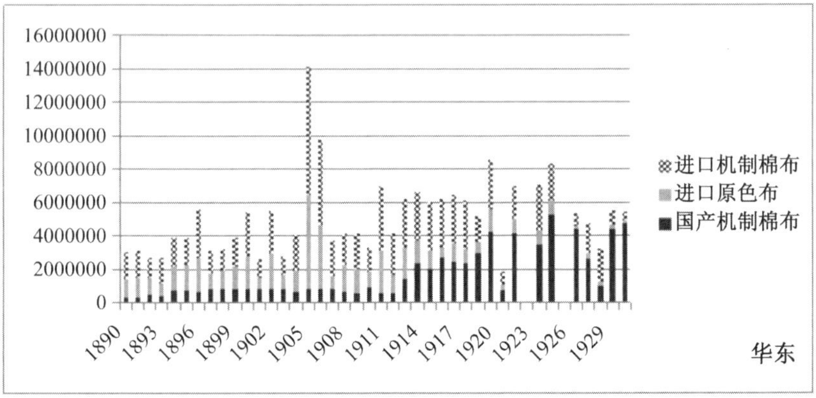
16000000
14000000
12000000
10000000
8000000
6000000
4000000
2000000
0
进口机制棉布
进口原色布
国产机制棉布
1890
1893
1896
1899
1902
1905
1908
1911
1914
1917
1920
1923
1926
1929
华东

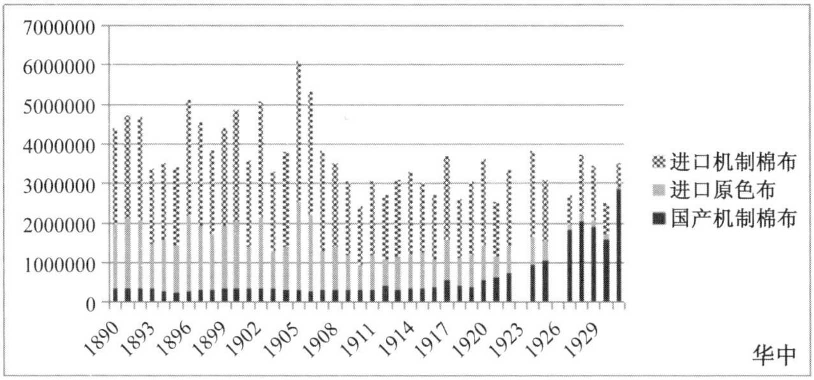

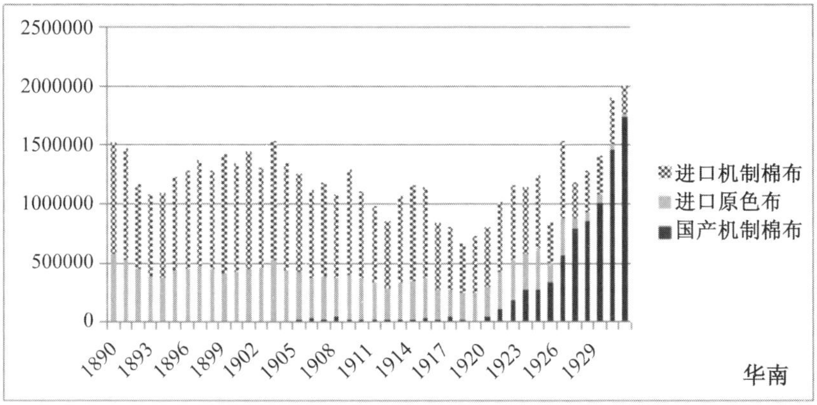

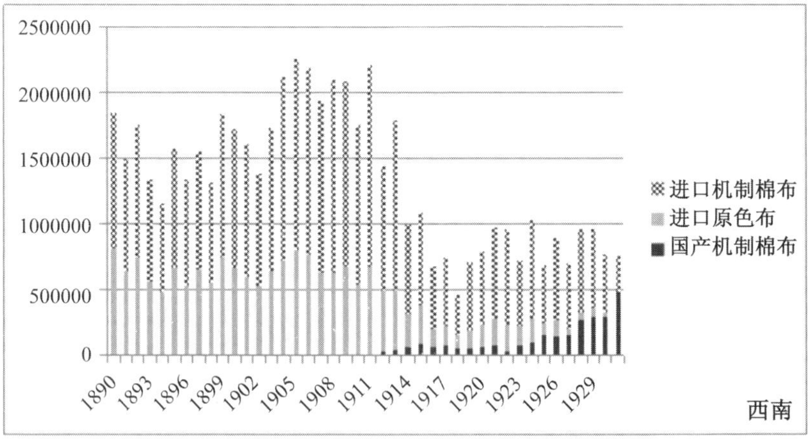

（单位：匹）

图3.5　1890—1931年各区域进口机制棉布与国产机制棉布消费量的消长情况

表 3.9　1891—1930 年各区域国产机制棉布在原色布市场占有率五年平均值

年份	东北	华北	西北	华东	华中	华南	西南
1891—1895	0.44%	2.92%	1.36%	42.88%	18.89%	0.34%	0.21%
1896—1900	2.42%	0.64%	0.83%	37.85%	16.80%	2.01%	0.27%
1901—1905	0.27%	0.58%	0.96%	37.39%	21.09%	2.79%	0.34%
1906—1910	4.65%	0.82%	0.78%	35.61%	23.04%	8.13%	0.58%
1911—1915	6.51%	3.96%	2.05%	45.62%	30.15%	7.32%	12.66%
1916—1920	13.94%	17.69%	8.59%	76.55%	35.63%	12.09%	33.25%
1921—1925	36.11%	50.07%	22.24%	79.55%	57.43%	43.79%	35.10%
1926—1930	53.13%	86.38%	55.49%	89.87%	92.08%	87.01%	77.56%

表 3.10　1891—1930 年各区域国产机制棉布在机制棉布市场占有率五年平均值

年份	东北	华北	西北	华东	华中	华南	西南
1891—1895	0.40%	0.46%	1.14%	36.56%	12.98%	0.20%	0.15%
1896—1900	2.19%	0.47%	0.72%	32.09%	11.40%	0.98%	0.19%
1901—1905	0.25%	0.41%	0.72%	29.83%	12.06%	1.38%	0.20%
1906—1910	3.84%	0.54%	0.48%	26.01%	12.57%	3.97%	0.27%
1911—1915	5.64%	2.86%	1.23%	30.67%	16.26%	3.44%	5.68%
1916—1920	10.53%	11.61%	5.13%	52.80%	19.84%	6.32%	12.67%
1921—1925	26.39%	31.07%	10.36%	60.93%	32.55%	30.54%	13.25%
1926—1930	41.13%	63.40%	24.47%	65.93%	63.64%	68.88%	29.04%

依据图 3.5 及表 3.9、表 3.10 可知，各区域市场的国产机制棉布替代进口产品的先后顺序，与我们在第二章中做出的推测是相符的。各地国产机制棉布对进口产品所达到的替代程度在原色机制棉布市场与整个机制棉布市场有很大不同。

首先，考察整个机制棉布市场。"一战"前，国产机制棉布在各地的市场占有率都很低。即使在中国近代棉纺织业诞生之地所在的华东与华中地区，其历年市场占有率仅分别维持在20%—40%、10%—15%。而其余各地的国产机制棉布市场占有率则更加微不足道。“一战”后，各地的国产机制棉布消费量增加，尤以华东地区增长速度最快，在1916年至1920年间，年均市场占有率已达到53%，在其他地区，这一时期国产机制棉布市场占有率也大多上升到10%以上。20世纪20年代是各地国产机制棉布消费量迅速增长的时期，其市场占有率也大幅提高，至20年代后半期，在华东、华中、华南及华北地区，国产机制棉布的市场占有率皆在60%以上。就1930年而言，华东地区市场占有率最高，可达83%。东北、西南、西北地区国产机制棉布市场占有率较低，在1926年至1930年间，年均市场占有率分别约为41%、29%、24%。

通过以上分析可知，国产机制棉布在空间上市场扩张路径与国产机制棉纱相似，但其进口替代所达到的程度远远不及后者。结合图3.5、表3.10及上文中各区域进口机制棉布的消费情况可知，进口机制棉布的主要销售市场为东北、华北地区，而国产机制棉布的主要销售市场是棉纺织工业较为集中的华中、华东地区。在20世纪20年代中后期，即使是国产机制棉布市场占有率较高的华南、华东、华中、华北各地，其消费量也仅占机制棉布总消费量的六七成，尚称不上完成进口替代。而在其余地区，进口机制棉布仍占据了大部分市场份额。事实上，在1936年前，中国在机制棉布市场领域一直处于入超地位，并没有完全实现自给。①

其次，考察原色机制棉布市场。与整个机制棉布市场相似，“一战”前，国产机制棉布在各地的原色布市场占有率亦很低。在华东与华中两区，这一数字仅略高于国产机制棉布占整个机制棉布市场的比重，分别常年保持在40%与20%左右。其余区域国产机制棉布在原色机制棉布市场的占有率，与其占整个机制棉布市场比重情况相比，同样微不足道。

---

① 在机制棉纱市场领域，从1927年开始，中国在国际贸易中便一直处于出超地位。

“一战”后，国产机制棉布的消费量开始迅速增加。在华东地区，1916年至1920年间，国产机制棉布在原色棉布市场上的年均占有率已达到77%，在20世纪20年代后期，这一数字更是达到90%。同样在华中区域市场，国产机制棉布的扩张亦非常迅速，在1916年至1920年间，年均市场占有率达到36%，在20世纪20年代后期，这一数字亦超过90%。在其他区域，国产机制棉布消费量的迅速增长主要出现在20世纪20年代。华北区域国产机制棉布在原色棉布市场上的占有率年均值由1916—1920年的18%增长至20世纪20年代后期的86%，西南地区由33%增至78%，华南地区由12%增至87%，东北地区由14%增至53%，西北地区由9%增至55%。可见，国产机制棉布在原色机制棉布市场的进口替代程度更高。20世纪20年代后期，在华中、华东、华北、西南、华南地区，国产机制棉布皆占据了原色机制棉布市场的绝大部分份额，而在东北、西北地区，国产机制棉布并未取得明显优势。

由此可见，虽然在20世纪20年代国产机制棉布在原色机制棉布市场扩张迅速，在广大地区的市场上已占有了绝对优势，但它并未在所有区域市场都取代进口产品。由上文研究可知，东北、西北地区手工纺织业较为落后，但同时是重要的机制棉布消费区域，尤其是东北地区原色棉布的消费量长期居于全国首位。在这两个区域，国产机制棉布消费量虽有所增长，但直至20世纪20年代末，都未在市场占有率上获得绝对优势。事实上，在原色机制棉布的国际贸易中，整个20世纪20年代中国一直处于入超地位，并且这一贸易局势一直持续到1931年才得以改变。

三、对中国近代棉纺织工业产品国际市场的考察

以上对机制棉纱、棉布市场的讨论皆着眼于国内市场，事实上，中国近代棉纺织工业在其发展过程中，亦开拓了一定规模的国际市场。而关于中国近代机制棉纱、棉布出口情况的讨论，学术界并不多见。本部分依据历年海关贸易统计中出口贸易部分，通过对各类产品出口量的分析，对中国近代棉纺织工业在国际市场开拓上所达到的水平做出讨论。

（一）中国近代机制棉纱、棉布出口量变化

中国近代棉纺织工业自19世纪末诞生以来，其产品销售市场在较长时间段一直局限在国内。考察历年海关贸易统计，首次机制棉布出口记录出现在1912年，机制棉纱出口记录出现在1914年。在国际市场开拓之初，两种产品的出口量虽有增长，但较为缓慢。“一战”后，两种产品的出口量开始出现较快速度的增长。至1920年，机制棉纱出口量由1915年的2万余关担增长至近7万关担，机制棉布出口量则由不足1000匹增长至5万匹以上。

进入20世纪20年代，国产机制棉纱、棉布的出口市场进一步扩大，其出口量增长亦呈加速之势。其中，国产机制棉纱在整个20世纪20年代大体呈现出增长之势，尤以20年代前期与末期增速最快。就出口量来看，机制棉纱出口量在1931年将近62万关担，这一数字亦为1936年前机制棉纱出口量的最高值。同时，国产机制棉纱于1927年首次在国际贸易中取得出超地位，并在之后的时间一直保持。国产机制棉布出口量顶峰则出现在1927年，将近270万匹，在之后这一数字稍有下降。总体来看，1936年前国产机制棉布并未在国际贸易中取得出超地位。但考察海关贸易统计，中国近代出口机制棉布绝大部分为市布、粗布、斜纹布三种，属于原色机制棉布的范畴。考察原色机制棉布的国际贸易情况，国产机制棉布在1931年取得了出超地位。

通过以上对中国近代机制棉纱、棉布出口量及出、入超地位变化的考察可知，在“一战”后至20世纪20年代末，即中国棉纺织工业的“黄金时期”，国产机制棉纱、棉布不仅在国内市场上对进口产品实现了不同程度的替代，而且在国际市场上打开了一定的销路，并且国产机制棉纱在国际贸易中取得了出超地位。这些在出口市场上所取得的进展，亦是中国近代棉纺织工业在进口替代上所取得成就的体现。

但是，把中国近代棉纺织工业产品出口量与产量比较后可发现，国际市场在整个棉纺织工业品销售市场中所占比重甚微。以进口替代程度较高的机制棉纱市场为例，在1930年前后出口最盛之时，出口量不超过总产量

的5%，进入20世纪30年代后，这一比重出现下降。①

我们可以把这一数字与日本、印度的棉纺工业做一比较。相对于中国，日本、印度的棉纺织工业发展更早，就其棉纺织部门结构而言，纺纱部门在“一战”前均达到顶峰。当时两国机制棉纱出口量皆可占到生产总量的三分之一左右。就出口数量而言，两国机制棉纱在1913年的出口量皆约合150万关担。② 与之相比，无论是出口市场在棉纺工业的重要性方面，还是机制棉纱在国际市场的影响力方面，中国近代棉纺织工业都可谓望尘莫及。

通过以上分析可见，中国近代棉纺织业在国际市场的拓展上所取得的成就是极为有限的，而国际市场对于中国棉纺织业来说重要性亦是很低的。这也是本章在考察中侧重于国内市场的原因。

（二）中国近代机制棉纱、棉布出口目的地

为研究的完整性起见，本节亦将对中国近代机制棉纱、棉布出口目的地进行讨论。由于出口贸易重要性有限，本节并不打算对其长时段的发展过程做出详细考察。这里仅选择中国近代机制棉纱、棉布出口皆较盛的1929年为例，利用海关贸易统计，对出口目的地进行分析。由于中国近代海关贸易统计口径所限，中国内地与香港之间的贸易统计中，香港本地消费与转口贸易并无区分，中国大陆与台湾之间的贸易长期合并在对日本贸易统计中，因此这里仅考察中国内地（大陆）棉纺织品的进出口贸易情况。

中国近代机制棉纱出口贸易对象主要为印度、印度尼西亚、土耳其、埃及、伊朗、日本以及中国香港、中国台湾等区域。如表3.11所示，1929年出口至以上区域的机制棉纱数量可占到总出口量的96.13%。其中以中国香港数量最多，可占到总数的60%以上。其次为印度、日本、中国台湾，其中出口至印度的棉纱可占到总出口量的近15%，出口至日本、中国台湾（两者

① 关于机制棉布的统计虽不完全，但仅考察纱厂附设布厂棉布产量，出口量占总产量比重亦不足10%。

② 严中平：《中国棉纺织史稿》，商务印书馆2011年版，第205页。

在海关统计中合为一项）的数量可占到12%以上。此外，亦有一小部分棉纱出口至印度尼西亚、土耳其、埃及、伊朗等国，其市场份额约为8%。

机制棉布出口贸易对象与机制棉纱相似，主要包括中国香港、越南、新加坡、印度、菲律宾、印度尼西亚、日本、中国台湾、土耳其、埃及、伊朗等区域。1929年出口至这些区域的机制棉布数量可占到总出口量的99.59%。其中，出口至土耳其、伊朗、埃及的机制棉布数量最多，共占到出口总量的52%以上。其次为中国香港、印度、印度尼西亚、菲律宾，所占份额分别约为19%、14%、9%、3%。此外，亦有一部分棉布出口至越南、新加坡、日本和中国台湾，其所占份额皆在1%以下。

表3.11　1929年中国棉纺织品进出口贸易情况

贸易对象	棉纱（关担）		棉布（匹）	
	出口	进口	出口	进口
中国香港	208812	128557	452450	230584
越南	—	—	7405	—
新加坡	—	—	22104	5
印度	51651	27302	336691	22335
菲律宾	—	—	75918	—
日本、中国台湾	42519	50195	6522	2470804
印度尼西亚	23210	6	220373	—
土耳其、埃及、伊朗	5186	—	1264385	—

通过以上分析可知，以1929年为例，中国近代棉纺织工业产品销路以东南亚、中东地区为主。在中国出口贸易对象中，除了日本、中国台湾，与其他地区相比，中国皆处于出超地位。

进一步考察以上出口贸易对象在20世纪30年代的棉纺织工业发展状况，除了日本、印度，棉纺织工业在东南亚、中东地区皆处于起步状态。

在机制棉纱部门，1933年日本、印度产纱量分别为562千吨、418千吨，而中国棉纱产量亦可达到444千吨。相较之下，其他区域的产纱量远低于以上水平，埃及（1934年）、伊朗（1959年）、土耳其（1933年）、中国香港（1949年）产纱量皆在10千吨左右，印度尼西亚（1949年）、菲律宾（1946年）产纱量仅为1千吨。

在机制棉布部门，1933年日本、印度产布量分别为2693百万平方米、1499百万平方米，中国当年产布量约合1048百万平方米①，相较以上两国有一定差距。与机制棉纱部门相似，其他区域的机制棉布产量亦远远落后，其中埃及（1937年）、伊朗（1959年）、中国香港（1955年）产布量分别为66百万平方米、202百万平方米、118百万平方米，而土耳其（1945年）、菲律宾（1946年）仅分别为24千吨、3百万平方米。②

综上分析可见，在20世纪20年代末，中国棉纺织工业在亚洲范围内已处于较为发达的地位，其产品在棉纺织工业刚刚起步的东南亚、中东地区市场有着一定的销路。但同样需要注意，中国棉纺织工业，尤其是织业部门的发展，相对于印度、日本两个棉纺织工业大国，是有着明显差距的。而且中国棉纺织品在国际市场上的规模，以及出口贸易对于中国棉纺织工业的重要性，都是不能被高估的。

根据以上论述，可以对国产机制棉纱、棉布在全国范围内完成对进口产品替代的过程，以及在各区域这一替代过程中国产机制棉纱、棉布所能达到的自给程度这两个问题做出回答。

国产机制棉纱、棉布在空间上的扩张路径十分一致，其销售市场都是以中国近代棉纺织工业的诞生地——长江中下游流域为中心，向上游及以长江为轴向南北各地扩张。但就两种产品在进口替代上所能达到的程度来看，在各区域有着很大不同。

国产机制棉纱在各区域市场的扩张集中于“一战”后至20世纪20年代。上文已述，在当时各种国际、国内环境因素的共同作用下，出现了对

① 这一数字系根据匹数换算得出，这里把1匹统一算作40方码。

② ［英］B. R. 米切尔编，贺力平译：《帕尔格雷夫世界历史统计：亚洲、非洲和大洋洲卷（1750—1993年）》，经济科学出版社2002年版，第461~469页。

国产机制棉纱极为有利的市场条件。因此，国产机制棉纱的销售市场得以在短短几年中扩张到全国各地，并且在各个区域市场上的占有率皆取得了绝对优势。

与机制棉纱相比，机制棉布工序更为复杂，在技术、管理、资本投入方面的要求更高。同时，国产机制棉布面临的市场情形更为复杂，其生产主要集中于各种原色棉布领域。在原色机制棉布市场上，国产机制棉布的确占有了大部分市场份额，然而就进口替代程度而言，各地是十分不平衡的，尤其在原色布消费最多的东北市场，国产机制棉布在市场占有率上并没有取得相对于进口原色棉布的明显优势。而就整个机制棉布市场来看，国产机制棉布在进口替代上达到的程度则更为有限。据第二章的考察可知，“一战”后中国进口各类漂白、染色、印花的成品棉布，以及各种用作高档衣料的棉布的数量呈增加趋势，这一现象反映了当时中国机器棉织业局限于初级产品，与之相关的各种机器印染等行业发展相对滞后。

回到本章最初对“进口替代”进行解释的部分。在20世纪30年代前，中国关税尚未自主。这一时期中国棉纺织工业的进口替代属于贸易保护政策缺失下的“自发的”替代。在20世纪20年代，中国棉纺织工业产品在自给上的确取得了很大成就，但这一成就主要体现在基本实现产品自给的机器纺纱领域，而在缺少有利国际、国内环境的机器织布领域，其取得的成就便相当有限了。因此从整体上看，在“自发的”进口替代过程中，中国棉纺织工业取得的成就很高，但并未完成产品自给的进口替代任务。

进一步考察中国近代机制棉纱、棉布出口量变化过程可知，在“一战”后至20世纪20年代末30年代初，中国棉纺织工业产品在国际市场的销路不断扩大，在棉纱市场与原色棉布市场取得了出超地位。这一事实标志着中国近代棉纺织工业在进口替代上所取得的成就。但是通过把国产机制棉纱、棉布出口量与总产量进行比较，并参照日本、印度两国棉纺织工业在国际、国内市场销量及出口量与总产量比重可知，中国近代棉纺织业在国际市场的拓展上所取得的成就是极为有限的，而国际市场对于中国棉纺织业来说，其重要性亦是很低的。

第三节　外国资本与民族资本：不同资本来源类型棉纺织厂商在进口替代中的贡献比较（1919—1931）

在上文对中国棉纺织工业进口替代的考察中，皆把中国棉纺织工业看作一个整体，对其产品在全国、各区域两个层面的市场上与进口产品消费量的消长过程进行研究。本节将把20世纪20年代中国棉纺织厂商依照资本来源进行分类，从而进一步考察外国资本工厂与民族资本工厂在这一时期机制棉纺织品的进口替代中分别起到怎样的作用。

在对中国近代棉纺织工业史的研究中，外国资本企业与民族资本企业的比较是学术界关注的热点问题。严中平关于20世纪20年代后，以日商为代表的外国资本棉纺织厂商对华商压迫、倾轧的观点已成为学术界的主流看法。① 近来亦有学者提出不同观点。森时彦认为在20世纪20年代中国棉纺织工业中，外国资本厂商生产的机制棉纱支数要高于民族资本厂商的产品，两者事实上并不构成直接竞争。② 在这一观点基础上，袁为鹏亦进一步论述了这一时期外国资本厂商、民族资本厂商生产的棉纺织品供应不同市场的状况，并且以上海为中心，对华商、日商棉纺织企业的发展情况做了定量考察。③

然而，不论两种资本来源厂商的关系是竞争大于互补还是互补大于竞争，在20世纪20年代中国棉纺织工业的“黄金时期”，外国资本厂商、民族资本厂商分别在机制棉纺织品的进口替代上做出了怎样的贡献？以下仍旧依据1919—1931年的《中国纱厂一览表》历年统计（缺1923、1926

① 严中平：《中国棉纺织史稿》，商务印书馆2011年版，第203～258页。

② ［日］森时彦著，袁广泉译：《中国近代棉纺织业史研究》，社会科学文献出版社2010年版，第119～254页。

③ 袁为鹏：《聚集与扩散：中国近代工业布局》，上海财经大学出版社2007年版，第120～143页。

年数据)，对这两个问题进行考察。

据图 3.6 可见，华商工厂数量在 1920 年增长迅速，之后至 1931 年增长缓慢。日商工厂数量增长速度亦在 20 世纪 20 年代前半期最快，且与华商工厂相比，几乎整个 20 年代都在持续增长，至 20 年代末达到了顶峰。就绝对数量而言，这一时期华商工厂多于日商工厂，但与 20 年代初相比，这一差距在 20 年代末已经大为缩小。英商工厂数量很少，并且在这一时期维持稳定。

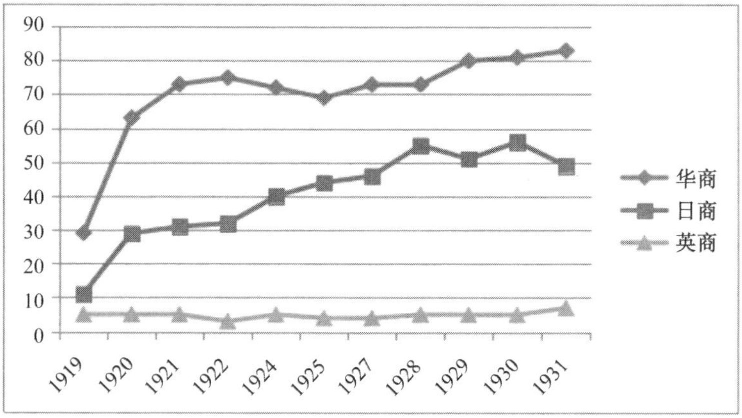

（单位：家）

图 3.6　1919—1931 年华商、日商、英商棉纺织工厂数量①

在以下具体分析中，仍把棉纺织工业划分为机制棉纱工业与机制棉布工业来进行讨论。

一、机制棉纱

据图 3.7 可见，就历年开工纱锭数量变化曲线而言，在整个 20 世纪 20 年代，华商与日商棉纺织工厂都呈上升趋势，而图中的历年产纱量曲线也说明了这一点。在图中还可看出华商与日商工厂开工纱锭皆在 20 年代前

① 统计数据中缺载项全部在图中予以省略，后文遇此情况皆做如此处理。

半期增长速度较快，到20年代后半期增长速度放缓①，其产纱量变化也与上述趋势相符。另外，英商无论开工纱锭数量还是产纱量，与上面两类工厂相比都显得微不足道，并且在这一时期并没有明显增长。

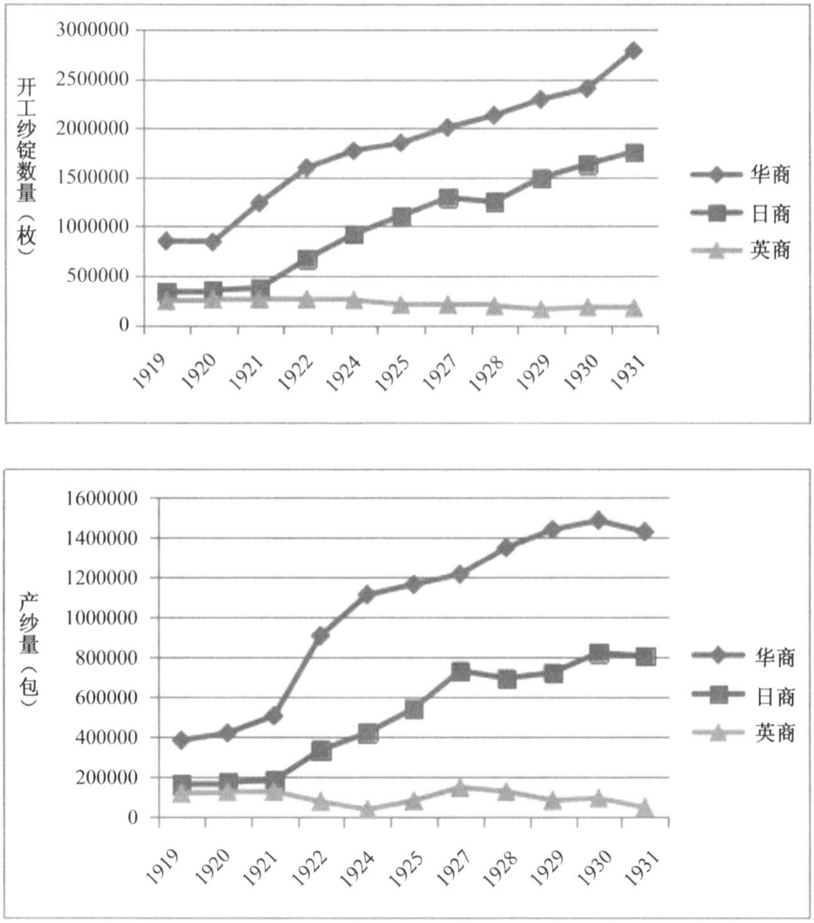

图3.7　1919—1931年华商、日商、英商棉纺织工厂的开工纱锭数量与产纱量

① 这里以及下文各图中的曲线与学术界对20世纪20年代中国棉纺织业发展态势的普遍看法是较为一致的。即在“一战”后“纱贵花贱”的市场环境下，棉纺业发展迅速，至1923年后物价下跌，花价上升，纺织业进入慢性危机之中，至20年代末，这一情况有所好转。这一市场形势对不同区位类型棉纺织厂商发展的影响在下文将详细论述。

据表3.12可见，就开工纱锭数量来看，在20世纪20年代前半期，华商占到总体的58%—67%，日商占到19%—32%，英商占到8%—18%。在20世纪20年代后半期，日商开工纱锭数量比重上升，可以占到36%左右，而华商下降至60%左右，英商下降至10%以下。

从右列机纱产量所占份额亦可看出类似的变化，在20世纪20年代前半期，华商、日商、英商历年机纱产量所占份额的平均值分别约为65%、25%与10%。① 而在此之后华商棉纺织工厂机纱产量所占份额下降至62%左右，日商上升至32%左右，英商则在10%以下。

表3.12 1919—1931年华商、日商、英商棉纺织工厂开工纱锭数量、机纱产量所占份额

年份	开工纱锭数量所占份额			机纱产量所占份额		
	华商	日商	英商	华商	日商	英商②
1919	59.60%	23.31%	17.09%	57.16%	24.72%	18.12%
1920	58.06%	24.26%	17.68%	58.09%	24.24%	17.67%
1921	66.24%	19.90%	13.86%	61.58%	22.64%	15.78%
1922	63.20%	26.59%	10.21%	68.66%	25.38%	5.96%
1924	60.11%	31.38%	8.51%	70.66%	26.82%	2.52%
1925	58.47%	35.04%	6.49%	64.94%	30.34%	4.72%
1927	57.29%	36.85%	5.86%	57.87%	34.96%	7.17%
1928	59.67%	35.01%	5.32%	62.03%	32.01%	5.96%
1929	58.38%	37.68%	3.94%	64.23%	31.98%	3.79%
1930	57.05%	38.74%	4.21%	61.75%	34.24%	4.01%
1931	59.11%	37.27%	3.62%	62.52%	35.29%	2.19%

① 据前所述，1925年前的机纱产量统计并不完整，部分厂商只有开工纱锭统计而无机纱产量统计，因此这一系列资料中可信的机纱产量应从1925年开始。

② 由于未见到关于英商工厂产纱效率的专项调查，这里1925年前的英商工厂产纱量只能按照1925—1928年的平均值估算，并以之算出产纱量所占份额。

通过以上考察可以得知，在20世纪20年代棉纺织工业机纱生产领域中，民族资本厂商与以日商为代表的外国资本厂商都呈现出迅速发展的态势。就发展趋势而言，两者皆在20年代前半期发展迅速，至20年代后半期发展放缓。这一点无论从开工纱锭数量变化曲线还是机制棉纱产量变化曲线中都很容易看出。

就民族资本厂商与以日商为代表的外国资本厂商在历年开工纱锭数量、机纱产量所占份额的比较来看，在20世纪20年代前期，民族资本厂商的优势更大，其产品市场占有率更高，而在20年代后期，这一优势有所缩小，但这一变化不足10%。从整体上看，两种资本来源厂商在历年开工纱锭数量、机纱产量所占比重上还是基本保持稳定的。

因此，这里可以得出初步结论，在20世纪20年代机纱部门中，民族资本企业与外国资本企业都获得了较快发展，并经历了相似的发展趋势。就产品数量来看，两种资本来源企业增加趋势亦是一致的。这一结论事实上支持了森时彦、袁为鹏等学者提出的观点。可以认为，这一时期在机纱生产方面，民族资本企业与外国资本企业处于齐头并进之势，两者共同对当时国产机纱产品的进口替代做出了贡献，并且从产品数量上看，民族资本企业在这一进口替代中所做的贡献是主要的。①

二、机制棉布

尽管据上文所述，这里的统计范围仅包括各资本来源纱厂附设布厂的生产情况，但以纱厂附设布厂这一绝大部分国产棉布的来源作为样本来进行讨论，得出的结论是可以反映整体情况的。

据图3.8可见，就历年开工布机数量而言，华商、日商两种资本来源棉纺织企业在20世纪20年代都呈持续上升趋势，并且日商开工布机数量增长速度要快于华商。就绝对数量而言，这一时期日商开工布机数量一直少于华商，但这一差距在不断缩小，至1930年前后，日商工厂开工布机数

① 据上文所述，1936年前中国机制棉纱出口市场的重要性很低。

量已与华商相差无几了。英商开工布机数量与华商、日商相比较少，而且在这一时期基本保持稳定。

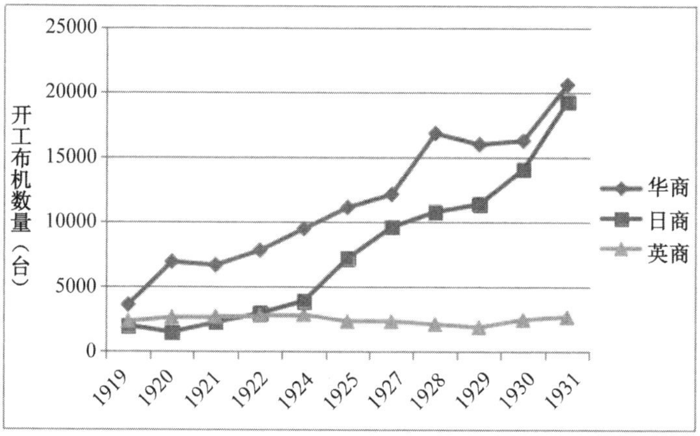

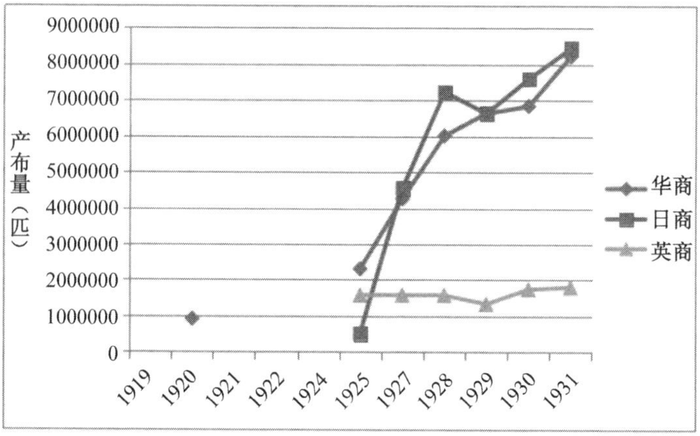

图3.8　1919—1931 年华商、日商、英商棉纺织工厂的开工布机数量与产布量①

就历年机制棉布产量而言，虽然这里的数据大多从 1925 年开始，但仍

① 此处对于各种资本类型厂商产布量缺载的情况将不做估算，以防用既定的生产效率而为这一估算加入人为因素。

可以看出20世纪20年代末华商、日商两种资本来源企业机制棉布产量的增长趋势。与开工布机数量变化曲线相似，日商机制棉布产量增长速度亦快于华商，并且在1927年其绝对数量已在华商之上，此后直至1931年都一直保持了这一优势。英商机制棉布产量在20世纪20年代变化亦不明显。

据表3.13开工布机数量所占份额可见，华商开工布机数量所占份额在1920年最高，为62.61%。之后随着日商开工布机数量的迅速上升，这一份额逐渐下降，至1930年已不足50%。而日商开工布机数量所占份额在20世纪20年代初仅为20%左右，至1930年已超过40%，与华商相差甚微。英商开工布机数量由于在这一时期几无增长，其所占份额由20年代初的20%以上跌至20年代末的10%以下。

右列中机制棉布产量所占份额虽然只有1924年后的数据，但仍可以看出与上文所述中相似的变化。华商机制棉布产量所占份额在1925年后已低于50%，日商机制棉布产量所占份额在1925年后超过华商。英商变化亦与上文中所述相似。

表3.13　1919—1931年华商、日商、英商棉纺织工厂开工布机数量、机布产量所占份额

年份	开工布机数量所占份额			机布产量所占份额		
	华商	日商	英商	华商	日商	英商①
1919	45.49%	24.95%	29.56%	—	—	—
1920	62.61%	13.42%	23.97%	—	—	—
1921	58.02%	19.44%	22.54%	—	—	—
1922	57.47%	21.95%	20.58%	—	—	—
1924	58.27%	24.15%	17.58%	—	—	—
1925	53.79%	34.85%	11.36%	52.46%	11.60%	35.94%

①　这里1925、1927年的英商工厂产布量按照1928—1933年的平均产量估算。

（续表）

年份	开工布机数量所占份额			机布产量所占份额		
	华商	日商	英商	华商	日商	英商
1927	50.34%	39.92%	9.74%	40.97%	43.83%	15.20%
1928	56.19%	35.98%	7.83%	40.54%	48.78%	10.68%
1929	55.11%	38.47%	6.42%	45.96%	44.96%	9.08%
1930	49.59%	42.86%	7.55%	42.27%	46.93%	10.80%
1931	48.37%	45.31%	6.32%	44.53%	45.71%	9.76%

通过以上考察可知，在20世纪20年代机制棉布生产领域中，民族资本厂商与以日商为代表的外国资本厂商都呈现出快速发展之势，这是同机制棉纱生产领域的相似之处。然而与机制棉纱领域相比，华商企业在机制棉布生产领域中，无论在开工布机数量上，还是在机制棉布产量上，都未对外国资本厂商形成明显优势。其开工布机数量所占份额在整个20年代基本呈持续下降趋势，最终在1930年被外资企业超过；其机制棉布产量则更是在1925年后已处于劣势地位。

通过考察20世纪20年代中国棉纺织工业中民族资本厂商与以日商为代表的外国资本厂商的发展情况及分别在进口替代中的贡献，可以得出以下结论：

第一，这一时期两类厂商在机制棉纱、棉布的生产领域中都呈快速发展之势。其中，在机制棉纱生产领域，民族资本厂商与外国资本厂商基本上呈齐头并进之势，而在机制棉布生产领域，外国资本厂商发展速度明显快于民族资本厂商。

第二，民族资本厂商与外国资本厂商对进口替代的贡献在机制棉纱、棉布生产领域亦有很大不同。其中，在机制棉纱生产领域，民族资本厂商生产的产品占据了市场上国产产品的大部分份额，在这一进口替代中起到了主导作用。而在技术更为密集的机制棉布生产领域，民族资本厂商生产的产品在数量上的优势并不明显，1925 年后，其在国产产品市场上所占份额被外国资本厂商超过，因此，在这一进口替代中民族资本厂商并未起到主导作用。①

第四节　生产规模、效率在不同资本来源类型棉纺织厂商中的差异

上文考察了各种资本来源的棉纺织厂商在 20 世纪 20 年代机制棉纱、棉布进口替代中的贡献，可知日资棉纺织厂商在机制棉布领域发展势头超过民族资本厂商。本节选取机器设备、工人数量、资本投入等统计指标，来讨论上述各种资本类型棉纺织厂商在各种生产要素上的差异，并对之进行解释说明。

一、生产规模差异②

（一）厂均生产设备数量、生产量

通过图 3.9 可知，华商与日商在厂均开工纱锭数量与厂均产纱量上相差甚微，但在厂均开工布机数量与厂均产布量上差距很大。在 20 世纪 20 年代，华商棉纺织工厂厂均开工布机数常年在 500 台左右，而日商工厂可达到 900 台；在 20 年代末，华商工厂历年厂均产布量通常在 25 万匹左右，而日商工厂这一数字高达 50 万匹以上。③

---

① 与国内消费市场相比，1936 年前国产机制棉布出口市场很小，其所占比重仅在 20 世纪 20 年代后期数年份高于 10%，进入 30 年代后，这一比重明显下降，至 1936 年仅为 1.69%。

② 这一部分历年工厂数量皆由各年度实际从事各部门生产并有产量记录的工厂汇总得出。

③ 观察厂均开工纱锭数量及厂均产纱量曲线，并对比上文中工厂数量变化曲线亦可看出：在 20 世纪 20 年代前期，工厂数量激增而厂均纱锭数及产纱量下降，在 20 年代后期，工厂数量平稳而厂均纱锭数及产纱量上升。这说明厂商规模扩张成为 20 世纪 20 年代中国棉纺织业发展的重要特征。

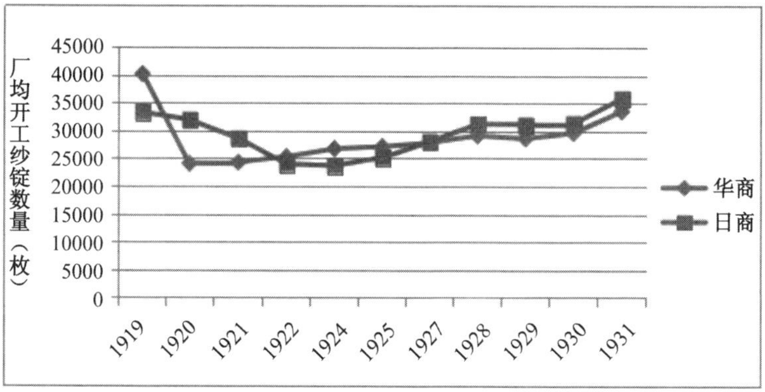
厂均开工纱锭数量（枚）
45000
40000
35000
30000
25000
20000
15000
10000
5000
0
1919
1920
1921
1922
1924
1925
1927
1928
1929
1930
1931
华商
日商

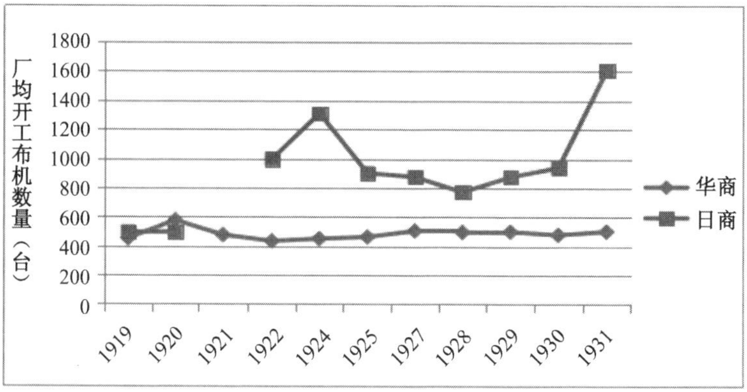
厂均开工布机数量（台）
1800
1600
1400
1200
1000
800
600
400
200
0
1919
1920
1921
1922
1924
1925
1927
1928
1929
1930
1931
华商
日商

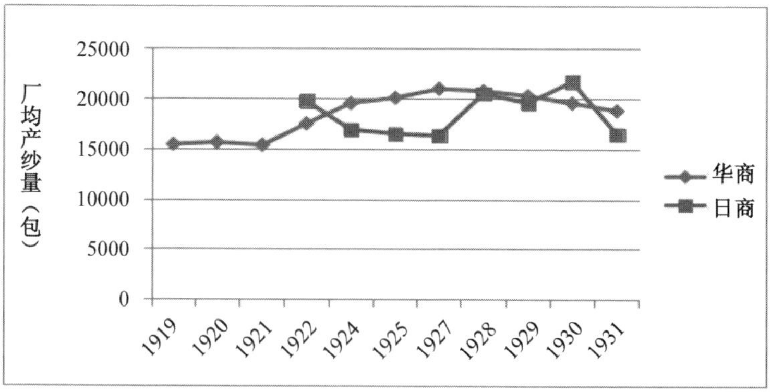
厂均产纱量（包）
25000
20000
15000
10000
5000
0
1919
1920
1921
1922
1924
1925
1927
1928
1929
1930
1931
华商
日商

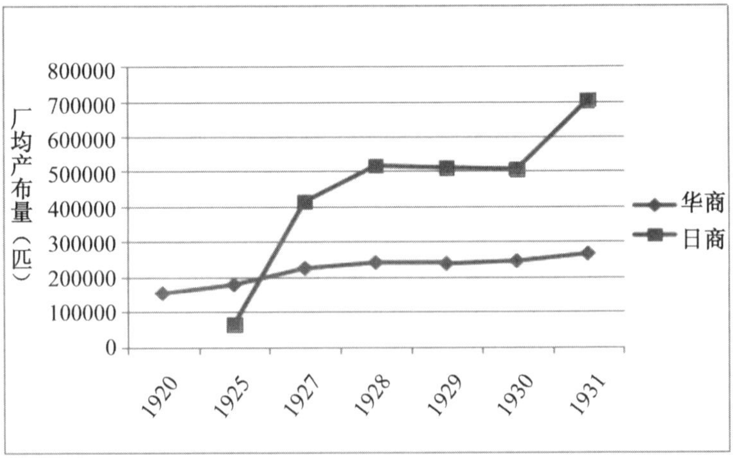

图3.9　1919—1931年华商、日商棉纺织工厂厂均开工纱锭数量、开工布机数量、产纱量与产布量

（二）厂均工人数量、资本数量

通过图3.10可知，在整个20世纪20年代，华商棉纺织工厂厂均工人数量高于日商。而在厂均资本数量上，日商工厂要高于华商数倍。此外，从1919年至1931年，华商厂均资本数量维持稳定，而日商变化幅度较大。

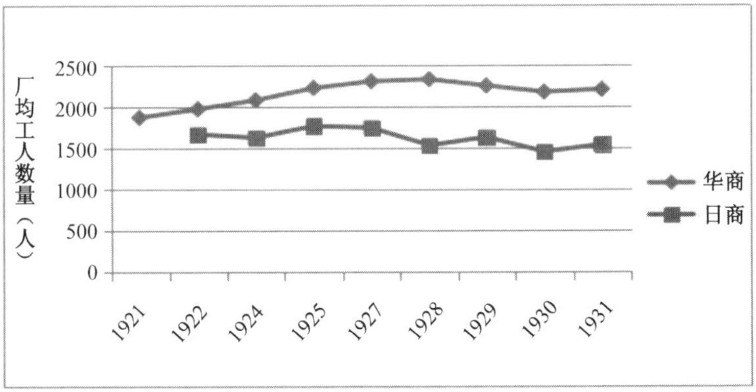

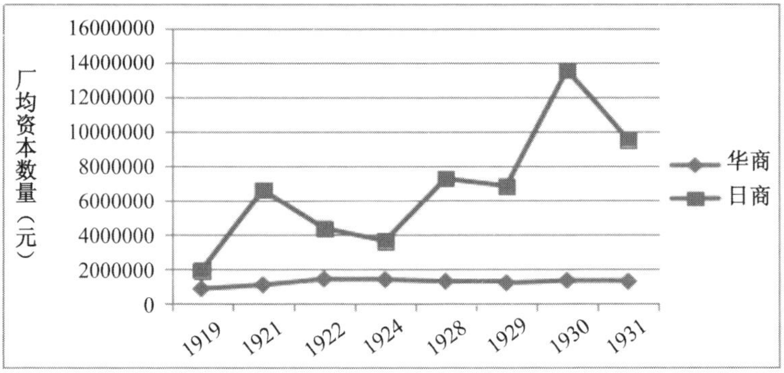

图3.10 1919—1931年华商、日商棉纺织工厂厂均工人数量与资本数量

二、生产效率差异

这一部分从不同资本来源类型的棉纺织厂商在机制棉纱、棉布部门的生产效率出发，试图说明上文中不同资本来源类型棉纺织厂商在两部门生产规模的差异。

方显廷在20世纪30年代曾利用一系列调查资料对华商与日商纱厂及布厂的工作效率进行比较①，这里把这些资料中的统计数据总结如表3.14。

表3.14 上海、天津华商、日商棉纺织工厂生产效率比较

生产效率	华商纱厂	日商纱厂
每纱锭年产纱额（包）②	0.69	0.50
每工人年产纱额（包）	9.85	11.95
每工人控制纱锭数（枚）	16.05	24.14
24小时每纱锭产10支纱额（磅）③	2.20	2.09

① 方显廷：《中国之棉纺织业》，商务印书馆2011年版，第112~123页。

② 纱锭、布机、工人年产额及每工人控制设备数量由方显廷依照整理后的《1930年中国纱厂一览表》中统计数据计算得出。

③ 24小时纱锭产纱额根据Pearse在天津与上海的调查资料整理得出，其中，华商与日商纱厂生产效率数据皆源自上海纱厂。

（续表）

生产效率	华商纱厂	日商纱厂
24 小时每纱锭产 20 支纱额（磅）	0.96	1.03
每布机年产布额（匹）	447.52	717.34
每工人年产布额（匹）	261.73	786.38
每工人控制布机数（台）	0.58	1.10
12 小时每布机产 12 磅布额（码）①	50.00	52.00
12 小时每布机产 12 磅以上布额（码）	58.67	70.91

可见，在机纱生产部门，华商与日商无论在工人生产效率还是机器生产效率上都十分接近，而上海与天津纱厂在生产效率上则有着一定差异。而在机制棉布生产部门，与日商相比，华商无论在工人生产效率还是机器生产效率上都有着巨大差距，而就不同花色布匹的生产来看，这一差距更多体现在粗布、细布生产领域。

通过以上考察可得出结论，在机纱部门，华商与日商的生产效率较为接近；而在机制棉布部门，这一生产效率的差异在华商与日商之间非常显著，华商的生产效率要远低于日商。这可以为日商在机制棉布生产部门，无论在厂均生产设备数量、生产量上，还是在机制棉布市场的占有率上，相比华商都具有明显优势这一现象提供一个解释。

本节通过考察 20 世纪 20 年代不同资本来源的棉纺织厂商在机器设备、工人数量、资本投入等生产要素上的差异可知，华商与以日商为代表的外资厂商在生产要素方面的差异主要体现在机制棉布生产部门，在生产效率方面的差异亦主要体现在机制棉布生产部门。

同时，不同资本来源的棉纺织厂商在厂均资本数量上有巨大差异，而在厂均工人数量上差异很小。这为上述以日资棉纺织厂商为代表的外资厂商在机制棉布生产领域的优势提供了一种解释。

---

① 上海纱厂 12 小时每布机产布额数据皆来自 Pearse 的调查资料。其中日商纱厂产 12 磅布额、华商纱厂产 12 磅以上布（粗布细布）额皆为多项调查的平均值。天津纱厂数据来自南开大学经济学院当时的调查资料，该数字为日班与夜班产量的平均值。

第四章　中国棉纺织工业“自觉的”进口替代

进入20世纪30年代后，中国近代棉纺织业所面临的国际、国内市场环境出现重大变化。1932年，伪满洲国在日本扶植下建立，至此对原本属于国内市场的东北地区的贸易转变为国际贸易。同时，在20世纪30年代，南京国民政府在关税自主权的争取中取得重大进展，自开埠以来一直不足5%的平均关税税率有了明显提升。棉纺织工业进口替代的主导方由市场主体转向国家政策。

关于20世纪30年代上述国际贸易环境的重大变化，尤其是东北沦陷对棉纺织品贸易的影响，在当时就被众多实业家强调：“沪埠经营国产纱布之商号，约四十余家。纱布来源，全由南通、海门两县运来沪上，每年销售于东三省者二十余万匹。近自‘九一八’事变发生，运销东北三省纱布骤自二十余万匹减至三四万匹，几如绝迹。”① 而在学界，关于这一国际市场环境的变化对中国近代棉纺织工业的影响亦有一些定性的讨论。严中平认为：“东北市场之关闭，对于外商的损失极小。但国货方面，影响殊为重大。以1926至1930年的五年间平均数计之，东北各关每年进口棉纱计值12888977关两，其中国产者得9906183关两，即占全数77%；棉布方面，东北进口值53199255关两，国货得13857174关两，约占26%。如此广大市场的丧失，对于关内，特别是华北的棉纺织业，实为极严重的打

① 《东北国产纱布销路减少》，载《工商半月刊》第4卷第11号，国内经济，1932年，第4页。

击。”[①] 这一观点事实上也被后来学者所接受，如金志焕亦认为“由于九一八事变的爆发，中国纺织业丧失了棉制品市场总额的20%—25%”[②]。

而20世纪30年代国民政府历次新关税政策下进口税率的提高对棉纺织业的影响亦被学者普遍关注。严中平认为30年代关税税率的提高导致棉布进口量下降，为当时国内棉纺织业发展提供了机遇。[③] 樊卫国亦肯定了这一时期关税政策对中国棉纺织工业的积极作用。[④] 而金志焕《南京国民政府时期关税改订的性质与日本的对策——兼论1933、1934年度中国关税改订与棉业的关系》一文对关税提高给不同类型棉纺织厂商带来的影响做了探讨，对这一问题的研究更为详尽。[⑤]

那么，东北沦陷究竟对中国棉纺织工业产品的销售市场造成了多大的影响？同时，在当时的关税政策下，可以认为中国棉纺织工业由“自发的”进口替代进入了以国家政策为主导的“自觉的”进口替代，这一时期棉纺织工业的进口替代任务是否完成？其对中国棉纺织工业的发展产生了怎样的影响？本章将依照海关统计资料及伪满洲国海关贸易统计、南京国民政府及伪满洲国颁布的历次税则，结合20世纪二三十年代关于棉纺织业的大量调查统计资料，定量地讨论这些问题。

第一节　东北沦陷对中国棉纺织工业产品销售市场的影响

上文已述，在20世纪20年代，东北地区为各种机制棉布与手织棉布

---

① 严中平：《中国棉纺织史稿》，商务印书馆2011年版，第265页。

② ［韩］金志焕：《南京国民政府时期关税改订的性质与日本的对策——兼论1933、1934年度中国关税改订与棉业的关系》，载《抗日战争研究》2000年第3期。

③ 严中平：《中国棉纺织史稿》，商务印书馆2011年版，第292～293页。

④ 樊卫国：《近代关税改革后税则变化对民族经济影响》，载《上海经济研究》1998年第5期。

⑤ ［韩］金志焕：《南京国民政府时期关税改订的性质与日本的对策——兼论1933、1934年度中国关税改订与棉业的关系》，载《抗日战争研究》2000年第3期。

的重要销售市场。1932 年，溥仪在日本侵略者扶植下于东北地区成立伪满洲国，关内地区对东北市场的贸易随之变为国际贸易，在关税壁垒的作用下贸易成本大为增加。这一贸易形势的变化为中国棉纺织工业产品的销售市场造成多大程度的影响？1931 年后日本、中国生产的机制棉纱、棉布在东北（伪满洲国）市场分别占有怎样的地位？本节将重点考察以上两个问题。

一、东北各海关的沦陷过程及对 1932 年南京国民政府和伪满洲国双方贸易统计完整性的讨论

关于 1931 年后东北各关的贸易统计，大多收录在伪满洲国财政部编《（伪）满洲国外国贸易统计年报》中。而在中国近代海关总税务司署及下属各关的海关贸易统计中，1932 年后东北各关统计空缺，而 1932 年有数关载有对外贸易统计数据。[①] 因此，要想获得正确的 1932 年东北地区贸易统计数据，还要从考察“九一八”事变后，南京国民政府、日本扶植下的伪满洲国政府双方对东北各关的处理办法及双方统计数据的起止时间开始。

（一）“九一八”事变后东北各关的沦陷过程及南京国民政府的应对办法

伪满洲国成立后，日本关东军就着手策划夺取东北各关的行动。首先向各关派去日籍顾问，随后借伪满洲国名义废除原海关监督，任命日籍顾问代理临时关长职务，干涉海关税收与向中央汇解税款事宜，然后伺机任命日籍关长及其他干部，最终达到夺取各海关的目的。[②]

关于东北各关被夺取的具体过程，陈觉《日本侵略东北史》、陈诗启

① 国内贸易部分，1931 年后东北各关全部为空。

② 关于这一计划可见中央档案馆等编：《日本帝国主义侵华档案资料选编：九·一八事变》，中华书局 1988 年版，第 410 ~ 411 页。关于这一问题的研究成果可见连心豪：《日本夺取中国东北海关述略》，载《厦门大学学报（哲学社会科学版）》1997 年第 1 期；陈诗启：《中国近代海关史》，人民出版社 2002 年版，第 732 页。

《中国近代海关史》、付丽颖《伪满洲国初期的对外贸易》等著作、论文中皆有所涉及。现依据现有研究成果，并参照当时海关总税务司署各项通令，把各关被夺取时间总结如表4.1。

表4.1　东北各海关（包括部分分关）沦陷时间和最后一次汇解税款时间

海关	沦陷时间	最后一次汇解税款时间
大连①	1932年6月29日	1932年6月7—14日
安东②	1932年6月28日	1932年4月19日
牛庄③	1932年6月27日	1932年4月16日
绥芬河④	1933年1月3日	—
龙井村⑤	1932年6月29日	1932年6月22日
哈尔滨⑥	1932年6月26日	1932年3月28日
满洲里⑦	1932年7月5日	—
珲春⑧	1932年6月29日	1932年10月1日
瑷珲⑨	1932年9月26日	—

① 陈诗启：《中国近代海关史》，人民出版社2002年版，第735～736页。

② 陈觉：《日本侵略东北史》，商务印书馆1933年版，第438页。

③ 陈觉：《日本侵略东北史》，商务印书馆1933年版，第438页。

④ 陈觉：《日本侵略东北史》，商务印书馆1933年版，第440页。

⑤ 陈诗启：《中国近代海关史》，人民出版社2002年版，第734页。

⑥ 陈诗启：《中国近代海关史》，人民出版社2002年版，第735页。

⑦ 陈觉：《日本侵略东北史》，商务印书馆1933年版，第440页。

⑧ 珲春为龙井村分关，龙井村关被占领后，总税务司曾于7月12日送致公文给日本公使馆，文中称：珲春分关中国关税官员“受武力之干涉，不能行使职务……只得被迫将铁路附属地内的关务，暂行停止”。参见陈诗启：《中国近代海关史》，人民出版社2002年版，第734页。

⑨ 1932年10月6日，海关总税务司署通令第4503号：“由于北满骚乱情势危急，当于1932年9月26日起将瑷珲关封闭并将该关人员暂时撤退，听候续令。”参见海关总署《旧中国海关总税务司署通令选编》编译委员会编：《旧中国海关总税务司署通令选编（1931—1942年）》第三卷，中国海关出版社2003年版，第187页。

至1932年9月15日，伪满洲国政府宣告东北海关完全“独立”，并声称“今后关于关税及通商航海关系将视中华民国为外国”，自9月25日起，对所有进出伪满洲国地区之中国货物均征收关税。①

东北各关沦陷后，南京国民政府与日交涉抗议、向英美寻求援助无果，决定封闭东北各关，异地收税予以应对。当时国民政府财政部认为“在目前状态之下，政府不能在东三省各关合法地征收关税，故在东三省应征之税改于关内征收”②。海关总税务司署遂于1932年10月6日发布通令：“兹因东三省为日本占据，暂时无从征收合法关税，自1932年9月25日起至另行通知时为止，将哈尔滨、牛庄、安东、龙井村各海关封闭，所有在各该海关应征合法关税暂由关内海关征收。”③ 至此，东北各关完全脱离国民政府，原本关内对东北地区的国内贸易事实上变为国际贸易。

（二）1932年南京国民政府、伪满洲国双方贸易统计的完整性分析

据上文可知，东北各关的沦陷时间集中在1932年6月底至7月初，因此，国民政府方面关于1932年东北各关贸易的统计是不完整的。

事实上，当年海关中外贸易报告中对这一情况亦有详细说明：“东北各关未封闭之先，满洲伪国对于所征税款，即横加干涉，初则扣留各银行之海关存款，不准汇解中央，继则凭借武力，任意攫取，以致东北各关之贸易统计，自六月以后，即因资料缺乏，无从编辑。”④ 因此该年度“东三

---

① 连心豪：《日本夺取中国东北海关述略》，载《厦门大学学报（哲学社会科学版）》1997年第1期。

② 海关总署《旧中国海关总税务司署通令选编》编译委员会编：《旧中国海关总税务司署通令选编（1931—1942年）》第三卷，中国海关出版社2003年版，第185～186页。

③ 海关总署《旧中国海关总税务司署通令选编》编译委员会编：《旧中国海关总税务司署通令选编（1931—1942年）》第三卷，中国海关出版社2003年版，第183页。

④ 中国第二历史档案馆、中国海关总署办公厅编：《中国旧海关史料（1859—1948）》第112册，京华出版社2001年版，第215页。

省各关统计数目未据造具完全，仅将一月至六月半年数目列诸本刊之内”①。可见，这一统计截止时间与各关沦陷时间相符。因此可认为1932年国民政府方面对东三省各关贸易统计仅包括上半年的数据。

伪满洲国方面声称的《“大同元年”（伪）满洲国外国贸易统计年报》于伪满洲国“独立”后始行编撰②，但报告中并未注明其中对外贸易统计具体起始时间。现有必要将该报告与1932年国民政府方面统计报告中所载各关贸易总值做一比较，以判断1932年伪满洲国外国贸易统计年报中统计数据是否可反映1932年贸易的整体情况，见下表。

表4.2　1932年国民政府与伪满洲国关于东北各关贸易统计值比较

单位：海关两

海关	国民政府进口值	伪满洲国进口值	国民政府出口值	伪满洲国出口值
瑷珲	37358	—	11	—
哈尔滨	4996636	21950455	20639103	71396345
珲春	408212	527291	563181	943840
龙井村	1774964	2876935	1257694	1313650
安东	3913778	11845840	16657844	30237797
大连	59811934	129907562	81582304	213659849
牛庄	2211873	4968287	6779528	17931271
总值	73154755	172076370	127479665	335482752

资料来源：国民政府方面来自《民国二十年及二十一年中国直接对外贸易总值关别表》［中国第二历史档案馆、中国海关总署办公厅编：《中国旧海关史料（1859—1948）》第112册，京华出版社2001年版，第90页］；伪满洲国方面来自《“大同元年”输出入贸易总额表》［中国第二历史档案馆、中国海关总署办公厅编：《中国旧海关史料（1859—1948）》第161册，京华出版社2001年版，第13页］。

① 中国第二历史档案馆、中国海关总署办公厅编：《中国旧海关史料（1859—1948）》第112册，京华出版社2001年版，第5页。

② 中国第二历史档案馆、中国海关总署办公厅编：《中国旧海关史料（1859—1948）》第161册，京华出版社2001年版，第5页。

需要说明的是，由于在伪满洲国海关统计中，对关内贸易统计列于国际贸易之中，因此表4.2中“伪满洲国进口值”“伪满洲国出口值”栏分别为进、出口贸易总值减去对关内（即海关统计中“中华民国”项）贸易进、出口值。通过表4.2中的比较可发现，在1932年伪满洲国贸易统计中，东北各关尤其是贸易量较大海关的进出口贸易值，几乎是国民政府贸易统计值的两倍左右或达到两倍以上，其总值亦超过国民政府统计值的两倍。考虑到在海关总税务司署声称统计范围包括的1932年上半年，由于日本势力的百般阻挠，国民政府海关总税务司署下辖东北各关的贸易统计值可能不会十分完整，因此，有理由认为《“大同元年”（伪）满洲国外国贸易统计年报》中关于东北各关对外贸易的统计，是更能反映1932年全年情况的。①

以上考察对东北各关的沦陷过程做了大致梳理，从伪满洲国建立到对东北各海关夺取的完成大约经历了9个月的时间。而通过以上分析可知，其间国民政府海关总税务司署对东北各关的贸易统计仅限于1932年上半年，伪满洲国的统计虽未注明起始年份，但从贸易统计数据来看，其统计范围不应仅涉及后半年时间，其编撰应参照了上半年国民政府管辖时期各关的贸易统计数据，可以当作东北地区（伪满洲国）1932年全年贸易统计。

二、东北沦陷对中国棉纺织工业销售市场的影响

这一部分旨在考察东北沦陷后，国产机制棉纱、棉布在东北市场的销量出现了何种程度的下降，并进一步讨论这一下降对于中国棉纺织工业全国销售市场而言，有着何种程度的影响。为了更加准确地说明这一问题，这里将1932—1936年伪满洲国贸易统计中进口中华民国机制棉纱、棉布

① 这里需注意，由于瑷珲关在1932年9月被封闭，此后并无贸易统计记载。为得到更为准确的1932年全年贸易量数据，应当在1932年伪满洲国贸易统计数据上添加1932年国民政府瑷珲关贸易统计量。不过事实上，1932年国民政府瑷珲关贸易统计中并无棉纺织品进口记载。

量①与1921—1931年海关贸易统计中东北地区输入国产机制棉纱、棉布量②进行比较。

(一) 1931年前后国产机制棉纱、棉布在东北市场销量变化

图4.1与表4.3分别为1921—1936年国产机制棉纱、棉布在东北市场总销量变化曲线及各种花色棉布在东北市场的销量变化情况。

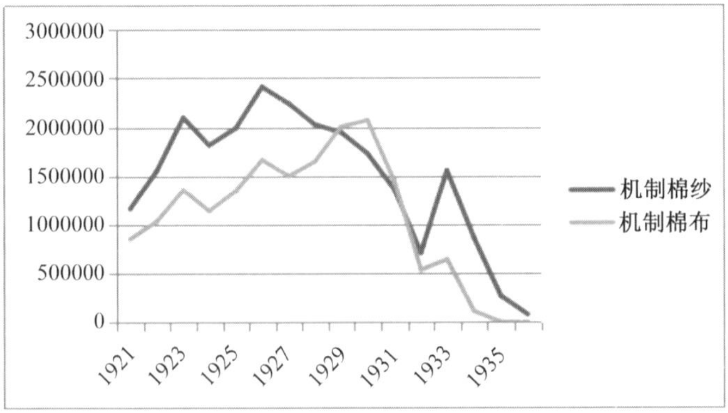

(单位：机制棉纱为十关斤，机制棉布为匹)

图4.1 1921—1936年国产机制棉纱、棉布在东北市场总销量③

表4.3 1921—1936年国产市布、粗布、细布和斜纹布、土布在东北市场销售量比较

单位：市布、粗布、细布和斜纹布为匹，土布为关担

年份	市布、粗布、细布	斜纹布	土布
1921	771043	82944	33121
1922	920899	115071	35415
1923	1256171	97337	24633

① 整理自1932—1936年伪满洲国外国贸易统计年报中输入品类别表部分。

② 整理自1921—1931年海关贸易统计中对外贸易货物类编出口土货部分。

③ 由于1934年12月伪满洲国外国贸易统计月报中，分国别进口全年累计统计仅记有货物价值，因此，1934年国产机制棉纱与机制棉布销售量，系根据其进口总量与分国别进口货物价值推算得出。

（续表）

年份	市布、粗布、细布	斜纹布	土布
1924	1052630	88055	16599
1925	1236508	106275	65054
1926	1524373	138675	33356
1927	1347982	150487	38595
1928	1383569	263572	33328
1929	1759877	243566	100131
1930	1848651	220751	102397
1931	1103264	351153	70195
1932	515226	115	29847
1933	477865	69646	73785
1934	162422	13373	21530
1935	2469	2	15501
1936	937	0	16804

据图 4. 1 可见，进入 20 世纪 30 年代后，国产机制棉纱、棉布在东北市场的销量迅速下降。至 1936 年，机制棉纱销量跌至 8082 关担，不足 1930 年销量的 5%；机制棉布销量更是跌至 6349 匹，不足 1930 年销量的 1%。

据表 4. 3 可进一步了解几种主要花色国产棉布在东北市场上销量变化情况。其中，20 世纪 20 年代末，国产市布、粗布、细布与斜纹布在东北市场的年销售量分别在 130 万至 200 万匹与 15 万至 30 万匹之间。1931 年后两种商品的销量皆迅速下降，至 1936 年，国产市布、粗布、细布与斜纹布几乎已退出东北市场。国产土布在东北市场的销量于 1929—1930 年达到顶峰，年销量在 10 万关担之上。1931 年后其销量亦迅速下降，至 1936 年仅有 16804 关担。

（二）1931 年后国产棉纺织品在东北市场销量下降对中国棉纺织工业全国销售市场的影响

据以上考察可知，1931 年后国产棉纺织品在东北市场销量出现大幅下降，尤其是国产机制棉布至 1936 年几乎已退出东北市场。而且正如前所述，"九一八"事变后，东北销售市场的丧失为中国近代棉纺织工业带来了沉重打击是时人及学界的普遍观点。以下亦从市场角度出发，重新定量地评估这一打击的严重程度。

通过上一章的考察可知，在 20 世纪 20 年代，与全国其他区域相比，国产机制棉布在东北地区的市场占有率较低，国产机制棉纱在东北地区的销量亦是最低。以下将分别考察 1921—1931 年国产机制棉布、棉纱在全国各区域销量所占比重（见表 4.4、表 4.5），从而分析东北市场对于当时中国棉纺织工业的重要程度。

表 4.4　1921—1931 年国产机制棉布在全国各区域销量所占比重

年份	东北	华北	华东	华中	华南	西南	西北
1921	24.37%	29.42%	21.42%	17.90%	3.21%	2.13%	1.55%
1922	14.09%	21.27%	51.68%	8.96%	2.32%	0.39%	1.29%
1924	14.99%	25.21%	42.25%	11.55%	3.38%	1.22%	1.40%
1925	14.01%	19.51%	50.11%	10.18%	3.24%	1.53%	1.42%
1927	14.72%	24.88%	36.09%	15.19%	6.56%	1.28%	1.29%
1928	18.38%	29.92%	22.55%	17.48%	7.25%	2.35%	2.07%
1929	20.63%	38.61%	9.49%	17.26%	9.16%	2.66%	2.19%
1930	15.48%	30.94%	29.33%	10.59%	9.68%	1.98%	2.00%
1931	9.44%	33.30%	26.82%	16.07%	9.78%	2.71%	1.88%

表4.5　1921—1931年东北地区国产机制棉纱销量所占比重

年份	1921	1922	1924	1925	1927	1928	1929	1930	1931
比重	2.15%	3.22%	4.84%	5.76%	5.72%	5.43%	4.81%	4.27%	3.22%

通过表4.4、表4.5，可对1932年前东北市场对于当时中国棉纺织工业的重要程度做出判断。在机制棉纱领域，东北市场销量所占比重常年在5%以下，对全国市场来说其重要性很低。

在机制棉布领域，东北市场销量所占比重虽在个别年份可达到或接近20%，但其常年所占比重仍在15%左右。这一比重与华中市场接近，而华北、华东市场国产机制棉布销量所占比重远在东北之上。同时，这一数字远低于东北市场的进口机制棉布消费所占比重。① 可见，在机制棉布领域，东北市场虽占有一定地位，但就其重要性来说远低于华北、华中市场。

再回顾上文中对1931年后国产机制棉纱、棉布在东北市场销量下降程度的考察，其中以国产机制棉布销量的下降最为剧烈，而国产机制棉纱、土布的下降较为缓和，甚至在1934年前两种商品的销量与20世纪20年代相比下降程度尚不十分明显，在1936年仍分别占有12%、16%的市场销售份额。

因此可知，1931年后东北沦陷对中国棉纺织工业的打击程度在机制棉纱与棉布部门是不尽相同的。在棉布生产领域，由于东北市场的国产机制棉布销量占全国市场的份额不小，而且1931年后其销量下降最为明显，因此东北沦陷的确为棉布生产领域带来一定打击。而在棉纱生产领域，由于在20世纪20年代东北市场的地位原本就微不足道，加之1931年后其销量下降程度相对较小，因此东北沦陷对棉纱生产领域的打击是较小的。同时必须看出，即使在棉布生产领域，在20世纪20年代东北市场销量所占份额亦不过约15%，其重要性与华东、华北市场相比较低。因此东北沦陷对

---

① 附录六中东北市场的进口机制棉布消费所占全国比重，在1927年可达34.92%。

当时中国棉纺织工业的打击程度事实上是有限的，不能被过分高估。

三、1931 年前后中、外棉纺织品在东北地区市场占有率的消长

1931 年前，东北地区在棉纺织品领域的对外贸易对象主要以日本为主，因此这里对 1931 年前后中、外棉纺织品在东北地区市场占有率的消长事实上几乎等同于对中、日棉纺织品市场占有率消长的考察。

（一）1931 年前后东北地区中、外棉纺织品市场占有率的消长

据第三章可知，在 20 世纪 20 年代末，东北地区国产机制棉纱市场占有率达到了 90%，国产机制棉布在原色棉布市场占有率达到 53%，在整个机制棉布市场占有率亦达到 41%。以下将考察 1931 年后东北地区中、日棉纺织品的市场占有率出现怎样的消长情况。

据表 4.6 可知，1932—1936 年间，中国机制棉纱在东北地区的市场占有率由原先的 68% 下降至 12%，而日本棉纱的市场占有率则由原先的 15% 上升至近 87%。

表 4.6　1932—1936 年东北地区中、日机制棉纱进口量与市场占有率

单位：关担

年份	日本机制棉纱		中国机制棉纱	
	进口量	所占比重	进口量	所占比重
1932	15741	15.10%	70984	68.10%
1933	57518	26.99%	155510	72.97%
1934	46519	34.00%	86100	62.93%
1935	39870	59.42%	26866	40.04%
1936	56274	86.89%	8082	12.48%

据表4.7可知，在机制棉布领域，中、日产品市场占有率亦经历了相似的消长过程。1932年中国机制棉布尚能占到近26%的比重，至1935年后几乎已退出东北市场。而日本机制棉布市场占有率从1932年的近70%上升至1936年的近95%。

表4.7 1932—1936年东北地区中、日机制棉布进口量与市场占有率

单位：匹

年份	日本机制棉布		中国机制棉布	
	进口量	所占比重	进口量	所占比重
1932	1396756	69.49%	520940	25.92%
1933	2756197	78.42%	620287	17.65%
1934	1654574	87.14%	203431	10.71%
1935	3704396	93.11%	4580	0.12%
1936	5761890	94.58%	6144	0.10%

据表4.8考察，在原色布领域，1932年中、日产品市场占有率分别为42%、56%，日本原色布仅稍占优势。至1936年，日本原色布的市场占有率已达到近91%，而中国原色布基本退出东北市场。事实上在1934年后，中国原色布在东北市场的占有率甚至低于朝鲜。

表4.8 1932—1936年东北地区中、日原色布进口量与市场占有率

单位：匹

年份	日本原色布		中国原色布	
	进口量	所占比重	进口量	所占比重
1932	680507	56.07%	515341	42.46%
1933	1648826	73.14%	547637	24.29%
1934	717576	78.00%	177357	19.28%
1935	1899439	88.14%	2484	0.12%
1936	2834199	90.64%	951	0.03%

据表4.9考察，在成品布领域（包括各种花色漂白、印花、染色布及羽绫、羽绸、剪绒等），日本产品从1932年开始便占有绝对优势，达到近90%的市场占有率，至1936年这一数字已将近100%。而中国产品所占比重始终微乎其微，市场占有率不仅低于日本，还低于英国等数个西方国家。

表4.9　1932—1936年东北地区中、日成品布进口量与市场占有率

单位：匹

年份	日本成品布		中国成品布	
	进口量	所占比重	进口量	所占比重
1932	716249	89.93%	5599	0.70%
1933	1107371	87.85%	72650	5.76%
1934	936999	95.73%	26074	2.66%
1935	1804957	98.98%	2096	0.11%
1936	2927691	98.74%	5193	0.18%

而据表4.10可知，在手工棉织业领域，中、日手织布（土布）市场占有率亦有相似变化。中国手织布市场占有率在1933年尚能达到50%以上，随后迅速下降至20%以下。日本手织布市场占有率在1936年达到84%，已处于绝对优势地位。

表4.10　1932—1936年东北地区中、日机制手织布进口量与市场占有率

单位：关担

年份	日本手织布		中国手织布	
	进口量	所占比重	进口量	所占比重
1932	60704	67.04%	29847	32.96%
1933	66311	47.33%	73785	52.66%

（续表）

年份	日本手织布		中国手织布	
	进口量	所占比重	进口量	所占比重
1934	87109	78.00%	21530	19.28%
1935	99715	86.13%	15501	13.39%
1936	91239	84.25%	16804	15.52%

（二）东北各关进口中、日棉纺织品价值的差异

通过以上考察可知，无论在棉纺织工业领域的机制棉纱、棉布市场，还是在手工棉织业领域的土布市场，1931 年后中国国产棉纺织品在东北的市场迅速被日本产品所占领。但具体考察东北各关进口棉纺织品中的中、日产品价值所占比重（见表 4.11、表 4.12），可发现一些不同。

表 4.11　1932—1936 年东北各关进口中、日机制棉布价值对比

单位：1932 年为海关金，1933—1936 年为元

年份	国籍	大连	安东	营口	山海关	哈尔滨	龙井村	珲春	承德
1932	日本	13721473	1350371	24598	—	1920	136723	11185	—
	中国	4276913	391664	389096	—	—	—	—	—
1933	日本	36605176	19789188	557777	—	63623	733980	165470	2549
	中国	6736661	1097503	422831	573070	—	—	242	1260197
1935	日本	25659342	28321634	474246	44	44025	—	3026243	—
	中国	746966	289391	60327	21435	244	—	8	139300
1936	日本	40400269	38663523	1121323	155	317885	—	2704782	2424
	中国	994510	286828	83500	8796	1105	—	233	201290

表4.12 1932—1936年东北各关进口中、日机制棉纱价值对比

单位：1932年为海关金，1933—1936年为元

年份	国籍	大连	安东	营口	山海关	哈尔滨	龙井村	珲春	承德
1932	日本	817947	594606	68553	—	—	24551	346	—
	中国	4121764	187448	65149	—	—	—	—	—
1933	日本	1855561	2040711	1053149	—	25	36218	1093	1040
	中国	12086900	390293	142723	129975	—	—	1004	23724
1935	日本	489256	3129043	214947	—	—	—	60173	—
	中国	2464577	19450	39319	2994	—	—	—	1953
1936	日本	1243340	4819089	172878	—	1196	—	28690	—
	中国	1284369	128574	14946	1	—	—	—	1797

据表4.11、表4.12可知，在东北各关的进口商品总值中，来源于中国、日本及其他国家的机制棉布、棉纱价值所占比重各不相同。在机制棉布领域，从1933年的情况来看，在安东、大连、营口等沿海海关，来自日本的机制棉布价值所占比重较大，分别达到84%、93%、57%。而在承德、山海关①两个陆路海关，来自中国关内的机制棉布价值占有绝对优势，其所占比重皆将近100%。而在哈尔滨、珲春两个沿江海关，来自其他国家（主要为俄国）的机制棉布价值占有更大比重，分别达到79%、49%。

在机制棉纱领域，以1933年为例，在大连港的进口商品总值中，来自

① 许檀《清代前期的山海关与东北沿海港口》一文认为，在清代前期山海关征收的税银中，90%以上来自东北沿海各口（嘉庆年间），从而得出山海关实为沿海税关的结论。但这里需注意，伪满洲国设立的这一“山海关”与清前期“山海关”的概念是完全不同的，清前期的山海关为一个东可至辽东半岛的极为广阔的税关体系，其所辖税口包括了东北沿海各州县与南方贸易的几乎所有港口；伪满洲国设的山海关则为北宁铁路沿线之边境海关。（许檀：《清代前期的山海关与东北沿海港口》，载《中国经济史研究》2001年第4期。）另外，在1935年后，日本在山海关掀起了武装走私的狂潮，但主要以砂糖、人造丝、货币等较为贵重的物品为主。（陈诗启：《中国近代海关史》，人民出版社2002年版，第743～746页。）

关内的机制棉纱价值可占到近87%。而在北部沿江各关，来自日本的机制棉纱价值亦处于优势地位，在哈尔滨、珲春、龙井村三关进口机纱总值中，来自日本的商品价值所占比重分别可达100%、52%、96%。其余各关情况与机制棉布领域类似。

再考察1936年的情况。在沿海、沿江各关进口机制棉布、棉纱总值中，日本商品价值占有更高的比重（除了大连港的机制棉纱价值）。在大连、安东、营口、哈尔滨、珲春五个海关中，来自日本的机制棉布价值可分别占到总值的96%、95%、93%、96%、82%，机制棉纱价值可分别占到总值的48%、97%、92%、100%、90%。而来自中国关内的商品价值在山海关、承德两关占有绝对优势，在机制棉布领域可分别占总值的98%、99%，在机制棉纱领域则皆将近100%。另外，在大连港，来自中国关内的机制棉纱价值占到总值的50%，相比日本商品此时尚有微弱优势。

据以上分析可知，1931年后东北各关进口的棉纺织品中，在沿海、沿江各关，日本商品几乎把来自中国关内的商品排挤殆尽（除了大连港的机制棉纱进口贸易）。而陆路各关棉纺织品的进口中，仍以中国关内商品为主。由此可见，1931年后在东北进口棉纺织品市场，中国关内与日本形成了某种程度上的分工，即中国关内棉纺织品通过陆路交通输入，而日本棉纺织品通过海运、河运交通输入。当然，这里需要牢记一个事实，东北地区通过承德、山海关等陆路各关进口棉纺织品的数量是远不能与大连、营口、安东三个主要海关相比的。

通过这一部分的考察可以对本章的第一个问题做出回答。东北沦陷造成的贸易形势的变化的确对中国棉纺织工业产品在东北的销售市场带来了巨大的影响，其中这一影响在机制棉布部门尤为强烈。在关税壁垒的作用下，中国关内的棉纺织品在东北市场的销量迅速下降。但通过考察1931年前东北市场对于中国棉纺织工业的重要性程度，又必须看出1931年后国产棉纺织品在东北市场销量的大幅减少对于全国市场的影响是较为有限的，其中对机制棉纱部门的影响尤为微弱。因此，东北沦陷对当时中国棉纺织工业的打击程度不能被过分高估。

而通过对1931年前后中、日棉纺织品在东北地区市场占有率消长的考察发现，在1932年至1936年短短数年中，东北进口棉纺织品市场由中、日两国商品旗鼓相当，转变为日本棉纺织品独占优势。但通过对东北各关进口中、日棉纺织品价值所占比重的考察又可发现，日本棉纺织品并未在东北所有海关取得优势。在沿海、沿江各海关，来自日本的棉纺织品价值占有更高的比重（除了大连港的机制棉纱），但在陆路各海关，来自中国关内的棉纺织品在进口棉纺织品总值中占有绝对优势。因此可知，在1931年后的东北进口棉纺织品市场，事实上形成了中国关内棉纺织品通过陆路交通输入，日本棉纺织品通过海运、河运交通输入的地理上的分工。

本节通过对东北沦陷前后东北地区（伪满洲国）、关内地区棉纺织品贸易数据的考察，讨论了这一事件对中国近代棉纺织工业产品销售市场的影响。

东北沦陷导致国产棉纺织品在东北市场的销量大幅下降，并迅速被日本产品替代。但在通过陆路口岸输入东北的棉纺织品中，国产产品依然占据着绝对优势。东北沦陷对当时中国机制棉布生产部门造成的打击程度比机制棉纱生产部门更大，但是这一影响不能被过分高估。

第二节　20世纪二三十年代中国的关税政策与棉纺织品进口贸易（1921—1936）

本节首先梳理20世纪二三十年代中国的关税政策和涉及棉纺织品的税则变动，进而考察在这一关税政策变化下棉纺织品进口贸易的涨落情况。另外，由于30年代初世界经济危机的影响亦是国际贸易量削减的因素之一，因此还需对当时面临相近国际贸易环境的伪满洲国的关税政策与棉纺织品进口贸易的变动加以考察对比，进而真正厘清关税政策在棉纺织品进口贸易中所起到的作用。

一、20世纪二三十年代中国关税政策及棉纺织品进口税率变动

近代中国的关税政策是目前学术界关注的热点问题之一，其研究成果颇丰。关于晚清开埠通商后形成的低关税局面，学界普遍认为低关税及子口税政策导致了近代洋货在中国市场的倾销，给中国传统手工业带来巨大打击。① 但亦有研究者强调低关税扩大了国内市场，拉动了出口贸易，为中国国民经济发展带来了积极作用。② 关于民国时期，尤其是南京国民政府时期的关税自主运动，国内外学界讨论更加热烈。对这一过程的论述以及其中外交角力的分析已相当深入与透彻。③ 关于对关税自主运动的评价，学界在肯定其积极性的同时，指出它在政治上及促进国内经济发展方面具有局限性。④

然而关于棉纺织品具体税率、税则变动的研究，仅有严中平、叶松年、金志焕等学者在其论著中有所涉及，对这一问题系统全面的考察尚有待进行。

（一）20世纪二三十年代历次税则变动情况简述

关于20世纪二三十年代关税自主运动中历次税则的变动情况，在上述

---

① 陈争平：《不平等条约下近代关税制度的形成及对中国经济的影响》，载《近代中国》第15辑，2005年；张少华：《近代中国关税控制权的失落》，载《文教资料》2005年第32期；李全安、郭迎春：《关税自主权的丧失对近代中国民族工商业的影响》，载《天中学刊》2002年第6期；等等。

② 冯杨：《低关税与近代中国经济发展研究》，西南财经大学硕士学位论文，2001年。

③ 陈群元：《日本与国民政府1933年关税税率问题：税率公布之前的双方动向》，载《社会科学研究》2012年第1期；单冠初：《日本与南京国民政府初期的关税自主运动》，载《档案与史学》2002年第2期；［韩］金志焕：《南京国民政府时期关税改订的性质与日本的对策——兼论1933、1934年度中国关税改订与棉业的关系》，载《抗日战争研究》2000年第3期；陈诗启：《中国近代海关史》，人民出版社2002年版；叶松年：《中国近代海关税则史》，上海三联书店1991年版；等等。

④ 任旭杰：《南京国民政府关税政策对江苏省植棉业的冲击》，载《黑龙江史志》2009年第14期等。

研究成果中已有详细论述，这里仅据叶松年《中国近代海关税则史》中相关章节，对之做一简述。

在民国时期，首次全面修订海关税则在1918年，该次修订乃是作为中国加入协约国的交换条件被美、日等国允诺。该税则于1919年8月1日实行。以此次修订税则为契机，中国海关的税则货物分类与估价办法得到改进。但就税率来看，与开埠以来低于5%的税率相比，并未有实质性的提高。

第二次全面修订海关税则在1922年，华盛顿会议的召开与《九国公约》的签订是该次税则修订的国际背景。经过一系列谈判，该税则于1923年1月17日实行。此次新修税则中，税率有所提高，据1923年进口货物价值统计来看，平均进口税率为4.29%，基本上达到了“值百抽五”的水平。

第三次修订海关税则在1925年，应华盛顿会议上“关税自主问题，于将来适当机会时，再行提出讨论”的宣言，以及在日、美等国的施压下，中华民国政府于1925年提出裁撤厘金、“关税自主”的提案。在关税会议上，关于附加税率的问题，各国未达成一致，英、美等国只同意对普通品征收2.5%的附加税，这与中华民国政府主张的5%相距甚远。然而在广东、江浙皖等省，2.5%的附加税事实上已先后予以征收。

南京国民政府成立后，在1929、1931、1933、1934年四次修订《国定进口税则》，并宣告完成关税自主。其间进口税率大幅提高，突破了长达80余年的“值百抽五”的协定税率。但同时这一时期关税政策遭到“财政作用明显，保护作用不足”的批评。

（二）20世纪二三十年代历次税则修订中各类机制棉布进口税率的变动

从20世纪20年代开始，实业界便普遍呼吁提高棉纺织品进口税率，保护国内棉纺织业发展。1928年新税率颁布后，上海实业界认为新税率过低，希望进一步提高税率以保护中国幼弱工业，提高国产工业制品在国内市场的竞争力。在棉纺织品方面，实业界希望本色棉布税率为20%，漂白平纹布为25%，本色粗纱4支至16支为15%，本色细纱20支至40支为12.5%，间色花线为15%。① 1932年，吴铁城等在中国国民党四届三中全会上提出了“保护本国纺织业案”，主张提高棉纺织品进口税率。② 1933年1月，中国国民党中央政治会议亦提出了“中国纺织业保护案”，议决中日关税协定期满后应完全废除，并提高棉纱和棉布的进口税率。③

以下依照20世纪二三十年代历次税则中税率表原始数据，对各类机制棉布的税率变动过程进行系统考察（见表4.13）。④ 由于绝大部分棉纺织品进口关税为从量关税（每单位商品征收一定金额的关税），真正的税率还需结合税则实行当年海关贸易统计中的价格资料计算得出。

表4.13　1858—1934年历次税则修订中各种花色机制棉布进口税率

<table>
<tr><th colspan="2">机制棉布种类</th><th>1858年</th><th>1918年</th><th>1922年</th><th>1928年</th><th>1930年</th><th>1934年</th></tr>
<tr><td rowspan="2">本色市布、粗布、细布</td><td>7磅以下</td><td rowspan="2">4.26%</td><td>5.62%</td><td>4.74%</td><td>7.60%</td><td>14.13%</td><td>26.08%</td></tr>
<tr><td>12.5—15.5磅</td><td>—</td><td>—</td><td>9.79%</td><td>20.57%</td><td>34.26%</td></tr>
<tr><td rowspan="2">本色粗细斜纹布</td><td>12.75磅以下</td><td rowspan="2">3.69%</td><td rowspan="2">5.23%</td><td rowspan="2">5.09%</td><td>13.61%</td><td>19.52%</td><td rowspan="2">38.23%</td></tr>
<tr><td>12.75磅以上</td><td>8.07%</td><td>17.88%</td></tr>
<tr><td rowspan="2">本色标布</td><td>7磅以下</td><td>5.22%</td><td rowspan="2">4.69%</td><td rowspan="2">4.14%</td><td>7.98%</td><td>20.84%</td><td>32.09%</td></tr>
<tr><td>7磅以上</td><td>2.76%</td><td>8.30%</td><td>15.38%</td><td>42.42%</td></tr>
</table>

① 《实业团体税则研究会呈国府文》，载《申报》1928年9月28日。

② 吴铁城等：《保护本国纺织业案》，载《纺织周刊》第2卷第50期，1932年，第1414～1416页。

③ ［韩］金志焕：《南京国民政府时期关税改订的性质与日本的对策——兼论1933、1934年度中国关税改订与棉业的关系》，载《抗日战争研究》2000年第3期。

④ 由于20世纪20年代末机制棉纱进口量已很少，因此这里仅对机制棉布进行考察。另外，严中平《中国棉纺织史稿》中对1925年后原色、漂白或染色、印花、杂类四种棉布历年进口税率进行列举，这一系列数字系由历年所收税额与进口货物价值计算得出，可与本文数字相互参照。参见严中平：《中国棉纺织史稿》，商务印书馆2011年版，第475页。

（续表）

<table>
<tr><th colspan="2">机制棉布种类</th><th>1858 年</th><th>1918 年</th><th>1922 年</th><th>1928 年</th><th>1930 年</th><th>1934 年</th></tr>
<tr><td rowspan="2">漂白市布</td><td>37 码以下</td><td rowspan="2">5.21%</td><td>—</td><td>—</td><td>8.89%</td><td>13.41%</td><td>48.11%</td></tr>
<tr><td>41 码以上</td><td>5.62%</td><td>5.35%</td><td>10.00%</td><td>—</td><td>53.97%</td></tr>
<tr><td rowspan="2">染色市布</td><td>33 码以下</td><td rowspan="2">5.12%</td><td>4.45%</td><td>5.13%</td><td>11.85%</td><td>17.00%</td><td>53.83%</td></tr>
<tr><td>33 码以上</td><td>—</td><td>—</td><td>7.88%</td><td>23.88%</td><td>41.09%</td></tr>
<tr><td colspan="2">染色粗细斜纹布</td><td>—</td><td>—</td><td>—</td><td>—</td><td>—</td><td>35.72%</td></tr>
<tr><td colspan="2">染色标布</td><td>—</td><td>—</td><td>—</td><td>—</td><td>—</td><td>38.45%</td></tr>
<tr><td rowspan="2">印花市布、粗布、细布</td><td>32 码以下</td><td rowspan="2">4.93%</td><td rowspan="2">2.87%</td><td rowspan="2">4.34%</td><td>12.61%</td><td>21.85%</td><td>56.66%</td></tr>
<tr><td>32 码以上</td><td>7.21%</td><td>18.75%</td><td>27.81%</td></tr>
<tr><td rowspan="2">印花标布</td><td>32 码以下</td><td>—</td><td>—</td><td>—</td><td>—</td><td>—</td><td>35.54%</td></tr>
<tr><td>32 码以上</td><td>—</td><td>—</td><td>—</td><td>—</td><td>—</td><td>47.39%</td></tr>
<tr><td colspan="2">印花斜纹布</td><td>—</td><td>—</td><td>2.47%</td><td>12.37%</td><td>17.05%</td><td>49.96%</td></tr>
<tr><td rowspan="2">羽绫</td><td>玄素或染色</td><td rowspan="2">4.26%</td><td>5.44%</td><td>5.68%</td><td>6.02%</td><td>7.05%</td><td>28.24%</td></tr>
<tr><td>印花</td><td>5.95%</td><td>4.78%</td><td>—</td><td>—</td><td>—</td></tr>
<tr><td rowspan="2">羽绸</td><td>玄素或染色</td><td rowspan="2">4.26%</td><td>5.17%</td><td>4.10%</td><td>6.73%</td><td>9.34%</td><td>37.25%</td></tr>
<tr><td>印花</td><td>7.09%</td><td>4.34%</td><td>12.97%</td><td>15.32%</td><td>—</td></tr>
<tr><td rowspan="2">绒布</td><td>32 码以下</td><td>4.29%</td><td>—</td><td>—</td><td>9.80%</td><td>16.71%</td><td>33.84%</td></tr>
<tr><td>32 码以上</td><td>3.20%</td><td>4.60%</td><td>3.89%</td><td>—</td><td>—</td><td>25.00%</td></tr>
</table>

表4.13为1858年以来历次税则修订中，各种主要花色机制棉布进口税率的计算结果，从中可较为清晰地看出1936年前机制棉布进口税率的变动情况。在咸丰八年（1858）的税则中，各种花色棉布进口税率大多在“值百抽五”的水平之下。在民国七年（1918）、民国十一年（1922）的税则中，进口税率虽略微有所提高，但整体上仍未达到“值百抽五”的水平。

在民国十七年（1928）的税则中，机制棉布的进口税率第一次有了实质性的提高，各种花色棉布进口税率皆超过了5%。表中所列各种花色布匹中，进口税率以12.75磅以下本色粗细斜纹布最高，可达13.61%，羽绫最低，为6.02%，其余商品进口税率皆在10%左右。

在民国十九年（1930）的税则中，各种花色机制棉布进口税率进一步提高，绝大部分在10%—20%。几种主要花色布匹的进口税率相比民国十七年皆有显著提高，如各种匹重或尺码的本色市布、粗布、细布税率平均提高98%，本色粗细斜纹布平均提高82%，37码以下漂白市布约提高51%，印花市布、粗布、细布亦平均有117%的提高。

据叶松年研究，在民国二十二年（1933）的进口税则中，进口税率达到最高点，但这一税则事实上很快被民国二十三年（1934）的税则代替，并未起到实际作用。考察民国二十三年税则中机制棉布进口税率，与民国十九年相比亦有大幅提高，绝大部分花色机制棉布进口税率皆在30%以上。这一税率也代表了20世纪二三十年代中国关税自主运动中棉纺织品进口税率所达到的最高水平。

图4.2比较了本色市布、漂白市布、印花市布及羽绫四种花色机制棉布在历次税则修订中的进口税率情况。① 在1922—1934年四次税则变动中，四种花色布匹税率都在不断提高，但其中各自变动情况有所不同。

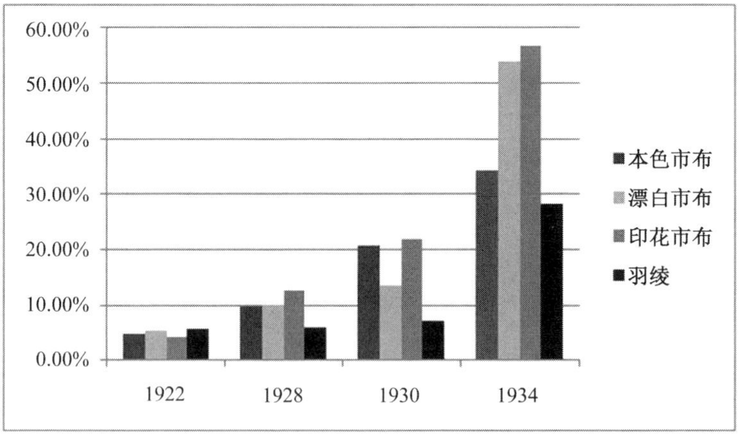

图4.2　1922—1934年历次税则修订中几种棉布进口税率比较

① 这里选取四种花色布匹中进口量最多的匹重或尺码类别的棉布的税率。

在民国十一年的税则中，四种花色布匹税率极为接近，皆在5%以下。在民国十七年的税则中，本色、漂白、印花市布税率较为接近，皆在10%左右，而羽绫税率较低，仅为6%。在民国十九年的税则中，四种花色布匹税率差距拉大，本色、印花市布税率可达20%以上，漂白市布约为13%，羽绫约为7%。在民国二十三年的税则中，这一税率差距更加突出，漂白、印花市布税率达到50%以上，远高于其他两种花色布匹。而进一步考察表4.13中各种花色机制棉布进口税率的变动情况，亦可观察出相同的规律。

（三）对南京国民政府时期关税政策保护性的讨论

以上对历次税则修订中机制棉布进口税率变动情况进行了考察，下面将进一步考察20世纪二三十年代，尤其是南京国民政府时期修订的关税政策对于棉纺织工业的保护作用。

关于南京国民政府时期历次税则修订，学界普遍认为，民国二十二年的关税政策是具有显著保护性特点的，而其余几次税则的修订保护性都不够明显。叶松年认为，即使是民国二十三年的税则，亦是“财政作用明显，保护作用不足”①。久保亨亦认为这一税则“对当时国产化急需的机器、五金等商品也提高了税率，在这一点上，可以说财政关税的色彩超过了保护关税”②。

然而就进口机制棉布领域而言，经过上文的考察，这里对民国二十三年税则的保护性提出一些不同看法。据上所述，民国二十三年税则中各种花色机制棉布进口税率与之前历次税则相比有两点显著不同：其一，税率大幅提升；其二，各种漂白、染色、印花棉布的税率远高于原色棉布与其他种类棉布。据第三章可知，在原色棉布领域，20世纪20年代末国产棉布已基本完成对进口棉布的替代。所以到1934年时，其进口棉布以各种成品棉布（主要为漂白、染色、印花棉布）为主。在民国二十二年的税则修

① 叶松年：《中国近代海关税则史》，上海三联书店1991年版，第356页。

② ［日］久保亨著，王小嘉译：《走向自立之路：两次世界大战之间中国的关税通货政策和经济发展》，中国社会科学出版社2004年版，第289页。

订中，各种成品棉布的税率上调尤为显著。① 即使民国二十三年税率与民国二十二年相比，已做出一定程度的下调，但仍可看出其对进口机制棉布市场上占主要份额的各种成品棉布征收远高于其他花色棉布的关税，因此可以认为民国二十三年的关税政策，至少对当时的棉纺织工业是具有较强的保护性的。

通过以上对20世纪二三十年代中国历次税则修订及棉纺织品进口税率变动的考察可以得出结论，在这一时期，随着中国关税自主运动的开展，棉纺织品的进口税率得以突破近百年来“值百抽五”的水平。尤其在南京国民政府成立后，机制棉布进口税率出现大幅提升，并且在1930年后的税则中，占当时进口机制棉布主要份额的各种成品棉布税率远高于其他花色棉布。这标志着中国近代棉纺织工业从“自发的”进口替代进入了“自觉的”进口替代。

二、20世纪二三十年代机制棉布进口量变化

上文系统考察了20世纪二三十年代机制棉布进口税率的变动过程，在20年代末，机制棉布进口税率突破了“值百抽五”的水平，并在30年代出现大幅提升。这一部分将考察与税率变动相对应，各种花色机制棉布进口量在20世纪二三十年代的变化情况。

要进行这一考察，首先需要排除1931年后东北沦陷对机制棉布进口量变化情况的干扰。东北沦陷后，与关内不处于同一关税体系下，因此在考察1931年后全国机制棉布进口量变化时，无法把东北地区包括在内。所以这里对20世纪二三十年代机制棉布历年进口量的统计，只能把东北地区排除在外，仅包括关内地区。

据图4.3可知，在1930年前，全国机制棉布进口总量基本保持稳定，常年进口量在1000万至1200万匹之间。其中原色棉布进口出现大幅下降，

① ［韩］金志焕：《南京国民政府时期关税改订的性质与日本的对策——兼论1933、1934年度中国关税改订与棉业的关系》，载《抗日战争研究》2000年第3期。

据上文可知，在东北以外区域，20 世纪 20 年代末国产原色棉布已经基本完成对进口原色棉布的替代。与之相对，漂白、染色、印花布等成品棉布进口总量在 20 世纪 20 年代呈上升之势，并在这一时期进口机制棉布市场中占据大部分份额。

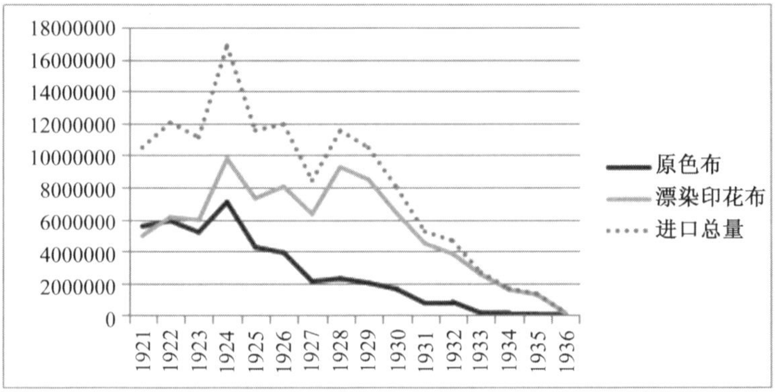

（单位：匹）

图 4.3　1921—1936 年东北地区外全国机制棉布进口总量及原色布、漂染印花布历年进口量

进入 20 世纪 30 年代后，漂白、染色、印花布等成品棉布的进口量出现大幅下降，至 1936 年进口量仅有近 14 万匹，为 1928 年进口量的 1.2%。事实上，这一下降趋势在 1929 年就已出现，结合上文内容可知，这与 1928 年新税则的实行在时间上是相对应的。同时，机制棉布进口总量在 1929 年出现下降，进入 30 年代后下降亦极为剧烈，1936 年仅有 15 万匹进口，为 1928 年的 1.3%。而原色棉布的进口量在 1936 年更是下降至 1 万余匹。

观察图 4.4、图 4.5 可知，1921—1936 年各种花色棉布进口量大多经历了相似的变化。在 20 世纪 20 年代，印花布、印花斜纹布、漂白市布三种商品历年进口量较高，且都经历了一个上升的过程；剪绒与染色市布的进口量变化不明显；虽然由于货物分类方法的变化，羽绫、羽绸的进口量在 20 年代后半段与前半段无可比性，但从 20 年代后半段的历年进口量来看，变化亦不明显。

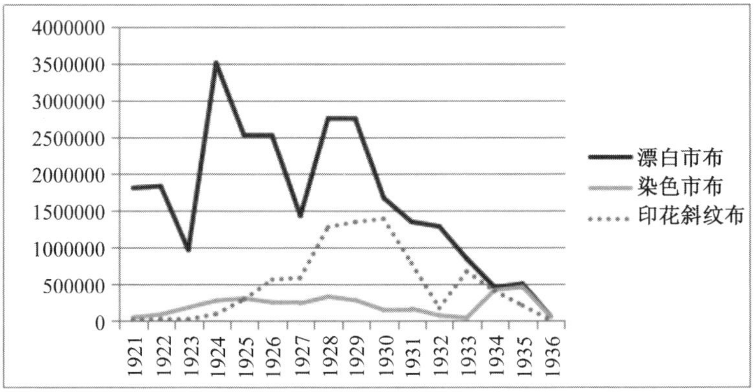

（单位：匹）

图4.4　1921—1936年漂白市布、染色市布、印花斜纹布历年进口量

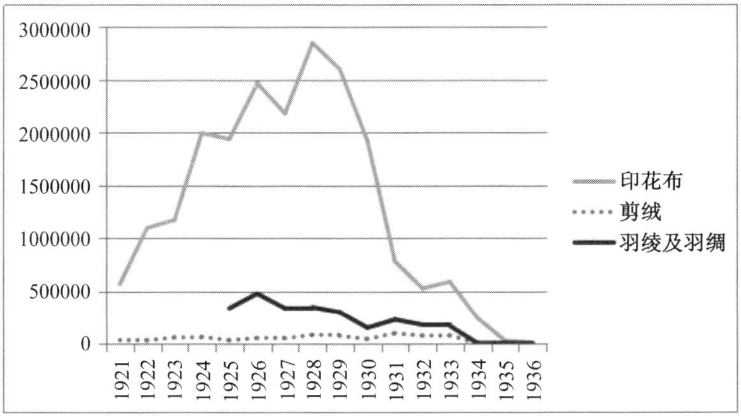

（单位：匹）

图4.5　1921—1936年印花布、剪绒、羽绫及羽绸历年进口量①

印花布、印花斜纹布、漂白市布与染色市布四种商品进口量呈下降趋势皆始于1929年或1930年。在20世纪30年代，除了染色市布进口量在

① 由于1924年前后货物分类方法发生变动，羽绫及羽绸的进口量统计数字前后差异巨大，完全没有可比性，故此处仅统计1924年后两种商品的进口量。

1933—1935 年出现短暂回升，其他三种花色棉布进口量皆出现大幅下降。在 1936 年，漂白市布、染色市布进口量均为 5 万余匹，分别为 1928 年进口量的 1.8%、11.9%，其余各种花色成品布进口量皆在 1 万匹之下。

与上述四种花色成品棉布相比，羽绫、羽绸及剪绒在 20 世纪 30 年代初期的下降趋势并不十分明显，其进口量的大幅下降出现在 1933 年后。参照上文对各种花色机制棉布进口税率的考察，可理解其变化原因。羽绫、羽绸及绒布的进口税率在 1930 年前并不高，在 1928 年税则中三种商品的税率大都在 10% 以下，低于进口机制棉布的平均水平。即使在 1930 年税则中，玄素或染色羽绫、羽绸税率仅分别约为 7%、9%，印花羽绸税率虽在 15% 以上，但实际上进口量很少；绒布税率有所提高，约为 17%，但与其他花色进口棉布相比亦不算高。直到 1933 年税则之后，三种商品的税率才有了大幅提升。这与三种商品在 20 世纪 30 年代进口量的变化趋势亦是相对应的。①

通过这一部分的考察可知，20 世纪二三十年代各种花色机制棉布进口量的变化与上文对机制棉布进口税率的考察结果是相对应的。尤其是各种花色漂白、染色、印花布等成品棉布的进口量变化情况，与其各自税率的变动情况是十分符合的。但 20 世纪 30 年代各种花色机制棉布进口量的大幅下降，是否是当时保护性的关税政策所致，还需要进一步的分析。

三、关税政策对棉纺织品进口量变动作用的进一步考察——以 20 世纪 30 年代伪满洲国的关税政策与实效为参照

上文已述，中国关内各种花色机制棉布进口量在 20 世纪 20 年代末 30 年代初的剧减与进口税率的大幅提高相对应。但由于 20 年代末 30 年代初正处于世界性的经济危机之中，其对国际贸易量可能产生的缩减作用在此

---

① 事实上，这一时期进口税率的提高亦对较高支数的机制棉纱部门产生影响。以丝光纱类进口棉纱为例，在 20 世纪 20 年代末 30 年代初，随着进口税率的提高，丝光纱进口量迅速下降。但由于当时进口机制棉纱所占市场份额已微不足道，故不另做讨论。

时与进口税率提高造成进口量减少的作用相叠加。因此在这一特殊时间段，仅从上述贸易量变化与关税税率变化的对应关系出发，并不足以确实可信地评估南京国民政府修订的关税政策在减少棉纺织品进口中所起到的作用。

据上所述，1931 年东北沦陷后，东北地区各海关相继脱离国民政府，同时实行不同于国民政府的关税政策。通过上文考察亦可得知，伪满洲国进口棉纺织品来源国主要为日本，并且在 1935 年前其所用货币与关内同为银本位，因此可知其在 20 世纪 30 年代与关内面临的棉纺织品国际贸易市场环境是相似的。以下将对 30 年代伪满洲国实行的关税政策及棉纺织品的进口税率进行系统梳理，并对棉纺织品的进口量历年变化情况进行考察。以之为对照，试图对南京国民政府修订的关税政策在减少棉纺织品进口中所起到的作用进行更加可信的评价。

（一）20 世纪 30 年代伪满洲国的关税政策与棉纺织品进口税率变动情况

伪满洲国建立后，在 1933、1934、1935 年分别实行了关税改正政策，它们均为暂定关税政策，之后伪满洲国于 1937 年正式确立了《关税法》。目前学界关于 20 世纪 30 年代伪满洲国关税政策的研究中，高关税壁垒似乎成为研究者们的普遍印象。东北沦陷之初的 1932 年，就有人士对伪满洲国的关税政策做出如下评论：日本嗾使伪满洲国劫夺东北海关关税，原为其预定北进计划之一，企图将东三省与日本打成一个经济单位，以发挥其独占利源的野心。换言之，其劫夺东北关税，目的有二：一为筑起关税壁垒，对外封锁；二为全废出口税，攫取东三省廉价原料。①

此后研究者对伪满洲国关税政策的评价大多与前人观点相近。陈诗启在对东北海关沦陷的论述中，强调伪满洲国劫夺东北关税对国民政府财政造成的严重影响。邱丹丹《伪满洲国赋税制度述评》亦得出了相似的结

---

① 子明：《日本劫夺东北关税之影响》，载《银行周报》第 16 卷第 25 号，1932 年，第 3 页。

论。朱艳《伪满洲国时期的东北海关》一文在强调日伪掠夺关税的同时，对伪满洲国与国统区关税税率做一比较，认为“1932年伪满洲国关税税率约为29.7%，比国民党统治区税率14.5%高一倍多。在关税中以进口税占优势，输出税所占的比重越来越小”①。

事实上，1931年后日本在伪满洲国进口税率的确定上处于一种两难境地，即高税率势必影响日本商品在东北地区的倾销，而低税率势必影响日本扶植下伪满洲国的关税收入。张晓红《伪满洲国的关税政策与民族工业》一文是目前关于伪满洲国历次关税政策变动及棉纺织品税率变化对东北棉纺织业影响这一问题较有代表性的研究成果，该文对这一问题进行了详细的论述。通过对伪满洲国1934年关税政策改正立案及其影响的分析，张晓红对这一关税政策做出了不同于以往学者的评价，认为这项关税政策不能称之为保护政策，其对当时的东北棉纺织业“实际上是一个温和的抑制政策”。② 可见，伪满洲国在1931年后关税政策的实施上，于偏向财政作用的高关税政策与偏向贸易作用的低关税政策之间，采取了较为折中的方案。

关于1931年后伪满洲国历次关税政策中棉纺织品进口税率的水平，张晓红在文中仅对1934年前与1934年部分棉织品的进口税率进行了比较，考察范围稍窄。1937年《关税法》的确立标志着20世纪30年代伪满洲国关税政策的最终确定，而此时的税则中关于棉纺织品的进口税率又有何变化，文中亦未有涉及。以下在张晓红《伪满洲国的关税政策与民族工业》一文研究基础上，对30年代尤其是1937年《关税法》确立后伪满洲国棉纺织品进口税率的变动情况做一系统考察，见表4.14。

---

① 这一数据来源不详。参见朱艳：《伪满洲国时期的东北海关》，载《枣庄学院学报》2007年第6期。

② 关于该关税政策对东北棉纺织业的保护性方面，文中依据当时日方提案资料进行了细致分析，该政策对东北棉纺织业的态度是允许东北棉纺织业有一定发展，但前提是不能给日本棉纺织业产品的出口造成阻碍。参见张晓红：《伪满洲国的关税政策与民族工业》，载《学术研究》2008年第1期。

表4.14　20世纪30年代伪满洲国历次税则修订中棉纺织品进口税率

棉纺织品种类		1934年前	1934年①	1938年②
本色棉纱	25支以下③	20.25%	15.71%	13.39%
	其他	—	—	20.26%
其他棉纱	25支以下	—	—	19.82%
	其他	—	—	17.44%
绸布		—	—	17.43%
绒布		—	—	22.06%
大尺布④		26.87%	19.14%	15.89%
本色棉布	未列名本色棉布1⑤	—	—	17.50%
	未列名本色棉布2⑥	—	—	12.49%
	未列名本色棉布3⑦	—	—	11.12%
印花布	0.3磅/码（40码/匹）	—	—	19.84%
	未列名印花布1⑧	—	—	21.48%
	未列名印花布2⑨	—	—	25.03%
粗布		27.30%	17.55%	—
染色粗细布		10.00%	—	—

① 1934年前与1934年棉纺织品进口税率据张晓红《伪满洲国的关税政策与民族工业》一文整理。

② 1938年税率据《（伪）满洲国关税法别表——输出入比率表》及1938年1月伪满洲国贸易月报所载贸易统计整理所得。两种资料中计量单位均为日文汉字，其中重量单位记作瓩（キログラム），即千克，长度单位记作糎（センチメートル），即厘米，特此说明。参见《（伪）满洲国关税法别表——输出入比率表》，载《盛京时报》1938年1月13日—1938年1月20日。

③ 1934年前及1934年本色棉纱税率为20支棉纱的税率。

④ 系一种手工织布。

⑤ 系一种织幅不超过50厘米之棉布。

⑥ 系一种每码匹重、线数较低之棉布。

⑦ 系一种每码匹重、线数较高之棉布。

⑧ 系一种50—69线/厘米^{2}之印花布。

⑨ 系一种70—99线/厘米^{2}之印花布。

表4.14中对1934年前与1934年各种棉纺织品进口税率的搜集列举虽不完整，但结合1938年各种棉纺织品的进口税率，可以对整个20世纪30年代伪满洲国棉纺织品进口税率水平做出评估。

对比表4.13与表4.14中的数据可知，在1934年前，伪满洲国基本沿用了原先国民政府1930年关税税率，仅在其基础上稍加调整，几种棉纺织品进口税率大体在20%以上。与1934年前相比，1934年伪满洲国对棉纺织品进口税率做了较大幅度的下调。在代表伪满洲国关税政策最终确立的1938年税率中，各种花色机制棉纱、棉布及手工织布税率大部分皆在10%至20%之间。

可见，在20世纪30年代，至少在进口棉纺织品领域，伪满洲国并未采取高关税壁垒的政策。与之相反，依据表4.14可知，其税率在整个30年代事实上经历了一个下调的过程。这一状况与张晓红文中得出的结论是相符的。

再次对比表4.13与表4.14中民国时期历次税则修订中各种花色棉布进口税率变动情况可知，在20世纪30年代，南京国民政府管理下的关内地区与伪满洲国管理下的东北地区，关税税率变动方向是完全相反的。对比分别代表两个区域30年代关税调整最终结果的伪满洲国1938年税率与国民政府1934年税率，东北各种花色棉布进口税率大体上仅相当于关内的一半左右。当然，这一差异与30年代南京国民政府和伪满洲国关税政策制定目的不同（南京国民政府：保护政策；伪满洲国：温和的抑制政策）是分不开的。

（二）20世纪30年代伪满洲国棉纺织品进口量变化（1932—1936）

上文对20世纪30年代伪满洲国的关税政策及棉纺织品进口税率变动情况进行了梳理。以下将考察在上述关税政策下，1932—1936年伪满洲国棉纺织品的历年进口量变化情况。

据表4.15可知，伪满洲国机制棉纱进口量在1933年最高，可达21万余关担，随后迅速下降，至1936年，其进口量仅为1933年的三分之一左右。据上文对进口自中国关内、日本机制棉纱消长的考察可知，这一减少与先前在东北市场占主要地位的国产棉纱，在关税壁垒的作用下销售量下降是分不开的。机制棉布进口量在这一时期经历了一个迅速上升的过程，尤其是1934年后，年进口量由之前的400万匹以下迅速上升至1936年的600余万匹。手织棉布进口量总体来看保持稳定，除了1932年，其余年份进口量皆在10万至15万关担之间。

表4.15　1932—1936年伪满洲国各种棉纺织品历年进口量

年份	机制棉纱（关担）	机制棉布（匹）	手织棉布（关担）
1932	104240	2010105	81193
1933	213112	3514746	140105
1934	136824	1898749	111678
1935	67094	3978690	115776
1936	64766	6092103	108293

据表4.16可进一步考察伪满洲国各种花色机制棉布历年进口量变化情况。其中除了1934年，原色棉布进口量在1932—1936年间基本上呈增长趋势，1936年进口量为312万余匹，明显高于1932年的121万余匹。这一趋势在成品棉布进口量上体现得更加明显，其进口量由1932年的79万余匹增长至1936年的296万余匹，增长幅度巨大。几种主要花色机制棉布历年进口量变化趋势与上述原色棉布、成品棉布亦相同，在1932—1936年间大体上呈持续增长态势，并且在1934年后增长速度最为显著。其中，市布、粗布、细布在1934年前年进口量最多不过170余万匹，在1936年这一数字达到近300万匹；漂白市布在1934年前年进口量不超过40万匹，在1936年达到近90万匹；印花市布在1934年前年进口量最多不过10万余匹，在1936年进口量达到了60余万匹。与上文所述伪满洲国棉纺织品进口税率相对比，这一趋势与1934年后棉纺织品进口税率的持续下调是对应的。

表4.16　1932—1936年伪满洲国主要花色机制棉布历年进口量

单位：匹

年份	原色棉布	成品棉布	市布、粗布、细布	漂白市布	印花市布
1932	1213694	796411	1142972	194858	87293
1933	2254218	1260528	1783354	363274	104570
1934	919969	978780	842503	275718	68159
1935	2155049	1823641	1938654	501519	468481
1936	3126926	2965177	2862711	894081	636020

据图4.6可清晰地了解1930—1936年间关内地区与东北地区机制棉布进口量和进口税率变动情况。东北沦陷后，伪满洲国“掌控”下的东北地区与南京国民政府管辖下的关内地区机制棉布进口税率向着不同的方向变动。1934年后，东北地区各种机制棉布的平均进口税率已不足关内地区的一半。同时，1931年后两区域的机制棉布进口量变化趋势完全相反，东北地区机制棉布进口量呈上升趋势，并在1933年超过整个关内地区的进口量。相比之下，关内的机制棉布进口量持续下降，在1936年，其进口量甚至仅有东北地区的2.5%。

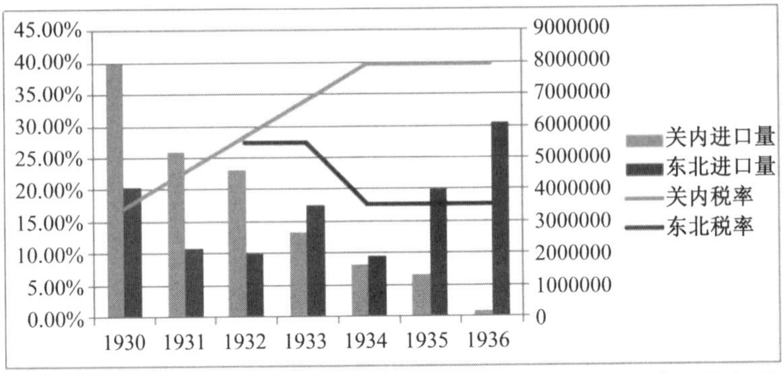

(单位:进口量为匹)

图4.6　1930—1936年关内地区与东北地区机制棉布进口量和平均进口税率比较①

① 关内进口量与东北进口量参照右边纵轴，关内税率与东北税率参照左边纵轴。

通过以上分析可知，1931年后东北地区与关内地区机制棉布进口量的变化趋势完全相反，其变化趋势分别与各自在这一时期的关税政策变化、棉纺织品进口税率的变动一致。

本节通过对国民政府、伪满洲国关税政策及棉纺织品进口贸易变化的考察，可较为确切地对20世纪二三十年代中国关税自主运动在棉纺织品进口量的削减中起到的作用做出评价。

在历次税则修订中，各种花色机制棉布进口税率逐渐提高（仅考察关内地区），在20世纪30年代后，这一趋势尤为明显，并体现出了很强的针对性与保护性。随着税率的提高，各种花色机制棉布的进口量自1929年起出现下降趋势，进入20世纪30年代后，下降速度加快，至1936年，各种花色机制棉布进口量与20世纪20年代末相比已显得微不足道。而对1931年后伪满洲国关税政策与棉纺织品进口量变化情况的考察结果说明，并没有充分理由认为1931年后中国关内地区各种花色机制棉布进口量的下降是由世界性经济危机所致。至此可认为，20世纪二三十年代中国的关税自主运动，尤其是国民政府时期的历次税则修订，对20世纪30年代机制棉布进口量的大幅下降起到了重要作用，对当时中国棉纺织工业的保护亦有重要意义。

第三节　“自觉的”进口替代下中国棉纺织工业的发展状况

据上所述，1931年东北的沦陷一定程度上导致了中国棉纺织工业产品销售市场的缩小，为其发展带来了一定的打击。而1929—1936年间，保护性关税政策的逐渐确立使得机制棉布进口量急剧下降，这无疑又为当时棉纺织业，尤其是机制棉布部门带来了巨大的需求，为棉纺织工业的发展带来了契机。① 在20世纪30年代这种危机并存的市场环境下，国产机制棉

① 关于这一点，学术界的讨论如本章开头所述。

布对进口产品的替代在总体上及各个区域市场分别达到了什么样的水平？同时，各种资本来源类型的棉纺织厂商在国产机制棉布市场新一轮的扩张中各做出了怎样的贡献？在保护性的关税政策下，与棉纺织相关的工业，特别是与各种成品棉布生产相关的印花、染织工业的发展情况又如何？本节将对以上问题进行研究。

一、1930 年前后棉织品的市场层次及供给格局——以江苏省①为例

在对 20 世纪 20 年代末至 1936 年棉纺织品市场进行讨论之前，首先有必要对当时国产机制棉布生产厂商类别及产品结构做一分析。下面以全国机器棉纺织工业最为发达的江苏省为例来对这一问题进行考察。

据 1930 年前后对江苏省棉织业的调查，当时厂商可分为四类：一为小厂，"以条格布为主要产品。每家有人力机数部至数十部不等"。此种小厂主要分布在江苏内地，上海亦不少，事实上属于手工棉织业的范畴。二为丝光棉织厂，主要分布于上海、无锡、武进、江阴各地。产品以"丝光线呢为主，如棉直贡呢、各色线呢、府绸、毛衣呢、漂染细布、粗细斜纹等"，主要为各种成品棉布。三为大染织厂，"以染布为主要产品。江苏计上海有五家、无锡一家、武进一家"。该种厂商"除自织自染外，多兼营染色整理事业，其本厂所产布坯，不及所用之半数"。四为白货（原色棉布）棉织厂，"即附属于纱厂内之布厂……为完全之近代工业"。②

就其产量而论，上海各种棉织厂出产产品"以白货棉织厂最多，丝光棉织厂次之，大染织厂次之，小厂最少"。无锡各厂出品以条格布最为普遍，但机制棉布中仍以粗细斜纹布最多，和厂布叠加可占总量十分之三

---

① 虽然 1927 年南京国民政府确立上海为特别市，将其从江苏省分出，但因为《中国实业志》对 1930 年左右江苏省棉织业的调查仍包括了上海，故此处亦将上海棉织业情况列出。

② 实业部国际贸易局编印：《中国实业志·江苏省》第八编，1933 年，第 39 页。

四，此外，各种花色成品棉布亦有产额。①

表4.17为1930年前后上海、江阴、武进、常熟四地主要花色棉布年产额。据前文所述，其中条格布属手织棉布范畴，各色粗布、细布、斜纹布属原色棉布范畴，其余花色棉布属成品棉布范畴。

表4.17　1930年前后上海、江阴、武进、常熟四地主要花色棉布年产额

单位：匹

棉布种类	上海	江阴	武进	常熟
条格布	60000	—	—	48000
匹染布	500000	—	—	—
丝光布	600000	—	—	—
各色布（原色布）	3900000	—	—	—
粗细斜纹布	—	71000	700000	38000
漂白条格布	—	28000	20000	—
冲直贡呢	—	63500	—	—
绒布	—	47000	—	18000
印花条格斜纹布	—	—	50000	—
细布	—	—	30000	—

资料来源：实业部国际贸易局编印：《中国实业志·江苏省》第八编，1933年，第59～61页。

据表4.17及上文所述可知，在1930年前后，上海、江阴、武进、常熟及无锡等地的机制棉布产量皆以纱厂附设布厂所产原色棉布最多，并且原色棉布之产量远超主营漂染、印花之各类印染厂所产布坯量，亦远超各

① 实业部国际贸易局编印：《中国实业志·江苏省》第八编，1933年，第59页。

类厂商漂染、印花棉布之加工能力。至此可把1930年前后棉布市场层次及供给格局总结为下图：

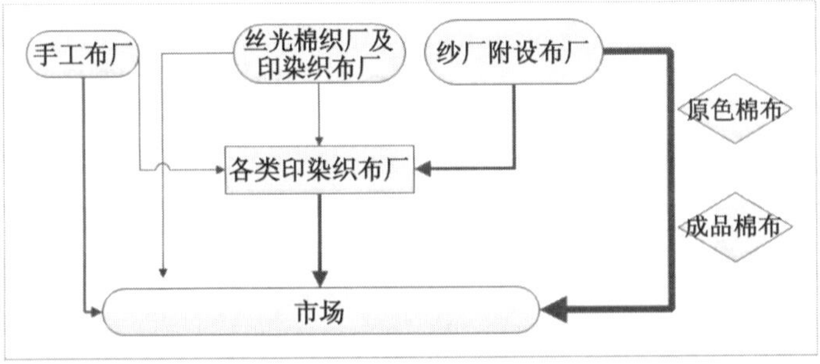

图4.7　1930年前后棉布市场层次及供给格局示意图

结合图4.7，接下来我们将对纱厂附设布厂与中小型布厂、染织厂在20世纪30年代保护性关税政策中各自的获益情况做出推测。保护性关税政策使得进口棉布，尤其是之前在其中占主要份额的各类漂白、染色、印花布等成品棉布销量骤减，这无疑给与成品棉布相关的机器印染行业带来了发展契机。

而分析当时各类棉布的供给格局后可发现，各类印染织布厂自身产布量极为有限，严重依赖于纱厂附设布厂的原色棉布供给。进入20世纪30年代后，虽然各类成品棉布市场出现了巨大的需求，但是在生产原料环节已节省交易成本的大型纱厂附设布厂在机制棉布领域占有了绝对优势地位，而且机制棉布生产行业的准入门槛很高，各类从事印染加工行业的厂商想要在机制棉布生产部门扩大业务并非易事。同时，各类原色棉布对成品棉布有着一定的替代效应，加之在各地市场普遍存在的手工布厂对之构成的竞争效应，因此，就机制棉布生产部门而言，纱厂附设布厂在这一保护性关税政策中的获益是要大于从事布匹印染加工业务的中小型布厂、染织厂的。而与机制棉布生产部门相比，中小型布厂、染织厂的生产将进一步倾向于印花、漂染等布匹加工部门，并在这些部门获得较显著的发展。在以下各部分的考察中，我们将证明以上的推测是否属实。

二、1929—1936 年关内及各区域机制棉布销售市场的整合

这一部分将对 1929—1936 年间在贸易环境出现重大变化的情况下，全国及各区域机制棉布市场的整合情况做出考察。其研究范围是东北以外的关内地区。

（一）1929—1936 年关内国产、进口机制棉布消费量消长情况

1929—1936 年关内国产、进口机制棉布消费量消长情况如表 4.18 所示。

表 4.18　1929—1936 年国产、进口机制棉布消费量消长情况及国产机制棉布所占比重

单位：匹

年份	进口机制棉布消费量	国产机制棉布消费量	机制棉布消费总量	国产机制棉布消费量所占比重
1929	10468790	10146607	20615397	49.22%
1930	7981240	12472488	20453728	60.98%
1931	5205355	16920473	22125828	76.47%
1932	4638007	18555620	23193627	80.00%
1933	2665009	21573861	24238870	89.01%
1934	1643929	24588577	26232506	93.73%
1935	1307989	25814091	27122080	95.18%
1936	150549	30021722	30172271	99.50%

据表 4.18 可知，在 1929—1936 年间，国产机制棉布消费量增长迅速，1936 年的消费量已接近 1929 年的 3 倍，年均增长率达 16.76%。其在机制棉布市场占有率亦迅速提高，从 1929 年的 50% 以下迅速上升至 1936 年的将近 100%。而机制棉布消费总量在这一时期呈缓慢上升之势，1936 年的消费量仅为 1929 年的 1.5 倍左右，年均增长率仅为 5.59%。结合表 4.18 中的数据可以推测，20 世纪 30 年代关税政策带来的机制棉布的巨大需求，

成为这一时期中国棉纺织工业在机制棉布生产领域发展的重要动力。①

（二）1929—1936 年关内各区域国产、进口机制棉布消费量消长情况

1929—1936 年关内各区域各类国产、进口机制棉布消费量消长情况如表 4. 19 至表 4. 24 所示。

表 4. 19 1929—1936 年华北地区国产、进口机布消费量消长情况及国产机布所占比重

单位：匹

年份	进口总量	进口原色布	进口成品布	国产总量	总消费量	国产比重
1929	2621033	757194	1863839	4250012	6871045	61. 85%
1930	2100339	507453	1592886	4664111	6764450	68. 95%
1931	1354287	282990	1071297	5932550	7286837	81. 41%
1932	1035685	211154	824531	7981138	9016823	88. 51%
1933	742275	97129	645146	5936913	6679188	88. 89%
1934	582028	36048	545980	7495919	8077947	92. 79%
1935	469695	26251	443444	8777027	9246722	94. 92%
1936	48092	4152	43940	10868642	10916734	99. 56%

说明：这里并未考虑 1935 年底至 1936 年日本对华北地区武装走私所涉及棉布输入量。据当时《时事月报》，1936 年头四个月抵达天津附近的走私货物以砂糖、卷烟与人造丝最多，布匹为 15000 包（参见姚会元：《1933 年—1936 年日本在华北的走私活动》，载《中国社会经济史研究》1986 年第 1 期）。一包以 20 匹计算，共计 30 万匹，全年记作 90 万匹，加上海关统计记载之输入量共计 94 万余匹。且不论该数据之真实性，94 万余匹的进口量仍未达到 1933 年前的水平，其占总消费量比重尚不足 10%。

---

① 从表 4. 18 中可知，1929—1936 年机制棉布进口量下降创造出超过 1000 万匹的需求，总消费量增长创造出 900 余万匹的需求。由于 1936 年市面好转同样带来棉布消费量的激增，因此是年可能不代表常年状况。进一步考察 1935 年情况，机制棉布进口量下降创造出 900 余万匹的需求，总消费量增长创造出 650 万匹左右的需求。同时据前文知，这里统计的 20 世纪 30 年代的国产机制棉布占到总产量的七成有余，而统计的主要花色进口机制棉布仅占总进口量的 50% 左右（根据 1930、1936 年统计数字计算而来）。因此，实际上机制棉布进口量下降所创造的需求与总消费量增长创造出的需求，相比表中数据还要更高，这一事实同样应适用于以下分区域的讨论之中。根据这里以纱厂附设布厂机制棉布消费量与主要花色进口机制棉布消费量为样本进行的粗略比较，初步推断这一时期中国棉纺织工业在机制棉布生产领域发展动力中，进口量下降创造出的需求要大于总消费量增长创造出的需求。

表4.20　1929—1936年华东地区国产、进口机布消费量消长情况及国产机布所占比重

单位：匹

年份	进口总量	进口原色布	进口成品布	国产总量	总消费量	国产比重
1929	1928976	262295	1666681	1043171	2972147	35.10%
1930	898387	235545	662842	4420580	5318967	83.11%
1931	531956	117968	413988	4778588	5310544	89.98%
1932	637291	116670	520621	7767483	8404774	92.42%
1933	793553	29897	763656	10512176	11305729	92.98%
1934	210249	11353	198896	10702719	10912968	98.07%
1935	104748	3487	101261	12977058	13081806	99.20%
1936	66283	4934	61349	14935846	15002129	99.56%

表4.21　1929—1936年华中地区国产、进口机布消费量消长情况及国产机布所占比重

单位：匹

年份	进口总量	进口原色布	进口成品布	国产总量	总消费量	国产比重
1929	1371535	197695	1173840	1900409	3271944	58.08%
1930	795748	117100	678648	1595519	2391267	66.72%
1931	605597	53572	552025	2862621	3468218	82.54%
1932	291789	46216	245573	2244730	2536519	88.50%
1933	322132	11216	310916	2977692	3299824	90.24%
1934	122528	4714	117814	2836604	2959132	95.86%
1935	61473	1148	60325	2143929	2205402	97.21%
1936	29849	1759	28090	2674745	2704594	98.90%

表4.22　1929—1936年华南地区国产、进口机布消费量消长情况及国产机布所占比重

单位：匹

年份	进口总量	进口原色布	进口成品布	国产总量	总消费量	国产比重
1929	329057	78095	250962	1008648	1337705	75.40%
1930	383523	56333	327190	1459789	1843312	79.19%
1931	238386	24678	213708	1743092	1981478	87.97%
1932	106569	30437	76132	2023427	2129996	95.00%
1933	62828	8351	54477	2108036	2170864	97.11%
1934	21157	6910	14247	1317945	1339102	98.42%
1935	14569	1744	12825	1754851	1769420	99.18%
1936	5311	374	4937	1592216	1597527	99.67%

表4.23　1929—1936年西南地区国产、进口机布消费量消长情况及国产机布所占比重

单位：匹

年份	进口总量	进口原色布	进口成品布	国产总量	总消费量	国产比重
1929	610897	64812	546085	293320	904217	32.44%
1930	443195	26055	417140	298309	741504	40.23%
1931	264649	8950	255699	483585	748234	64.63%
1932	27974	4161	23813	506725	534699	94.77%
1933	15428	1024	14404	517932	533360	97.11%
1934	12539	864	11675	583099	595638	97.89%
1935	5641	14	5627	1001837	1007478	99.44%
1936	1908	5	1903	1910599	1912507	99.90%

表4.24　1929—1936年西北地区国产、进口机布消费量消长情况及国产机布所占比重

单位：匹

年份	进口总量	进口原色布	进口成品布	国产总量	总消费量	国产比重
1929	731915	169423	562492	241589	973504	24.82%
1930	555307	107490	447817	301842	857149	35.21%
1931	381751	57034	324717	334653	716404	46.71%
1932	197966	36815	161151	428517	626483	68.40%
1933	135885	15789	120096	444433	580318	76.58%
1934	110449	6595	103854	474130	584579	81.11%
1935	64063	3708	60355	471055	535118	88.03%
1936	9180	637	8543	589796	598976	98.47%

表4.19至表4.24呈现出1929—1936年关内各区域国产、进口机制棉布消费量的消长情况。在短短数年中，国产机制棉布在各个区域皆基本完成了对进口产品的替代，到1936年，其市场占有率在各个区域都可达到98%以上，其对进口产品替代的彻底程度可见一斑。其间，华北、华东、华中、华南、西南、西北国产机制棉布消费量的年均增长率分别为：14.35%、22.50%①、5.00%、9.67%②、22.72%③、13.60%④。而各区

① 这里需要说明的是，华东地区棉布进口数据与产量数据在20世纪20年代末波动较大，因此，其年均增长率由1936年与1930年相比得出。在20年代中后期国产棉布常年消费量约为400万匹，进口棉布常年消费量约为100万匹，以之计算出的这一增长率亦较为相近。下文机制棉布总消费量年均增长率也是如此。

② 华南地区1936年国产机制棉布消费量出现明显下降，故此处其年均增长率由1929年与1935年相比得出。下文机制棉布总消费量年均增长率也是如此。

③ 西南地区1936年国产机制棉布消费量高于1935年近两倍，不能反映常年情况，故此处其年均增长率由1929年和1935年相比得出。下文机制棉布总消费量年均增长率也是如此。

④ 结合第三章20世纪20年代各区域国产机制棉布进口替代情况可知，西南与西北区域这一年均增长率较高与先前进口机制棉布市场占有率较高有关。而从下文中两地机制棉布总消费量年均增长率数字来看（西南为1.82%，西北为负值），这一点亦可得到印证。

域中仅华北、华东、西南、华南机制棉布总消费量呈增长态势，年均增长率分别为6.84%、18.87%、1.82%、4.77%，而华中、西北两区域年均增长率为负。[①] 结合各表中数据，可知上文中对这一时期整个关内地区国产机制棉布消费量增长动力做出的推测在这里得到了进一步证实，对进口产品的替代是各区域这一时期国产机制棉布消费量增长的重要动力，并且在绝大部分区域（华中、西北、西南、华南），这一动力是起主要作用的。

（三）20世纪二三十年代各区域机制棉布消费情况

在上文以及第三章中对各区域进口、国产机制棉布消费量消长情况研究的基础上，这里可对20世纪二三十年代各区域机制棉布的消费总量以及人均消费量做一粗略考察。表4.25中数据根据上文及第三章相关内容汇总得出。

表4.25　1921—1936年全国各区域机制棉布历年消费量

单位：匹

年份	华北	华东	华中	华南	西南	西北	东北
1921	4799950	1510309	2000221	710635	770971	994762	4565821
1922	6009355	6157645	2634184	810796	761389	1278512	5523231

① 对这些数字的解读需注意，华北、华东两区，尤其是华东棉布进口下降量远小于国产机制棉布消费增加量。但这里根据海关埠际出口数据对20世纪30年代华北、华东两区域国产机制棉布消费量的推算是偏多的。由于20世纪二三十年代以铁路为代表的新式陆路交通方式的兴起，商品销售运输途径增多，而海关统计中仅记载通过海关以河运、海运方式为主所运销的货物量。这一点从海关统计中棉纺织品运销量与产量之比可以看出。在20年代，这一比值呈持续增加之势，在20年代末，这一数字可达80%以上。而进入30年代，这一比值出现回落，在1936年仅为35%。华北、华东地区地处新式铁路交通枢纽，所产机制棉布必有越来越多的部分通过铁路运往外埠，这在海关统计中是难以反映出的。相对而言，同为棉纺织业集中地的华中（汉口），由于地处传统水路交通枢纽，且机制棉布产量远小于上海，这一交通变革为棉纺织品运销方式带来的影响相对来说并不严重。这一点从正文中一系列的数字中亦可以得到印证。华北、华东地区，尤其是华东无论是国产机制棉布消费量年均增长率还是机制棉布总消费量年均增长率，都明显高于全国平均水平，并且棉布进口下降量小于国产机制棉布消费增加量，其中部分原因为上述运销方式变革导致统计出现偏差。

（续表）

年份	华北	华东	华中	华南	西南	西北	东北
1924	5724095	6175444	3145311	887250	845311	1211658	3775602
1925	5382637	7504936	2590583	677697	602937	1002812	4724716
1927	5060021	5177376	2582950	1099390	655495	640717	4990089
1928	5943195	4378728	3539379	1206145	914436	1070576	5332563
1929	6871045	2972147	3271944	1337705	904217	973504	5179319
1930	6764450	5318967	2391267	1843312	741504	857149	4346754
1931	7286837	5310544	3468218	1981478	748234	716404	2392190
1932	9016823	8404774	2536519	2129996	534699	626483	—
1933	6679188	11305729	3299824	2170864	533360	580318	—
1934	8077947	10912968	2959132	1339102	595638	584579	—
1935	9246722	13081806	2205402	1769420	1007478	535118	—
1936	10916734	15002129	2704594	1597527	1912507	598976	—

以下在表4.25的基础上加上全国其余港口机制棉布进口量，并借用同期人口调查数据，对各区域的人均机制棉布消费量做出估算，见表4.26。

表4.26　1928年全国各区域人均机制棉布消费量及占棉布消费量比重

区域	东北	华北	西北	华东	华南	华中	西南
人均消费量(匹)	1.74	0.45	0.35	0.65	0.20	0.27	0.09
所占比重	87.00%	22.50%	17.50%	32.29%	10.19%	13.62%	4.50%

资料来源：侯杨方：《中国人口史·1910—1953年》，复旦大学出版社2001年版，第256~257页；徐新吾主编：《江南土布史》，上海社会科学院出版社1992年版，第218页。

说明：据徐新吾估算，1936年全国人均棉布消费量为2标准土布匹，这里姑且认为1928年的人均消费量与之相当。鉴于各区域人均棉布消费量数据难以获得，这里仅用全国人均消费量来估计比重。另外，表中人均消费量已换算为标准土布匹额。

表4.26中数字亦是依据不完全统计得出。经计算，在主要花色进口机制棉布的统计中，1928年机制棉布进口量占总进口量的60%左右。再依照徐新吾对20世纪30年代纱厂附设布厂所产机制棉布占全国机制棉布总产量74.07%的估计，这里对各区域人均机制棉布消费量及所占比重重新估算得出表4.27。

表4.27　1928年全国各区域人均机制棉布消费量及占棉布消费量比重（修正）

区域	东北	华北	西北	华东	华南	华中	西南
人均消费量(匹)	2.68	0.67	0.56	0.95	0.29	0.40	0.14
所占比重	133.80%	33.27%	27.90%	47.56%	14.74%	20.21%	7.07%

严中平曾对20世纪30年代初机制棉布消费量占棉布消费总量比重做过详细测算，认为这一比重大约为29%（以码为单位估计）或40%（以方码为单位估计）。[①] 但据表4.26、表4.27可知，这一比重仅能代表全国平均水平，各区域间这一比重差异巨大。在东北地区，机制棉布消费量占棉布消费总量份额最大。[②] 在华北、华东、西北三地，机制棉布消费量所占份额与严中平估计的水平较为接近。其他区域则小于这一水平。

这里对此问题加以说明的意义在于，在对全国各区域市场国产机制棉布替代进口产品进行考察的同时，不能忘记机制棉布消费量在当时棉布市场上所占的份额，在各个区域间本身便是有着巨大差异的。这一差异在一定程度上亦反映了当时机制棉布在全国各区域普及程度的差异。

把表4.26、表4.27中的数字与第二章表2.20进行对比，可发现相比19

① 严中平：《中国棉纺织史稿》，商务印书馆2011年版，第393页。

② 全国各区域人均棉布消费量各不相同，但因此数据难以获得，表4.26、表4.27中均用全国人均棉布消费量来代替。正因如此，在东北地区，这一比重超过100%。因此，并不能认为在东北地区机制棉布相对于土布已获得绝对优势。这里认为东北地区机制棉布消费量所占份额最大，亦是考虑到其人均消费量远远大于全国其他区域。

世纪末，20 世纪二三十年代各区域人均机制棉布消费量虽有所增加，其所占比重亦有所提高，但和 19 世纪末北方多于南方、沿海多于内地的整体消费格局相比大体上没有变化。并且就消费量的变化幅度而言，除了华东、东北、西北地区，其他地区这一变化甚至不算明显。这说明国产机制棉布大体上沿袭了进口机制棉布拓展的市场，在新需求的拓展上成就有限。

三、新关税政策下不同资本来源类型棉纺织厂商的受益比较

进入 20 世纪 30 年代，中国棉纺织工业在机纱与机布领域呈现出不同的发展态势。

据图 4.8 可知，在 1929 年后，纱锭数量增长陷入停滞，而产纱量更是呈历年下降趋势，结合第三章的考察可知，这与 20 世纪 20 年代机制棉纱生产部门的发展趋势是不同的。而在机制棉布部门，这一时期布机总数与产布量皆出现明显的增长。

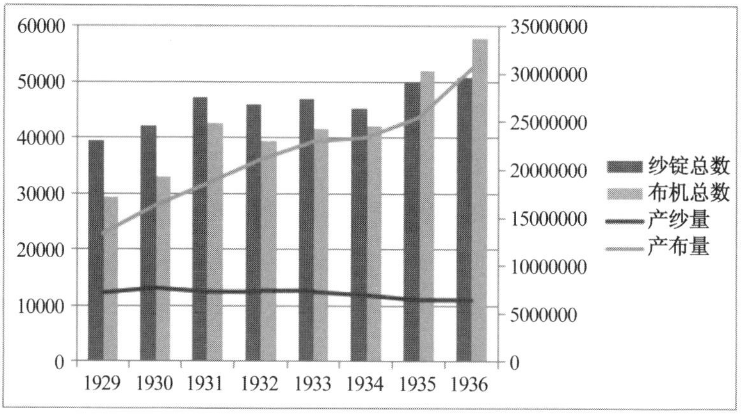

（单位：纱锭总数为百枚，布机总数为台，产纱量为关担，产布量为匹）

图 4.8　1929—1936 年全国纱锭总数、产纱量及布机总数、产布量①

严中平在《中国棉纺织史稿》中对这一现象亦有所注意，他认为 20

① 这里纱锭总数与布机总数参照左边纵轴，产纱量与产布量参照右边纵轴。

世纪30年代机制棉纱价格相对机制棉布下跌更为显著，并以之说明当时机制棉纱部门与机制棉布部门这一相异的发展趋势。同时，推测当时机制棉布进口量下降对机制棉布部门发展起到了促进作用。①

在这一全国趋势下，当时不同资本来源类型棉纺织厂商，在机制棉纱、棉布领域的发展趋势各自呈现出怎样的特征，还需进一步的考察。

（一）1929—1936年不同资本类型厂商发展状况分析

据表4.28可知，1929—1936年间华商、日商、英商纱厂产纱量变化皆呈现出与20世纪20年代相异的趋势。其中，华商纱厂产纱量增长停滞，除了1932—1934年，其他年份年产量皆在140万至150万包之间。日商纱厂产纱量出现较明显下降，年产量由1930年前后的约80万包下降至30年代中期的50万至60万包。英商纱厂产纱量变化趋势亦与日商相似。

表4.28 不同资本类型厂商历年纱锭数量与产纱量

单位：纱锭数量为枚，产纱量为包

年份	华商		日商		英商	
	纱锭数量	产纱量	纱锭数量	产纱量	纱锭数量	产纱量
1929	2293178	1439179	1493248	723963	156320	85714
1930	2403615	1484707	1632124	823437	177228	96378
1931	2787130	1428038	1757248	806184	170610	50000
1932	2562035	1665603	1840689	565640	183196	92000
1933	2686320	1640319	1809490	563717	184903	80223
1934	2711836	1595401	1810400	580453	—	—
1935	2846661	1434537	1901254	547691	227148	41000
1936	2737254	1435708	2104068	543092	241336	38237

① 严中平：《中国棉纺织史稿》，商务印书馆2011年版，第293~295页。事实上，这一时期机制棉布、棉纱价格变动亦可以用机制棉布进口量下降带来的供求关系变化解释。相对而言，由于20世纪20年代末进口机纱的市场占有率已微不足道，其进口量下降带来的影响并不明显。

据表4.29可知，1929—1936年间华商、日商产布量皆出现较大幅度的增长，其中，华商工厂1936年产布量约为1929年的1.7倍，年均增长率为7.50%。日商工厂1936年产布量约为1929年的2.9倍，年均增长率达16.26%。英商工厂产布量在20世纪30年代中期出现下降，其产额亦远少于华商与日商工厂。

表4.29 不同资本类型厂商历年布机数量与产布量

单位：布机数量为台，产布量为匹

年份	华商		日商		英商	
	布机数量	产布量	布机数量	产布量	布机数量	产布量
1929	16005	6627533	11382	6631677	1900	1746980
1930	16298	6833093	14087	7588367	2480	1800000
1931	20599	8211229	19296	8429581	2691	1850000
1932	19090	10340091	17592	8823825	2891	1840482
1933	19810	9040029	19026	11984028	2890	1746980
1934	21673	9096406	20407	14202968	—	—
1935	24911	8947850	23127	15368750	4021	1075000
1936	24923	10992150	28915	19033600	4021	452075

由此可知，在20世纪30年代机制棉布进口量锐减、国产棉布需求量迅速扩大的市场形势下，民族资本厂商与日资厂商皆在机制棉布生产领域获得一定程度的发展。据表4.29可知，华商工厂与日商工厂所产机制棉布市场占有率在1930年前后尚能平分秋色，但至1936年，日商工厂所产机制棉布量几乎达到华商工厂的两倍。因此，日资厂商在这一有利市场形势中的受益大于民族资本厂商，其对这一时期机制棉布进口替代的贡献亦大于民族资本厂商。

（二）新关税政策下不同资本来源类型棉纺织厂商的受益情况

不同资本来源类型厂商受益于新关税政策的程度亦不相同，相比于民族资本厂商，资本力量较为雄厚的日资厂商无疑更易于抓住这一发展机遇，从而在机制棉布部门扩大生产。① 这也可以解释为什么日资厂商在20世纪30年代机制棉布领域的发展远超民族资本厂商。

为了进一步说明这一问题，表4.30对全国棉纺织厂商1936年产纱、产布量与1929年相比增长情况进行不完全统计。②

表4.30　全国部分棉纺织厂商1936年比1929年产纱、产布量增长情况

单位：产纱量为包，产布量为匹

省区	县市	厂名	资本来源	产纱量增长	产布量增长
上海	上海	振泰	华	11546	262575
上海	上海	振华	华	-9000	—
江苏	无锡	豫康	华	4650	—
河南	郑州	豫丰	华	7874	138815
安徽	芜湖	裕中	华	-14000	—
江苏	常熟	裕泰	华	-9761	—
湖北	武昌	裕华	华	17217	-76475
上海	上海	裕丰	日	-10441	55915
河北	天津	裕大	华	20937	—
上海	上海	永安一	华	-3992	-3475
上海	上海	永安三	华	-456	-76075
上海	上海	永安二	华	-9801	-62304
江苏	无锡	业勤	华	—	—
上海	上海	协丰	华	-450	—

① 1931年民族资本棉纺织厂商厂均资本额为1223561两，日资厂商为9528457两；1936年民族资本棉纺织厂商厂均资本额为1140681两，日资厂商为26418451两。据1931、1936年《中国纱厂一览表》统计数据计算得出。

② 其间厂商合并、闭歇及统计格式变化导致对一部分厂商无从统计。

（续表）

省区	县市	厂名	资本来源	产纱量增长	产布量增长
上海	上海	同昌	华	－1926	—
上海	上海	纬通	华	6912	—
上海	上海	统益	华	－11023	—
上海	上海	同兴一	日	15530	1060830
浙江	杭州	通益公	华	－7180	30050
浙江	萧山	通惠公	华	1136	—
江苏	常州	通成	华	1952	20600
湖北	汉口	泰安	日	－7172	132975
江苏	苏州	苏纶	华	14522	357525
上海	上海	申新一	华	26604	367105
上海	上海	申新五	华	－24420	—
湖北	汉口	申新四	华	19090	421900
上海	上海	申新七	华	31271	336600
上海	上海	申新二	华	－17866	—
上海	上海	申新八	华	9049	－360000
江苏	无锡	申新三	华	12693	329775
上海	上海	上海四厂	日	－2197178	2362568
湖北	沙市	沙市	华	16739	—
江苏	无锡	庆丰	华	36768	506125
上海	上海	溥益一	华	－12617	—
山东	青岛	内外棉六、十、十二	日	9000	—
上海	上海	内外棉九厂	日	－1140000	3465600
上海	上海	民生	华	－9000	—
山东	青岛	隆兴	日	13659	9720

（续表）

省区	县市	厂名	资本来源	产纱量增长	产布量增长
江苏	江阴	利用	华	5265	—
江苏	太仓	利泰	华	10219	—
上海	上海	经纬	华	-6000	—
山西	榆次	晋华一、二	华	23239	258400
河北	唐山	华新	华	-494	335700
山东	青岛	华新	华	7290	—
河南	卫辉	华新	华	1995	—
湖南	长沙	湖南	华	8448	85125
湖北	武昌	湖北	华	-54300	-400000
上海	上海	鸿章	华	-495	52775
河北	天津	恒源	华	-12872	7591
上海	上海	恒丰	华	-28756	-437355
上海	上海	恒大	华	16324	—
浙江	鄞县	和丰	华	-7915	—
湖北	武昌	汉口一	华	-133943	-245175
河南	安阳	广益	华	5840	—
江苏	无锡	广勤	华	5184	8050
上海	上海	公益	英	21107	39725
上海	上海	公大一、二	日	12157	872150
山东	青岛	富士	日	-11378	-281850
山西	新绛	雍裕	华	7662	107300
上海	上海	丰田二	日	14993	1151400
上海	上海	东华一、二、三	日	29819	—
山西	新绛	大益成一、二	华	13371	266650

（续表）

省区	县市	厂名	资本来源	产纱量增长	产布量增长
河北	石家庄	大兴	华	8948	177803
江苏	崇明	大通	华	1384	—
江苏	南通	大生一	华	33309	247225
江苏	海门	大生三	华	-2894	-9149
江苏	南通	大生副	华	-644	159300
江苏	启东	大生二	华	-22900	-67100
上海	上海	大康一、二	日	-24144	860700
山东	青岛	大康三	日	3112	1643550
上海	上海	大丰	华	-6419	-111500
江苏	常州	大成一、二、三	华	8384	778025
上海	上海	崇信	华	6430	—
河南	武陟	钜兴	华	1551	—
河北	天津	北洋	华	-8666	—
上海	上海	宝兴	华	12662	112400
山东	青岛	宝来	日	10605	—

据表4.30可见，与1929年相比，1936年由机制棉纱部门向机制棉布部门转型是棉纺织工业各厂商的普遍趋势。表中统计77家厂商平均年产机制棉纱增长量为-42359.17包，机制棉布增长量为209747.73匹。而其中日资厂商平均机制棉纱增长量为-234388.43包，机制棉布增长量达874867.92匹，由纺业向织业的转型幅度远高于全国平均水平。

上文对进入20世纪30年代后不同资本来源棉纺织厂商的各自发展情况进行了讨论，可见在新关税政策为国产机制棉布生产领域带来有利市场形势的条件下，从资本来源类型来看，与民族资本厂商相比，资本实力更加雄厚的日资厂商更好地把握了这一时机，生产领域从纺业向织业大幅转型，其受益要大于民族资本厂商。

四、20世纪二三十年代印花、染织棉布工业发展情况

印花、染织棉布工业的发展与这一时期受进口税率提高影响的漂白、染色、印花布等各类成品机制棉布密切相关。而据上文对各类棉布市场层次与供给格局的考察可知，之前对纱厂附设布厂的讨论极少涉及印花、染织棉布工业的情况。这里专门对其做一研究。

中国机器染印业发展约始于20世纪20年代中期以后，至1936年，染印工厂仅上海一地“已达二百七十余家之多”。就其生产设备及规模来看，“其中大部分为手工业，机器染印厂，大小合计，不过五十余家”①。关于20世纪二三十年代与成品棉布密切相关的印花、染织棉布工业发展状况的研究成果甚少。在30年代各省实业志调查中虽有染印工业一项，但对于各地染印工厂数量、产量等项的统计极为粗略。严中平在提及30年代染印业及针织业的发展状况时说：“就观感所及，我们确信1932年后所增设之小规模机器织染工厂与针织厂为数极多，尤以上海及京沪沿线各城市为然。”②

虽然由于资料所限，这里无法对20世纪二三十年代全国的印花、染织棉布工业发展情况做出系统考察，但抗战胜利后南京国民政府工商部曾对上海印染工业进行了专门调查，其统计所含内容颇为详尽，包括设立时间、地址、设备数量、产品种类、历史最大产量（每月）及当前产量（每月）等项，据此可勾勒出20世纪二三十年代上海印花、染织棉布工业的发展状况。考察作为全国棉纺织工业中心上海的印花、染织棉布工业状况，对了解全国范围内这一行业的发展变化也有一定的参考价值。

下文通过对20世纪二三十年代上海印花、染织棉布工业发展状况的考察，试图回答以下问题：20世纪20年代末至30年代新关税政策实施后，

---

① 工商部上海工商辅导处调查资料编辑委员会编印：《上海市纺织印染工业》，1948年，第13页。

② 严中平：《中国棉纺织史稿》，商务印书馆2011年版，第294页。

在各种花色进口成品棉布税率大幅提高的条件下，印花、染织棉布工业是否出现与之前相比较快的发展，其发展又达到了怎样的程度。

（一）20世纪二三十年代上海印花、染织工业新增厂数、机器设备数及生产量历年变化

据图4.9可见，在染织、印花棉布工业，从事印染与织布生产的工厂数量出现第一次高潮是在1929年；在20世纪30年代中期，历年新设厂数再次增多，这一趋势甚至持续到抗战全面爆发后的1938年。就历年新增设备数量来看①，变化趋势与新设厂数较为相似。而图4.10中关于布匹织造部门（织造各种原色布匹与染色布匹）、布匹加工部门（从事对原色布匹的漂白、染色、印花等加工业务）历年新增生产量的统计中，变化趋势亦与之相符。

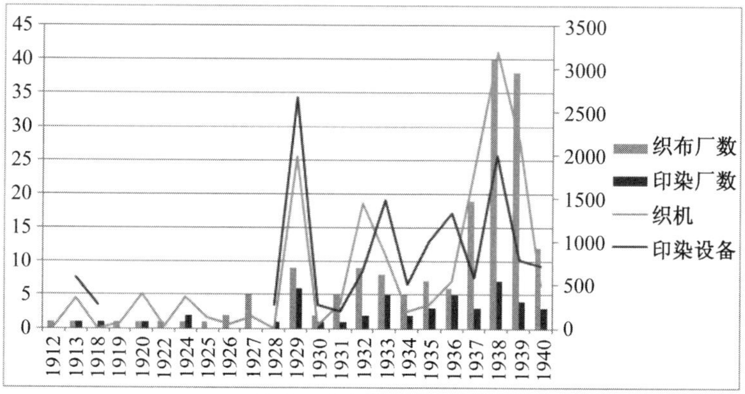

图4.9　1912—1940年染织、印花棉布工业历年新增厂数及设备数②

① 由于统计中仅有工商部调查当时，即1947年各厂的设备数量，这里历年新增设备数量仅是根据1947年各厂的规模，估计1940年前每年新增设工厂所带来的设备新增量。

② 图4.9、图4.10中数据根据《上海市纺织印染工业·各业调查表》整理得出，参见工商部上海工商辅导处调查资料编辑委员会编印：《上海市纺织印染工业》，1948年，第9~42页。这里织布厂数与印染厂数参照左边纵轴，织机与印染设备参照右边纵轴。

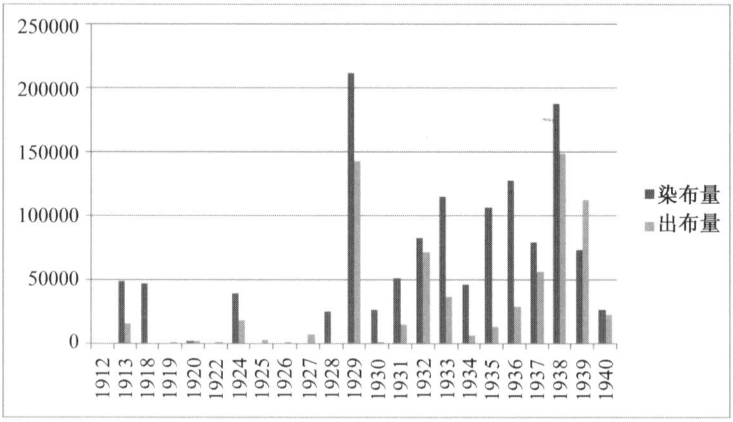

（单位：匹/月）

图4.10 1912—1940年染织、印花棉布工业历年新增出布量及染布量①

由此可见，在民国时期染织、印花棉布工业的发展历程中，1929年似乎是一个重要的节点，就图4.9、图4.10中的统计情况来看，1929年前染织、印花棉布工业无论在工厂、设备数量上还是生产量上，增长极为缓慢。而1929年后，这一增长速度陡然加快，并且在20世纪30年代中期出现又一次的设厂高潮，无论设备数量还是生产量都呈加速增长之势。

回顾上文中对关税政策的分析可知，上述染织、印花棉布工业的发展趋势是与进口棉纺织品，尤其是各种花色漂白、染色、印花布等成品布的税率变化相对应的。在1928年各种花色机制棉布进口税率首次大幅提高的条件下，1929年染织、印花棉布工业首次呈现出加速发展的态势；在1933年进口机制棉布，尤其是各种成品棉布税率进一步大幅提高后，20世纪30年代中期染织、印花棉布工业再次加速发展。因此可知，在南京国民政府的新关税政策下，与上述大型纱厂附设布厂相似，以中小型工厂为主的染织、印花棉布工业亦获得显著发展。

① 由于统计中仅有1947年各厂的月产量和最高月产量，这里以当时的月产量来估计1940年前每年新增设工厂所带来的新增生产数量。

（二）染织、印花棉布工业布匹织造与布匹加工部门各自的发展特点

进一步分析，在1929年后，染织、印花棉布工业布匹织造与布匹加工部门各自呈现出不同的发展特点。观察图4.9，两部门在历年新增设备数量上的变化曲线似乎没有什么重大差别，而考察新增工厂数量的变化，甚至可以得出这一时期织造部门发展快于加工部门的结论。但图4.10呈现了相反的事实，1929年后加工部门历年新增生产数量皆高于织造部门（除了1939年），而这一事实与仅依据厂数变化得出的结论相比，是更具有说服力的。

分别计算1936年织造部门与加工部门相比1929年生产量的增长情况（见表4.31），可进一步说明这一问题。

表4.31 1936年染织、印花棉布工业织造部门与加工部门相比1929年生产量增长情况

单位：匹/年

部门	增长量1	增长量2	增长幅度1	增长幅度2
织造	2054928	2186904	89.59%	57.27%
加工	6649128	34806720	148.59%	97.84%

说明：1代表依照各厂“当时生产量”，即1947年生产量计算出的结果；2代表依照各厂“最高生产量”计算出的结果。

据表4.31可知，1929—1936年间织造部门的发展速度远低于加工部门。同样，对比这期间上海纱厂附设布厂机制棉布产量增长幅度（111.21%），染织、印花棉布工业在织造部门的发展明显处于下风，而加工部门的发展速度则与之相近。①

① 事实上，就生产能力来看，1936年染织、印花棉布工业年织布量依据1947年生产量计算为4348644匹，依照“最高产量”计算为6005196匹，前者仅为当时上海纱厂附设布厂年产布量的四分之一左右，后者虽为理论上的最高产量，但也仅为纱厂附设布厂年产布量的三分之一强。而印花、漂染等布匹加工行业，1936年生产量可估算为11124012匹（依据各厂1947年产量），远高于织造部门。

事实上在这里，本节一开始做出的推测已得到了证明。这一时期染织、印花棉布工业在织造部门的发展，无论在绝对数量的增长上还是发展速度上，都远逊于大型纱厂附设布厂。同时，在这一时期，染织、印花棉布工业在布匹加工部门获得较快的发展，其生产亦逐步向这一部门倾斜。

回顾图4.7可知，在1930年前后，机制棉布生产领域已形成大型纱厂附设布厂生产原色机制棉布，中小型染织、印花棉布工厂进行成品机制棉布的织造或加工的生产分工。在新关税政策下，染织、印花棉布工业的发展进一步向布匹加工部门倾斜，这种分工格局也进一步变得显著。

本节通过对1929年后棉纺织品进口关税逐渐提高的形势下中国棉纺织工业，尤其是机制棉布部门进口替代进程的考察，可以得出以下结论：在这一关税政策下，中国棉纺织工业在机制棉布生产领域的进口替代程度迅速提升，至1936年，各区域市场国产机制棉布市场占有率皆达到很高的水平。

其中，日资棉纺织厂商对于这一关税政策的受益要大于民族资本厂商。而纱厂附设布厂与中小型染织、印花棉布工厂在新关税政策下的受益情况亦有所不同。其中，在机制棉布生产部门，这一时期大型纱厂附设布厂获得更快的发展，而中小型染织、印花棉布工业在与各种成品棉布相关的加工领域获得了显著发展。

第五章　中国近代棉纺织工业生产状况与市场的空间考察

以上考察了中国棉纺织工业从“自发的”到“自觉的”进口替代的两个过程，并对两个阶段进口替代在空间上的扩展进行了研究。而从棉纺织工业的地域分布来讲，上海作为中国棉纺织工业最早的发源地与中心地，在中国近代棉纺织工业的发展历程中起到主要作用。但近来学术界更加关注于上海以外的通商口岸及内地城市的棉纺织工业的发展，20 世纪二三十年代棉纺织工业开始扩散亦是近来学术界的普遍看法。

本章将继续以进口替代为线索，关注以下几个问题：

在对进口棉纺织品的替代进程中，上海及附近长三角地区棉纺织工业厂商、其他口岸城市厂商以及内地厂商分别做出了什么样的贡献？

而从“自发的”到“自觉的”进口替代的进程中，各种区位类型厂商在关税政策变化中的受益有何不同？造成上述不同区位类型厂商生产状况空间分布变化的原因又是什么？

第一节　不同区位类型厂商在机制棉纺织品进口替代中的贡献比较

近年来，学术界对 20 世纪二三十年代棉纺织工业分布的研究，以森时彦《中国近代棉纺织业史研究》对 1923 年后中国内地棉纺织工业发展状况的考察、久保亨《近代中国棉业的地带构造与经营类型》对 1930 年后中国纺织工业内陆发展倾向的研究，以及袁为鹏《聚集与扩散：中国近代工业布局》一书中对20世纪30年代中国近代棉纺织工业扩散的考察为代表。其中，袁为鹏以全国华商棉纺织厂商为考察对象，在这一问题上做了大量的工作。下文将在以上研究的基础上，把所有厂商考虑在内，并且进一步细分区域，对其历年产量加以考察。讨论分机制棉纱与机制棉布两个领域进行，并且在具体讨论中，仍分为中国近代棉纺织工业“自发的”“自觉的”进口替代阶段来考察。

一、“自发的”进口替代下不同区位类型厂商贡献比较

这里把1919—1931年《中国纱厂一览表》中统计在册的所有棉纺织工厂，按照所在区域，划分为上海、长三角地区（上海以外）、其他沿海（江）工业城市（包括天津、青岛、大连、汉口等），以及内地城市（包括以上地区外的各省会城市及其他有棉纺织工厂设立的城市）四种区位类型。这一时期不同区位类型棉纺织工厂数量变化情况如图5.1：

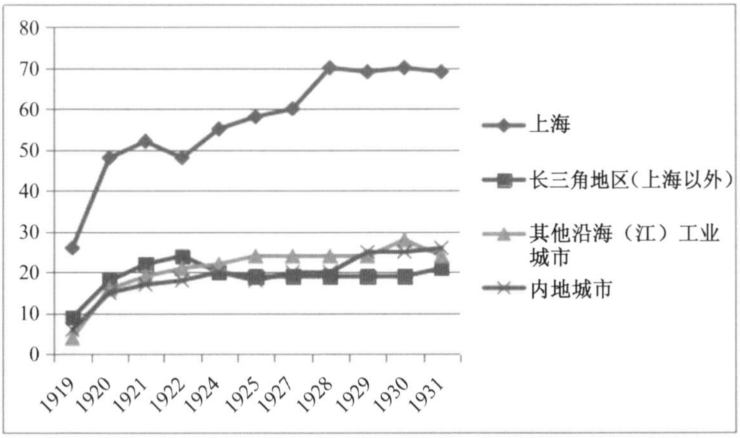

图5.1　1919—1931年各种区位类型棉纺织工厂数量变化

如图5.1，上海棉纺织工厂数在这一时期一直处于首位，而上海以外的长三角地区、其他沿海（江）工业城市及内地城市工厂数相当接

近。就变化趋势而言，四个区域的工厂数量在1920年前后都呈迅速增加之势；到20世纪20年代中期，这一趋势逐渐放缓，其中，长三角地区（上海以外）工厂数甚至出现下降；至20年代后期，上海再次出现设厂高潮；而内地与其他沿海（江）工业城市工厂数量在20年代呈持续缓慢增加之势。

以下对这一时期四种区位类型的棉纺织厂商在机制棉纱、棉布领域的发展状况及产品生产数量变化进行进一步考察。

（一）机制棉纱

通过图5.2可见，在四种区位类型的棉纺织厂商中，就绝对数量而言，上海的开工纱锭数量最多，其次为其他沿海（江）工业城市，再次为长三角地区（上海以外）与内地城市。就其变化来看，四种区位类型的棉纺织厂商开工纱锭数量在20世纪20年代全部呈增长趋势，其中以上海地区的增长速度最快，其次为其他沿海（江）工业城市与内地城市，长三角地区（上海以外）的增长速度则最为缓慢。考察其不同时期的增长速度，20年代中期上海、长三角地区（上海以外）开工纱锭数量增长放缓，甚至出现下降；而其他区域，尤其是内地城市开工纱锭数量呈现出较快速度的增长。在20年代末30年代初，上海棉纺织工厂开工纱锭数量又出现一次增长的高峰。

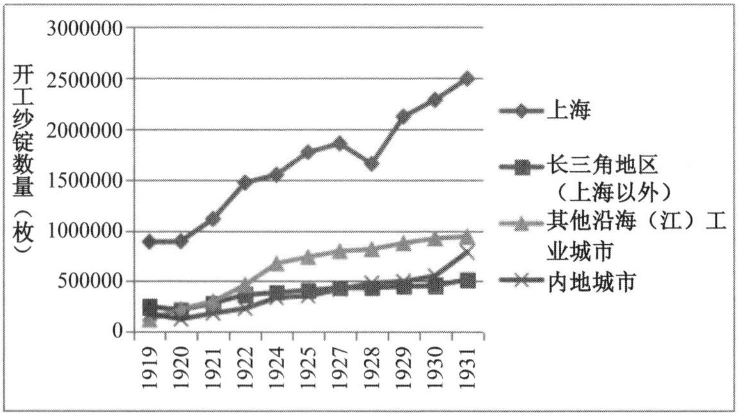

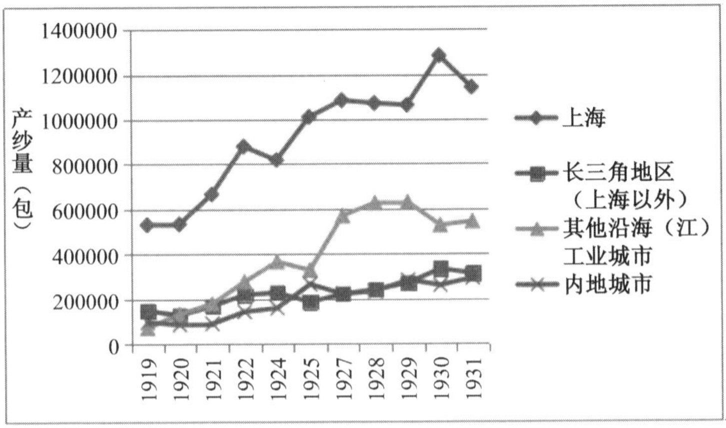

图5.2　1919—1931年各种区位类型棉纺织工厂历年开工纱锭数量及产纱量

通过图5.2亦可见，在四种区位类型的棉纺织厂商中，机制棉纱产量分布情况与开工纱锭数量相同，亦以上海最多，其次为其他沿海（江）工业城市，再次为长三角地区（上海以外）及内地城市。其增长皆在20世纪20年代前期最快，至20年代中期则皆有所放缓，到20年代末30年代初，上海棉纱产量再次出现明显增长。

表5.1为1919—1931年上海、长三角地区（上海以外）、其他沿海（江）工业城市及内地城市四种区位类型棉纺织工厂历年开工纱锭数量与机制棉纱产量所占份额情况。据左列开工纱锭数量所占份额可见，上海棉纺织工厂纱锭数绝大部分年份占到全国总数的50%以上，长三角地区（上海以外）、其他沿海（江）工业城市、内地城市的纱锭数量分别占到全国总数的10%—18%、8%—25%以及8%—17%。观察其变化趋势可知，在20世纪20年代，上海所占份额在缓慢下降，由20年代初的60%左右下降至20年代末的50%左右；长三角地区（上海以外）所占份额也在下降，由最初的15%左右下降为11%左右。而其他沿海（江）工业城市及内地城市所占份额则有所提高，分别由20年代初的15%、9%左右上升至20年代末的22%、13%左右。

表5.1　1919—1931年各种区位类型棉纺织工厂历年开工纱锭数量、机制棉纱产量所占份额

年份	开工纱锭数量所占份额				机制棉纱产量所占份额			
	上海	长三角	沿海	内地	上海	长三角	沿海	内地
1919	62.05%	17.30%	8.41%	12.24%	62.55%	17.43%	8.48%	11.54%
1920	61.49%	14.73%	15.27%	8.51%	60.67%	14.54%	15.07%	9.72%
1921	59.39%	14.96%	15.97%	9.68%	60.39%	15.21%	16.24%	8.16%
1922	58.09%	14.50%	18.34%	9.07%	57.87%	14.45%	18.28%	9.40%
1924	52.51%	13.19%	22.93%	11.37%	52.04%	14.56%	23.30%	10.10%
1925	54.10%	12.56%	22.55%	10.79%	56.42%	10.37%	18.36%	14.85%
1927	52.90%	12.38%	22.67%	12.05%	51.65%	10.60%	27.16%	10.59%
1928	48.88%	12.81%	24.08%	14.23%	49.28%	11.13%	28.81%	10.78%
1929	53.76%	11.46%	22.17%	12.61%	47.27%	12.06%	28.03%	12.64%
1930	54.16%	10.91%	21.83%	13.10%	53.31%	13.87%	21.96%	10.86%
1931	52.68%	10.87%	19.84%	16.61%	49.79%	13.69%	23.76%	12.77%

说明：表中“长三角”即“长三角地区（上海以外）”，“沿海”即“其他沿海（江）工业城市”，“内地”即“内地城市”。

据右列机制棉纱产量所占份额分布情况亦可得出相似结论。其中，上海棉纺织工厂机制棉纱产量亦绝大部分年份占到国产机制棉纱总量的50%以上，长三角地区（上海以外）在10%—18%，其他沿海（江）工业城市在8%—29%，内地城市可占到8%—15%。就其变化来看，20世纪20年代末与20年代初相比，上海所占份额下降幅度在10%左右，长三角地区（上海以外）变化不很明显，其他沿海（江）工业城市由15%左右上升至将近30%，内地城市则从10%以下上升至13%左右。

通过以上考察可知，在20世纪20年代，上海的棉纺织工业在机制棉纱生产领域拥有超过全国总数50%的开工纱锭数量，并且提供了市场上50%以上的国产机制棉纱；其周边的长三角地区数个城市亦占有全国10%以上的开工纱锭数量，提供了市场上10%以上的国产机制棉纱，因此可认

为上海及长三角地区（上海以外）的棉纺织工业为当时机制棉纱领域的进口替代做出了主要贡献。

但同时需要看出，上海及长三角地区（上海以外）无论在开工纱锭数量所占份额上，还是在机制棉纱产量所占份额上，在整个20世纪20年代，尤其是20年代初期呈下降态势；而其他沿海（江）工业城市及内地城市历年的纱锭数量所占份额与机制棉纱产量所占份额都在增加，其在棉纺织工业中的地位开始上升，至20年代末已可供应40%以上的国产机纱。因此在机制棉纱领域的进口替代中，其他沿海（江）工业城市及内地城市的棉纺织工业亦做出了重要的贡献，并且在这一进程中扮演着越来越重要的角色。

（二）机制棉布

通过图5.3可见，不同区位类型的棉纺织厂商在机制棉布领域的发展状况与机制棉纱领域相似。在开工布机数量上，上海居于首位并且远高于其他地区，接下来依次为其他沿海（江）工业城市、长三角地区（上海以外）与内地城市。就开工布机数量增长速度来看，上海亦居于首位，其次为其他沿海（江）工业城市，而长三角地区（上海以外）与内地城市的开工布机数量增长速度则较为缓慢。

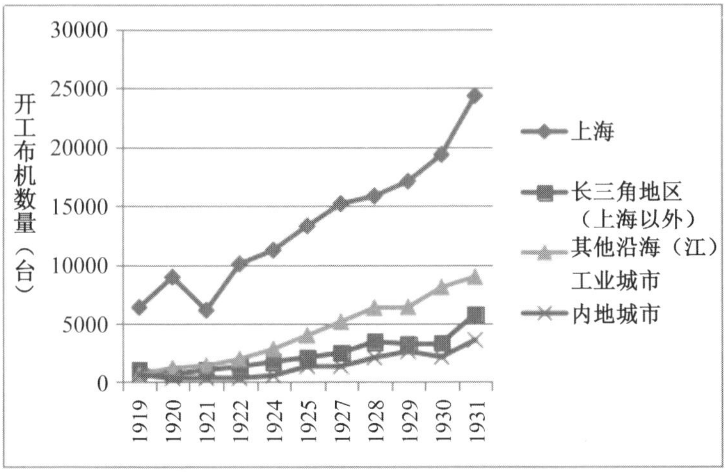

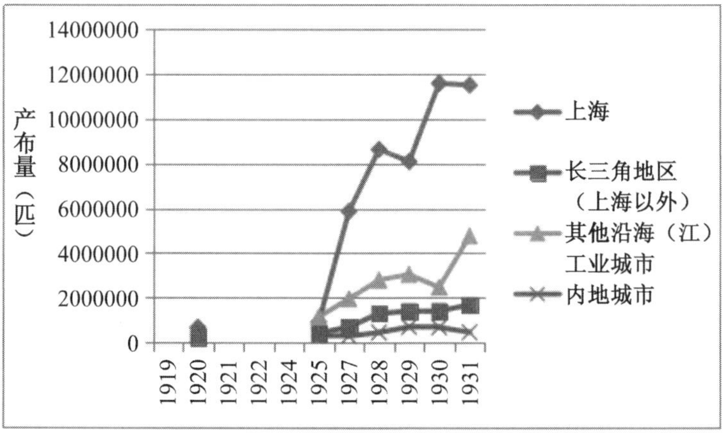

图5.3　1919—1931年各种区位类型棉纺织工厂历年开工布机数量及产布量①

在机制棉布生产量的曲线上，也可以看出相同的分布态势。1924年后，上海的机制棉布产量远高于全国其他区域，并且增长速度最快；其他沿海（江）工业城市机制棉布产量少于上海，但亦呈现出较快的增长速度；长三角地区（上海以外）的机制棉布产量少于以上两个区域，其增长速度亦较为缓慢；内地城市的机制棉布产量最低，增长速度亦最为缓慢。

表5.2为1919—1931年上海、长三角地区（上海以外）、其他沿海（江）工业城市及内地城市四种区位类型棉纺织工厂历年开工布机数量与机制棉布产量所占份额情况。据左列开工布机数量所占份额可见，上海棉纺织工厂开工布机数量所占份额在20世纪20年代有所下降，这一数字由20年代初的70%左右下降至20年代末的58%左右。长三角地区（上海以外）的开工布机数量所占份额在20世纪20年代变化并不明显，常年维持在5%—13%。其他沿海（江）工业城市、内地城市所占份额皆有所上升，分别由20年代初期的15%左右、5%以下上升至20年代末的22%、8%左右。

① 由于各地各厂布机效率相差很大，因此，1925年前产布量不做推算，历年产布量从1925年开始统计。

表 5.2　1919—1931 年各种区位类型棉纺织工厂历年开工布机数量、机制棉布产量所占份额

年份	开工布机数量所占份额				机制棉布产量所占份额			
	上海	长三角	沿海	内地	上海	长三角	沿海	内地
1919	79.65%	8.80%	7.01%	4.54%	—	—	—	—
1920	80.58%	5.69%	10.84%	2.89%	—	—	—	—
1921	69.02%	11.44%	15.86%	3.68%	—	—	—	—
1922	73.70%	9.50%	14.41%	2.39%	—	—	—	—
1924	68.83%	10.67%	17.27%	3.23%	—	—	—	—
1925	64.21%	10.18%	19.23%	6.38%	73.76%	5.95%	15.92%	4.38%
1927	62.93%	10.32%	21.24%	5.51%	66.53%	7.91%	22.21%	3.35%
1928	57.23%	12.38%	22.87%	7.52%	65.35%	9.91%	21.28%	3.46%
1929	58.30%	11.07%	21.74%	8.89%	60.98%	10.61%	23.09%	5.32%
1930	58.84%	10.15%	24.52%	6.49%	71.65%	8.76%	15.35%	4.24%
1931	57.13%	13.53%	20.95%	8.39%	62.41%	9.17%	25.88%	2.54%

说明：表中“长三角”即“长三角地区（上海以外）”，“沿海”即“其他沿海（江）工业城市”，“内地”即“内地城市”。

据右列机制棉布产量所占份额可见，1924 年后，机制棉布产量在四种区位类型棉纺织工厂中的分布较为稳定。其中，上海棉纺织工厂所产机制棉布占到全国市场上国产机制棉布总数的 60%—75%，长三角地区（上海以外）在 10% 左右，其他沿海（江）工业城市在 20% 左右，内地城市则不足 5%。

通过以上考察可知，与机制棉纱领域相比，在机制棉布领域，各种区位类型的棉纺织工厂在 20 世纪 20 年代亦发生了相似的变化。这一时期四种区位类型的机制棉布业都获得了一定的发展，其中在开工布机数量所占份额上，上海所占份额有所下降，长三角地区（上海以外）基本不变，而其他沿海（江）工业城市及内地城市所占份额有所上升。可见在 20 世纪 20 年代，其他沿海（江）工业城市及内地城市的棉纺织工业在机制棉布领

域的地位亦有所上升。

但同时需要看到，这一地位的上升是非常有限的。与机制棉纱领域相比，在当时的机制棉布领域，上海作为传统的棉纺织工业区所具有的优势更加明显。即使在20世纪20年代末，上海仍占有将近全国总数60%的布机数量，其产品在国产机制棉布市场上的占有率在60%以上，在全国的优势要明显大于机制棉纱领域。

通过图5.3可以得知，长三角地区（上海以外）、其他沿海（江）工业城市与内地城市在20世纪20年代无论是开工布机数量增长速度还是机制棉布产量增长速度，都低于上海。而比较表5.1与表5.2可知，这一时期长三角地区（上海以外）、其他沿海（江）工业城市与内地城市的机制棉布业在全国所占地位亦要低于机制棉纱业。在20世纪20年代末，三者开工布机总数仅占有全国的40%左右，其在国产机制棉布市场上的占有率亦不到40%。因此，虽然这一时期这些区域的棉纺织工业在机制棉布领域的进口替代上亦有着一定贡献，但要远小于其在机制棉纱领域的影响。

通过以上讨论可以对20世纪20年代，不同区位类型厂商在中国机制棉纺织品“自发的”进口替代中的贡献比较这一问题得出以下结论：

首先，这一时期无论在机制棉纱领域还是在机制棉布领域，超过半数的国产产品由上海棉纺织工业供给，因此，这一进口替代进程可以说是由上海棉纺织工业所主导的。但这一时期其他沿海（江）工业城市及内地城市的新兴棉纺织工业亦提供了30%左右的国产产品，在进口替代过程中同样起着不可忽视的作用。同时需要看到，在20世纪20年代，上海及长三角地区（上海以外）在全国棉纺织工业中的地位有所下降，其他沿海（江）工业城市及内地城市的地位开始逐渐上升，并且在这一进口替代的进程中起到越来越重要的作用。关于这一问题的解释将在下一节内容中详细讨论。

其次，这一时期各种区位类型的棉纺织厂商对机制棉纱领域与机制棉布领域进口替代的贡献程度有所不同。与机制棉布领域相比，棉纺织厂商在机制棉纱领域偏向其他沿海（江）工业城市、内地城市的趋势更加明显，这两个区域在开工纱锭数量与机制棉纱产量上占有更大的比重，对进口替代的贡献更加显著。而在技术更为密集的机制棉布领域，生产则更加集中在上海，其在开工布机数量与机制棉布产量上基本处于绝对优势地位。

二、"自觉的"进口替代下不同区位类型厂商发展情况

（一）1929—1936年不同区位类型厂商发展情况

表5.3、表5.4为1929—1936年不同区位类型厂商历年纱锭数量与产纱量、布机数量与产布量变化趋势，表5.5为其间不同区位类型厂商历年产纱量与产布量所占比重。①

表5.3　1929—1936年不同区位类型厂商历年纱锭数量与产纱量

单位：纱锭数量为枚，产纱量为包

年份	上海		长三角（上海以外）		沿海（江）城市		内地城市	
	纱锭数量	产纱量	纱锭数量	产纱量	纱锭数量	产纱量	纱锭数量	产纱量
1929	2119700	1063157	451702	271176	874178	630337	497166	284186
1930	2281746	1281849	459425	333597	919770	527992	552026	261084
1931	2490630	1140986	513824	313710	937842	544458	785432	292668
1932	2529718	1021660	528016	368439	943677	584473	584509	348671
1933	2560721	1072629	631010	407365	880656	509616	608326	294649
1934	2315295	1034467	569127	387034	1034258	474291	603556	280062
1935	2665674	921304	608288	377198	1063923	404398	649678	320328
1936	2656422	899145	616148	394517	1100314	382347	709774	341028

① 表5.3、表5.4、表5.5中"长三角（上海以外）"即"长三角地区（上海以外）"，"沿海（江）城市"即"其他沿海（江）工业城市"。

表5.4 1929—1936年不同区位类型厂商历年布机数量与产布量

单位：布机数量为台，产布量为匹

年份	上海		长三角（上海以外）		沿海（江）城市		内地城市	
	布机数量	产布量	布机数量	产布量	布机数量	产布量	布机数量	产布量
1929	17073	8084713	3242	1407324	6368	3061768	2604	705532
1930	19338	11584708	3336	1416204	8057	2481860	2134	685045
1931	24330	11508548	5763	1690774	8923	4772332	3570	469813
1932	22482	12614624	4944	2298521	8379	3061641	3768	926603
1933	24031	14967822	5834	2954335	8552	2482483	3309	621273
1934	20709	13964413	6063	2680494	11401	5815046	3907	839421
1935	27769	15035600	6778	3454750	12107	5506000	5405	1395250
1936	29998	17075825	7188	4305575	13913	7047875	6760	2048550

表5.5 1929—1936年不同区位类型厂商历年产纱、产布量所占比重

年份	上海		长三角（上海以外）		沿海（江）城市		内地城市	
	产纱比重	产布比重	产纱比重	产布比重	产纱比重	产布比重	产纱比重	产布比重
1929	47.27%	60.98%	12.06%	10.61%	28.03%	23.09%	12.64%	5.32%
1930	53.31%	71.65%	13.87%	8.76%	21.96%	15.35%	10.86%	4.24%
1931	49.78%	62.41%	13.69%	9.17%	23.76%	25.88%	12.77%	2.54%
1932	43.97%	60.03%	15.86%	10.94%	25.16%	24.62%	15.01%	4.41%
1933	46.96%	65.46%	17.83%	12.92%	22.31%	18.90%	12.90%	2.72%
1934	47.54%	59.94%	17.79%	11.50%	21.80%	24.96%	12.87%	3.60%
1935	45.54%	59.22%	18.64%	13.61%	19.99%	21.68%	15.83%	5.49%
1936	44.57%	56.03%	19.56%	14.13%	18.96%	23.12%	16.91%	6.72%

据表5.3可知，进入20世纪30年代后，上海及其他沿海（江）工业城市棉纺织厂商的产纱量出现了持续下降，1936年产量分别为1929年的

84.57%、60.66%。与之相反，这一时期长三角地区（上海以外）及内地城市的机纱产量呈增长之势，1936年产量分别为1929年的1.45、1.20倍。结合表4.30及第三章相关内容可知，与20年代相比，进入30年代后棉纺织工业在机纱生产领域呈现出更明显的由口岸城市向内地扩散的趋势。

在机制棉布生产领域，类似的扩散现象亦有所体现。进入20世纪30年代后，各种区位类型的棉纺织工业在机制棉布生产领域都有显著发展，但其发展速度有所不同。1936年上海机制棉布产量是1929年的2.11倍，年均增长率为11.27%。虽然上海机制棉布产量在绝对数量增长上仍居首位，但与20年代不同的是，在30年代前期，其他区域的机制棉布产量呈现出更快的增长速度。长三角地区（上海以外）、其他沿海（江）工业城市与内地城市1936年机制棉布产量分别为1929年的3.06、2.30、2.90倍，年均增长率分别为17.32%、12.65%、16.45%。据表5.5可更直观地看出这一扩散现象。在20年代末，上海机制棉布产量常年占到全国的65%以上，至30年代中期，这一比重已降至60%以下。反观其他区域，这一比重皆有不同程度的上升。①

（二）不同区位类型厂商对新关税政策的受益情况

关于20世纪二三十年代棉纺织工业从沿海（江）城市向内地的扩散现象，森时彦、袁为鹏、久保亨等学者从原料采购市场、产品销售市场角度出发已进行了详细阐释。这里在上述阐释的基础上，从进口产品市场角度出发，对之做出进一步分析。进入30年代后，棉纺织工业的扩散趋势变得更为显著，而上文中通过分析各区域30年代国产、进口机制棉布市场占有率变化得出的结论，对这一扩散趋势是有一定解释力的。

回顾表4.19至表4.24可知，在新的关税政策下，20世纪30年代机

① 由于20世纪30年代后《中国纱厂一览表》中仅有设备数而无开工设备数，且在30年代初由于棉业危机停工率较高，很难对其生产效率进行比较，因此这里重点考察其所载产量。另外，即使考察纱锭与布机设备，与其他区位类型厂商相比，上海厂商设备数量增幅亦属最小。

制棉布进口量的锐减为各区域带来的需求量相对增幅并不相同。华东地区由于在20年代国产棉布市场占有率最高，到30年代前期进口量减少所带来的需求量相对增幅在各个区域中最小，通过计算，大约为20%，而这一数字在其他区域分别为：华北45%、华中50%、华南25%、西南150%、西北180%。另外，在绝对数量的增长上，华东地区仅与华中、西南、华南、西北地区相近，明显少于华北。换言之，新的关税政策为华东地区机制棉布市场创造的需求量，相对全国其他区域来说是较少的。① 虽然在整个20年代，上海棉纺织工厂的机制棉布产量在全国范围内居绝对优势地位，然而据第三章考察可知，机制棉布最初的进口替代乃从本地市场开始，而此时因进口贸易量减少而产生的需求绝大部分在外埠市场；而且20年代以上海为中心产地的国产机制棉布，在上海外各区域的市场占有率低于机制棉纱，其机制棉布部门在这些区域的影响力是十分有限的，换言之，在国产机制棉布市场，各区域亦是具有相对独立性的（下文中将予以详细考察）。相比上海棉纺织工厂，30年代新的关税政策为其他区域，尤其是华东区域以外的棉纺织工厂在本地市场创造了更高的需求量，这些区域棉纺织工厂生产的机制棉布与上海产品相比有着更低的运输及交易成本。结合各区域棉纺织工厂在30年代机制棉纱、棉布产量变化情况，可以推断新的关税政策更有利于上海以外区域棉纺织工业的发展，对于棉纺织工业在全国的扩散起到了助推作用。

在此需对表4.30中内容做一回顾。考察表中上海的23家华商工厂，仅有4家年产机制棉布增长量超过10万匹，而厂均增长量仅有数千匹。这一增幅不仅远小于上海日资厂商，与上海以外区域厂商相比亦是相形见绌，上海以外区域厂商这一平均增幅为99195.42匹，增幅超过10万匹者达14家。可见在这一时期，与上海各厂商相比，上海以外区域各厂商更能够抓住这一关税政策创造的市场需求，及时转变经营方向，实现更大的效益。

---

① 据第三章内容可知，华东区进口棉布的大幅下降在20世纪20年代已开始。

综上所述，从区位类型来看，新关税政策给华东以外广大区域带来了更有利的市场形势，同时，此时的棉纺织工业呈现出更加显著的向上海以外区域扩散之势。①

本节对棉纺织工业进口替代的空间扩散进程进行了讨论。“一战”结束之前，中国棉纺织工业的进口替代由长江中下游（长三角地区）的厂商进行，而在“一战”后，其他沿海（江）工业城市及内地城市棉纺织厂商亦参与到这一进口替代进程之中。从不同区位类型厂商来看，这一棉纺织品进口替代进程是由上海棉纺织厂商所主导的。但这一时期其他沿海（江）工业城市及内地城市的新兴棉纺织厂商在进口替代过程中同样起着不可忽视的作用。其中，在机制棉纱领域，棉纺织厂商偏向其他沿海（江）工业城市、内地城市的趋势更加明显，其在开工纱锭数量与机制棉纱产量上占有更大的比重，对进口替代的贡献更加显著。而在技术更为密集的机制棉布领域，生产则更加集中在上海，其在开工布机数量与机制棉布产量上基本处于绝对优势地位。

进入 20 世纪 30 年代，新关税政策为各区域机制棉布市场创造出了不同程度的需求增幅，与上海厂商相比，上海以外区域各厂商更能够抓住这一关税政策创造的市场需求，及时转变经营方向。同时，此时的棉纺织工业布局也呈现出更加显著的向上海以外区域扩散之势。

第二节　生产规模、效率在不同区位类型棉纺织厂商中的差异

本节选取机器设备、工人数量、资本投入等统计指标，来讨论上述各种区位类型棉纺织厂商在各种生产要素上的差异，并对之进行解释说明。

---

① 海关埠际贸易统计数据亦支持这一推断，在 1930 年后，上海埠际机制棉布输出量明显下降，而输入量明显上升。

一、生产规模差异①

（一）厂均生产设备数量、生产量

通过图 5.4 可知，在 20 世纪 20 年代，上海与其他沿海（江）工业城市的棉纺织厂商，在厂均开工纱锭及布机数量上都要多于长三角地区（上海以外）与内地城市，而历年厂均机制棉纱及机制棉布产量变化亦有相似特点。

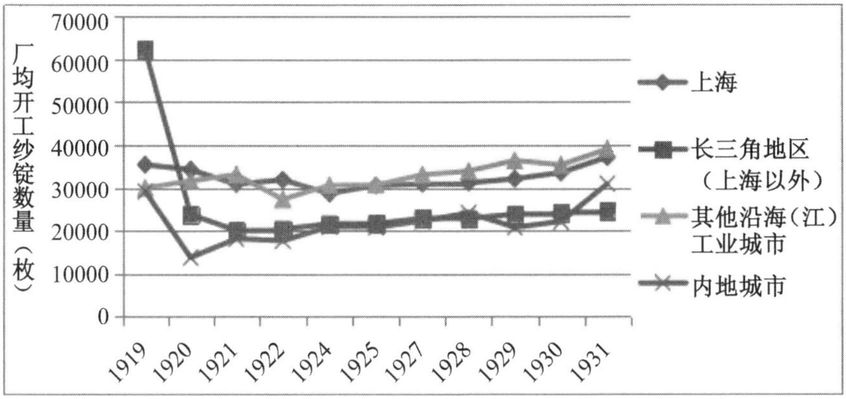

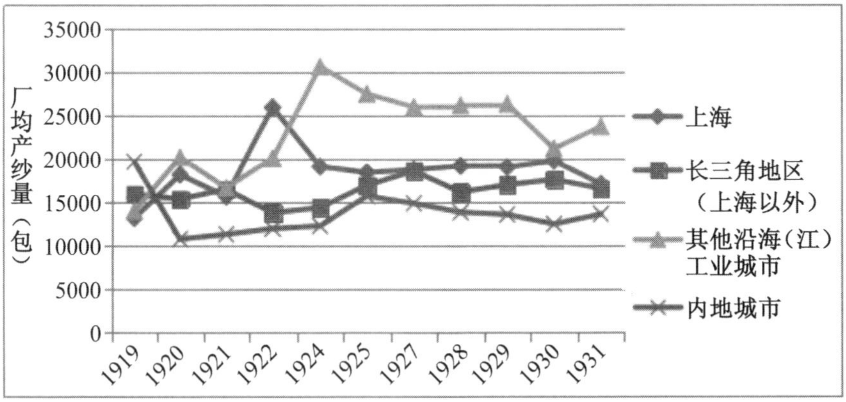

① 这一部分历年工厂数量皆由各年度实际从事各部门生产并有产量记录的工厂汇总得出。

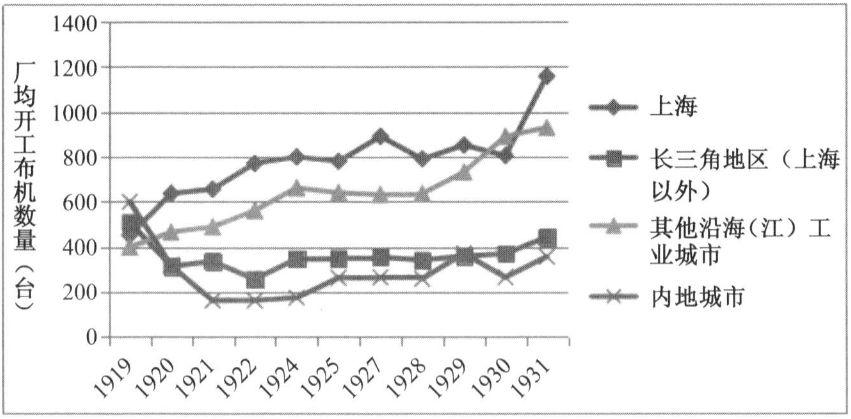

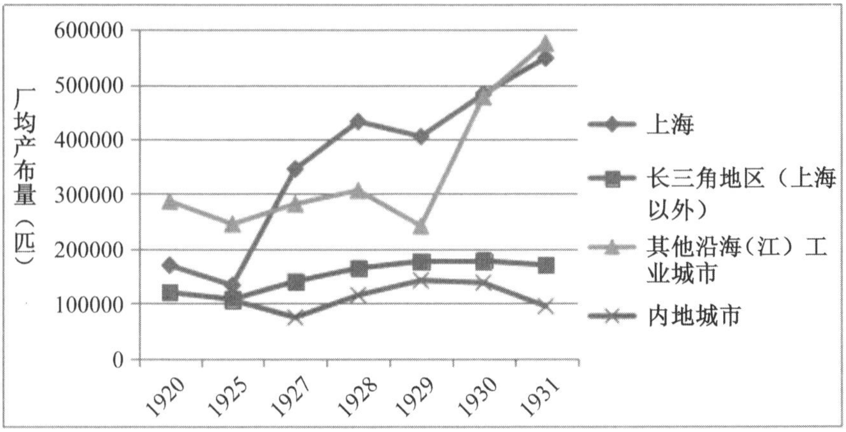

图 5.4　1919—1931 年各种区位类型棉纺织工厂厂均开工纱锭数量、产纱量、开工布机数量与产布量比较

进一步观察可知，这一厂均生产规模差异在机制棉布部门要远大于机制棉纱部门。在 20 世纪 20 年代，上海及其他沿海（江）工业城市厂均开工纱锭数量通常为 3 万余枚，厂均产纱量分别约为 2 万包、2.5 万包；长三角地区（上海以外）与内地城市厂均纱锭数量通常在 2 万至 2.5 万枚之间，产纱量在 1.5 万包左右。而在机制棉布部门，上海及其他沿海（江）工业城市厂均开工布机数量分别约为 800 台、600 台，产布量在 20 年代末皆在 50 万匹左右，而长三角地区（上海以外）与内地城市厂均开工布机

数量通常皆在200台至400台之间，而产布量在20年代末皆仅有15万匹左右。

（二）厂均工人数量、资本数量

通过图5.5可知，上海、长三角地区（上海以外）、其他沿海（江）工业城市及内地城市棉纺织工厂在厂均工人数量上差别并不明显，皆分布在1500人至2500人之间。而在厂均资本数量方面，上海与其他沿海（江）工业城市远高于长三角地区（上海以外）及内地城市，尤其在20世纪20年代末，前者在厂均资本数量上是后者两倍有余。

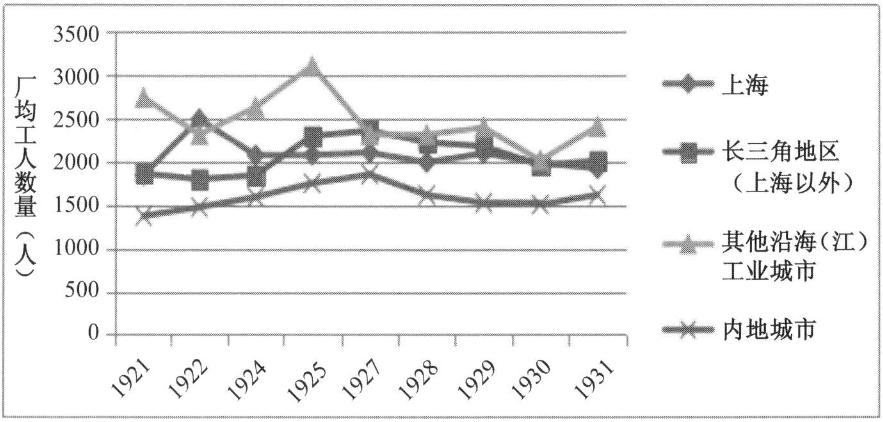

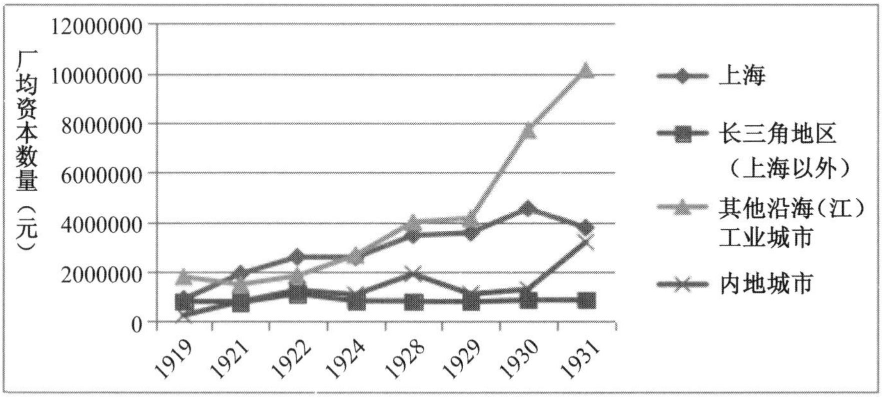

图5.5 1919—1931年各种区位类型棉纺织工厂厂均工人数量与资本数量比较

（三）沿海华商厂商与全国华商厂商的比较

由于上海及其他沿海城市亦为各种外资厂商集中地，而通过第三章中的讨论可知，相比华商厂商，以日商为代表的外资厂商在厂均产布量及厂均资本数量上都有着较大优势。为消除这一干扰因素，有必要把沿海城市华商厂商与全国华商厂商在厂均布机数量、产布量及资本数量三项上做一比较。

从图5.6可看出，在厂均布机数量、产布量上，沿海城市华商水平高于华商整体水平，差距在15%左右，而历年各项统计所涉及沿海城市华商仅占到全部华商的一半左右。在厂均资本数量方面，沿海城市华商水平与华商整体水平基本相当。因此可知，不同资本来源厂商之间的差异是造成以上生产规模差异的极为重要的因素。日商主要集中于上海及其他沿海城市，加剧了机制棉布生产规模及资本规模在区位上的差异。而在华商与日商差异不显著的厂均机纱生产规模及工人数量上，区位上的差异亦相对较小。同时，华商厂商在机制棉布部门体现出一定的沿海与内地的区域差异，但这一差异要小于不同资本来源类型厂商之间的差异。①

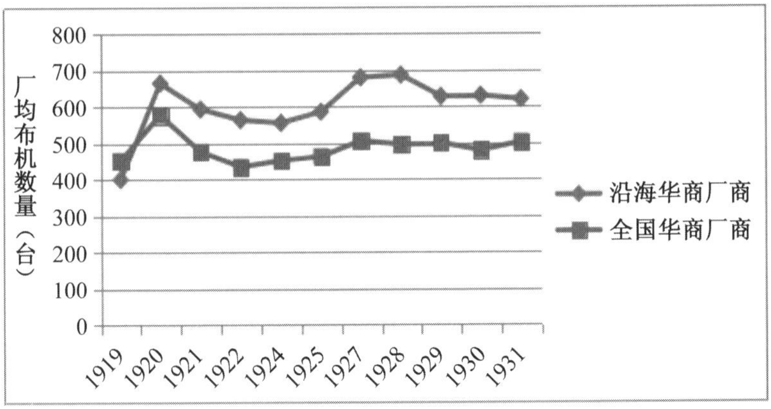

① 通过分析《中国纱厂一览表》可知，历年日商纱厂附设布厂厂均布机数量超过全体纱厂附设布厂平均水平30%以上，产布量更是超过这一平均水平数倍。

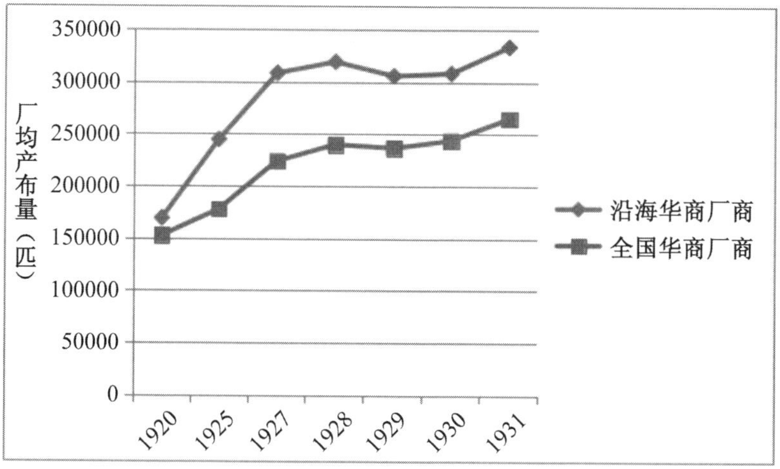

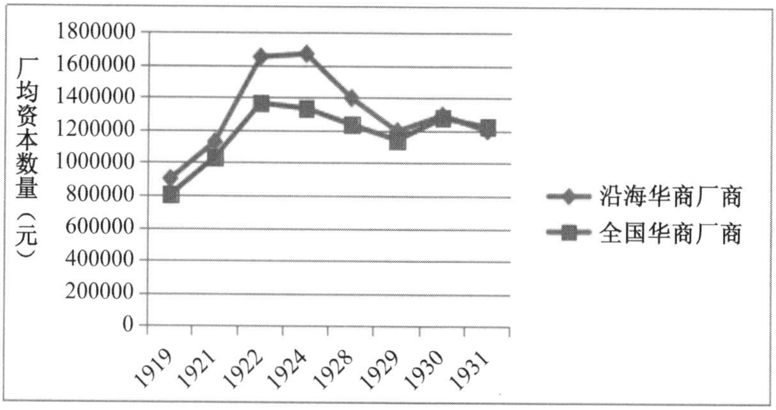

图5.6　1919—1931年沿海城市华商厂商与全国华商厂商厂均布机数量、产布量与资本数量比较

二、生产效率差异

这一部分将关注不同区位类型棉纺织厂商在机制棉纱、棉布部门的生产效率。

如第三章所述，方显廷在20世纪30年代曾利用一系列调查资料对上海与天津纱厂以及布厂的工作效率进行比较，这里把这些资料中的统计数据总结如表5.6。

表5.6　上海、天津棉纺织工厂生产效率比较

生产效率	上海纱厂	天津纱厂
24 小时每纱锭产 10 支纱额（磅）①	2.20	1.84
24 小时每纱锭产 20 支纱额（磅）	0.96	0.70
12 小时每布机产 12 磅布额（码）②	51.50	46.69

从表中可看出，在机制棉纱、棉布生产部门，上海与天津纱厂在生产效率上有着一定差异。上海纱厂的各项生产效率皆略高于天津纱厂，但这一差异并不是十分明显。

以下再根据方显廷所搜集的津、沪两地的工资统计资料，对这一问题做进一步说明。

通过表 5.7 可知，上海纱厂棉织部门日工资要明显高于棉纺部门，而天津华商纱厂棉织部门日工资低于棉纺部门。两地比较，上海棉纺部门日工资仅低于天津 0.9 分，而棉织部门高出天津 13.7 分。可见地域工资率上的差别同样反映了华商与日商厂商在机制棉纱、棉布部门生产效率上的巨大差异。

表5.7　上海、天津棉纺织业工人平均每日工资比较

单位：分

棉纺织部门	上海纱厂	天津纱厂
棉纺部门	46.80	47.70
棉织部门	58.10	44.40

资料来源：方显廷：《中国之棉纺织业》，商务印书馆 2011 年版，第 164 页。

① 24 小时每纱锭产纱额根据 Pearse 在天津与上海的调查资料整理得出，其中，上海、天津纱厂生产效率皆为华商数据。

② 12 小时产布额数据中，上海纱厂数据来自 Pearse 的调查资料，其中日商纱厂 12 磅布产额为多项调查的平均值；天津纱厂数据来自南开大学经济学院当时的调查资料，该数字为日班与夜班产量的平均值。

表5.8为20世纪20年代各种区位类型棉纺织厂商在纺纱、织布部门的生产效率。可见在纺纱部门，各种区位类型厂商效率较为接近，而在织布部门，位于上海的厂商生产效率的确高于其他厂商，但除了内地城市厂商，这一差异亦较为有限。

表5.8　各种区位类型棉纺织工厂生产效率比较

生产效率	上海	长三角地区（上海以外）	其他沿海（江）工业城市	内地城市
每纱锭年产量（包）	0.58	0.54	0.65	0.58
每布机年产量（匹）	425.23	380.33	404.00	197.02

说明：考虑到历年统计的完整性情况，每纱锭年产量为1921—1930年平均值，每布机年产量为1927—1930年平均值。

通过以上考察可得出结论：在机制棉纱部门，不同区位类型厂商的生产效率较为接近；而在机制棉布部门，这一生产效率的差异较为显著。总体来看，上海及其他沿海（江）工业城市棉纺织厂商的生产效率要高于其他区位类型厂商，但与上文中两者在厂均生产设备及生产量上的差异相似，与不同资本类型厂商之间的差异相比，这一差异亦较为有限。

这里可对不同区位类型机器棉纺织工厂在生产规模方面的差异得出结论。在机制棉纱生产部门，上海与其他沿海（江）工业城市厂均开工纱锭数量、产纱量略大于长三角地区（上海以外）与内地城市。在机制棉布生产部门，上海与其他沿海（江）工业城市厂均开工布机数量、产布量远大于长三角地区（上海以外）与内地城市。

在厂均工人数量方面，各种区位类型的棉纺织工厂差异并不明显。在厂均资本数量方面，上海与其他沿海（江）工业城市远高于长三角地区（上海以外）与内地城市。

而就华商厂商来看，在机制棉布部门亦体现出一定的沿海与内地的区域差异，但这一差异要小于不同资本来源类型厂商之间的差异。而在厂均资本量的比较中，两者的差异很小。

通过对各种区位类型棉纺织厂商在机器设备、工人数量、资本投入等生产要素上差异的考察可知，不同区位类型棉纺织厂商在生产规模上的差异主要体现在机制棉布生产部门，这些厂商在生产效率上的差异亦主要体现在机制棉布生产部门。这为上述各类厂商在机制棉布领域发展状况的差异提供了一种解释。

第三节　棉纺织产品、原料市场：全国统一性与各区域相对独立性

通过上文讨论可知，在中国近代棉纺织工业的发展过程中，其他沿海（江）工业城市及内地城市在进口替代进程中同样起着不可忽视的作用。其间，上海及长三角地区（上海以外）在棉纺织工业中的地位有所下降，其他沿海（江）工业城市及内地城市的地位开始逐渐上升，并且在这一进口替代的进程中起到越来越重要的作用。

关于上海是全国棉纺织工业中心的地位并未由此改变的原因，上文中已多方面进行了较为详细的讨论。这一部分将聚焦于1930年前后上海以外地区的棉纺织工业，从产品、原料市场出发，对其发展环境做一探讨。

一、《中国实业志》关于各地棉纺织产品、原料市场的调查

关于各地棉纺织产品的运销及原料市场的情况，20世纪30年代发行的江苏、山东、浙江、湖南、山西五省的《中国实业志》载有较为详细的调查记录。对之考察不仅可以进一步证实上文中用海关埠际贸易统计来反映各地棉纺织产品区域间贸易状况的合理性，还可对各地棉纺织工业的原料采购与产品销售市场做出初步分析。

（一）江苏[①]

江苏棉纺业原料来源分为江苏本省产棉、外棉进口、外省产棉三种，

---

① 实业部国际贸易局编印：《中国实业志·江苏省》第八编，1933年，第19～33、61～63页。

1930 年前后年均各占比例为：本省 33.97%、进口 42.45%、外省 23.58%。在机制棉纱部门，江苏作为全国棉纺业中心，“其销场，即为全国各埠与外洋各地”。其销路“以国内各通商口岸为主”，“无锡、常州、南通各厂家，则除销本地及大江南北外，类多运至上海转口往两广、华北及长江一带。此外无锡棉纱亦有由津浦线运出者”。

1927—1932 年江苏出产机制棉纱各地销量平均值如下：

表 5.9　江苏出产机制棉纱各地销量

单位：担

地点	广东	四川	天津	汉口	长沙	汕头、厦门	九江
销量	444196	288076	160697	298527	—	197248	165608
地点	牛庄、秦皇岛	青岛	宁波	云南	上海	—	
销量	102871	7709	24672	—	500000	—	

表 5.9 中上海消费量仅为当地布厂消费量。结合计算 1927—1932 年江苏历年棉纱总产量平均值，可知江苏销往外地棉纱占总产量的 52.91%。这一数字与上文中表 3.2 考察 1930 年上海棉纱输出量占当地总产量的 45.98% 是颇为接近的。

在机制棉布部门，江苏各地棉织品销路有所不同，“无锡以销本省上海、南京、镇江及江北为较多，间亦有运销南洋者。武进以运往华南较多，亦有销江浙、四川及本省者……江阴亦以销广州、福建、宁波、杭州为主，亦有专销江南、江北者……各地之运出口者，大抵均由上海转口”。其销往各地布匹花色类别有所不同，销往北方各埠以粗布及斜纹布为主，销往南方各埠及上海本地以染色布、细布、绒布为主。运输方式多为水运，间有铁路、公路运输。

（二）山东①

山东各纱厂所用原棉分进口与国产两种，其所占份额分别为18.80%、81.20%。国产棉花大都来自“山东黄河两岸、运河及小清河流域，省外则多来自河南、陕西陇海沿线一带”。在机制棉纱销售市场方面，青岛出产棉纱销路较广，可达“上海、天津、烟台、长江流域、闽广两省及山东境内胶济、津浦沿线一带”。其中日资纱厂销路以东北地区与山东本地为主。济南出产棉纱以销往山东境内为主，“以鲁南、胶东及津浦沿线各地为特多”。青岛出产棉纱运往外埠（上海、烟台、天津）以海运为主，运往济南则以铁路为主。

在机制棉布部门，产品销路以本省为主，“只济南与周村之出品，有销往外省者，济南所产布匹等，以行销于市区以内者居多，此外曲阜、曹州、洛阳及津浦路南段徐州、蚌埠等处亦为其市场”。②

（三）浙江③

在纺纱部门，使用浙省本地产棉亦为主流。通惠公纱厂所用之纱，“十九就近采办”；和丰纱厂所需之纱，本地姚花可占76.39%；三友社杭厂由于纺细纱之需要，所需75%原棉为美棉或陕棉。在产品销售市场方面，通惠公纱厂产品大部分销于浙江，一部分销往四川重庆。据《中国实业志》调查，其销往浙江各地达到7000箱、上海3000箱、四川重庆1000箱。其运输方式为：“运往内地者，即在厂门交卸；运往上海者，则直至上海；运往温州、海门者，则以船装车运。”和丰纱厂产品除了运销本地，亦有产品行销四川、广西、广东、香港、天津等处，大都由船运至上海转口或由火车运至内地。三友社杭厂之产品，则运销浙江、上海、汉口、东

---

① 实业部国际贸易局编印：《中国实业志·山东省》，1934年，第13（辛）~20（辛）、46（辛）页。

② 这里并未述及青岛所产机制棉布销售情况，但据前文表3.4可知，1930年青岛所产机制棉布外销所占份额达90.32%。

③ 实业部国际贸易局编印：《中国实业志·浙江省》，1933年，第19（庚）~37（庚）页。

南亚等地。

浙江棉织品销路亦以本省为主。其中，杭州出品者外埠销路较大，可行销上海、天津、广州、汉口、香港、厦门等南北方各埠。其余各地棉织品销路皆以本省为主。

（四）湖南①

湖南棉纺织业纺纱部门使用原料以两湖产棉区所产原棉为主，本省产区集中在常德津市、安乡九都一带，外省产区为上集新洲、枣阳河口一带。此外，如两湖产棉区歉收，亦会采用部分美棉及印度棉。以湖南第一纱厂为例，各种来源地原棉使用比例在1931年分别为：本省26.38%、邻省18.65%、进口54.97%，在1932年分别为：本省61.54%、邻省24.14%、进口14.32%，在1933年分别为：本省36.65%、邻省63.10%、进口0.25%。可见除了1931年因长江洪水造成两湖地区棉花歉收而使用较多进口棉花，其余时间国产棉的使用比例皆在85%以上。湖南第一纱厂所产棉纱分君山、岳麓两种商标，其中，君山牌专销省内常德，岳麓牌专销外省。当时湖南全省每年机纱消费量为10万余件，其中本省纱厂所产仅2万余件。

机制棉布销路“以本省境内为主，间亦有销行邻省者”，主要为广东、四川、江西、广西、贵州等华南、西南各省与湖南接壤之地。

（五）山西②

山西当时各纱厂棉花采办地皆为晋南、晋中各县。晋华、大益成、雍裕、晋生四大纱厂所产纱线，除了晋生一厂产品专供其附设布厂自织，其余各厂皆有部分产品销往各处。其销路为本省及河南、陕西、河北、甘肃等邻近省份部分地区。经《中国实业志》调查，当时山西省机制棉纱市场以本省纱厂产品为主，从“天津、上海、河北输入之棉纱，尚不及本省所

① 实业部国际贸易局编印：《中国实业志·湖南省》，1935年，第26（庚）~33（庚）、56（庚）页。

② 实业部国际贸易局编印：《中国实业志·山西省》，1937年，第12（己）~32（己）页。

产者百分之二”。

机制棉布销售“以本省为重，间亦有行销他省者，如绥远、陕西、察哈尔、甘肃、河南等省”。其中，祁县棉布本省销路为太原、平遥、汾阳、文水、太谷、交城等晋中各地，外省则销往陕西西安。平遥棉布亦是“陕西、宁夏者占其大半”。在20世纪30年代，因受战乱影响及陇海铁路通车后上海货物的排挤，销场已大为缩小。新绛、荣河、河津棉布亦有销往陕西者。其余各县所产棉布皆以省内为销场。

（六）各地棉纺织工业原料市场及产品销售市场辐射范围

以上为《中国实业志》中对1930年前后江苏、山东、浙江、湖南、山西五省棉纺织业机制棉纱、棉布产品销售的调查统计概况。其中，对江苏省的调查反映了当时纺织业中心上海及附近地区的产品销售情况，对山东省尤其是青岛纱厂的调查反映了沿海城市纺织业的状况，而浙江、湖南、山西三省则代表着上海及附近棉纺织业中心、新兴沿海工业城市之外区域棉纺织业的状况。①

其中，江苏省的棉纺织品，无论是机制棉纱还是机制棉布，都以全国各地为销售范围。在棉纺业部门，其外埠市场所占份额在50%以上；在棉织业部门，大部分城市所产棉织品亦皆以外埠市场为主。而在山东省，对青岛纱厂来说，邻近的华北地区及本省市场非常重要，而济南纱厂所产棉纱更是以供给本省为主。山东纱厂虽有相当一部分商品输往南方、东北各地，但外埠市场与江苏纱厂相比重要性较低。此外，浙江、湖南、山西纱厂所产棉纱更是以供给本省及邻近省份为主。就机制棉布部门来看，江苏以外各省棉织品皆以供给本省为主。

以上考察亦反映了各种地域类型的棉纺织业的销售市场辐射范围，

---

① 此外，久保亨根据王子建、王镇中编著《七省华商纱厂调查报告》的不完全调查，对各地纺织工业棉纱销售市场亦做出考察，其中天津所产机纱销售市场以河北为主，湖北所产机纱销路除了本省，亦可销往四川、云南、贵州等地。其他地区所产棉纱销售市场与本文所述相似。参见［日］久保亨：《戦間期中国の綿業と企業経営》，汲古书院2005年版，第108～111页。

在江苏各地及上海，这一市场辐射范围可达全国；在以青岛为代表的其他沿海工业城市，这一市场辐射范围亦可达全国，但与江苏、上海相比本地市场占有更重要的地位；而以浙江杭州、山西榆次、湖南长沙为代表的内地城市，其棉纺织业市场辐射范围仅为本省及邻近区域。这里亦进一步证实了根据海关统计计算得出的表 3.2、表 3.4 中一系列数字所代表的意义。

同时需注意，虽然 1930 年前后江苏、上海棉纺织厂商的原料市场、产品销售市场皆以全国为范围，但通过以上的考察可知，其对外埠市场的影响力是不能被过分高估的。仅以棉纱为例，江苏、上海产品虽能销往全国各处，但其仅在长江流域及华南地区影响较大。在原棉采购上，江苏、上海棉纺织业对全国市场的影响能力更为有限，其采购范围虽遍及全国，但事实上外省棉的使用量远低于本省棉与进口棉。

因此，在 20 世纪 30 年代，江苏、上海虽为中国棉纺织工业的集中地，控制着范围最广的原料采购与产品销售市场，但以之为中心的全国棉纺织业的统一市场远未形成。以上文湖南、山东、山西、浙江为例，各省棉纺织业仍凭借着各自相对独立的原料采购与产品销售市场获得发展，而在这些地方市场上，江苏、上海棉纺织厂商的影响力与当地厂商相比，并不一定占有优势。这一点对理解本章及下章不同区位类型棉纺织厂商的发展态势是至关重要的。

二、1930 年前后上海与其他地方棉花、棉纱及棉布价格联系

为进一步说明上文中提出的各地棉纺织业原料、产品市场的相对独立性这一问题，这一部分搜集了 1930 年前后上海与天津、长沙、沙市、宁波等地的一系列棉纺织业原料、产品的价格资料，结合前人研究成果，对上海与其他地方的价格联系做进一步考察。

（一）1928—1932 年上海与天津棉花、棉纱及棉布价格联系

这一部分搜集了 1928—1932 年上海、天津市场棉花、棉纱及棉布每月价格数据。其中，棉花市场分别采用在两地原料市场具有代表性的通州

棉、西河棉价格资料；棉纱市场分别采用上海宝鼎牌16支纱、天津松鹤牌16支纱价格资料；棉布市场分别采用上海人马牌14磅布和天津人头牌15磅布、双龙牌粗布价格资料。①

为使得两地数据更加具有可比性，图5.7至图5.9以及表5.10中前三项数据皆采用每月月初价格（天津为每月第一周价格，极少数月份月初价格无载，采用第二周价格；上海为每月一日价格，极少数月份一日价格无载，采用十五日价格）。其中上海价格以上海规元计，天津价格以天津元计。需要说明的是，从数据上看，两地关于棉布的价格资料时有发生数月不变的情况，因此与棉纱、棉花价格资料相比，棉布价格资料可靠程度可能是较差的。

在图5.7至图5.9中，天津、上海价格数据皆在1931年初较高，看似在大趋势上具有很高的相关度，但须知1931年始银价出现较为剧烈的贬值，关银对英镑、美元汇价皆出现显著下跌，当时较高的价格不能排除银价变动的影响，因此不能简单归之为棉纺织业原料、产品市场机制的作用。

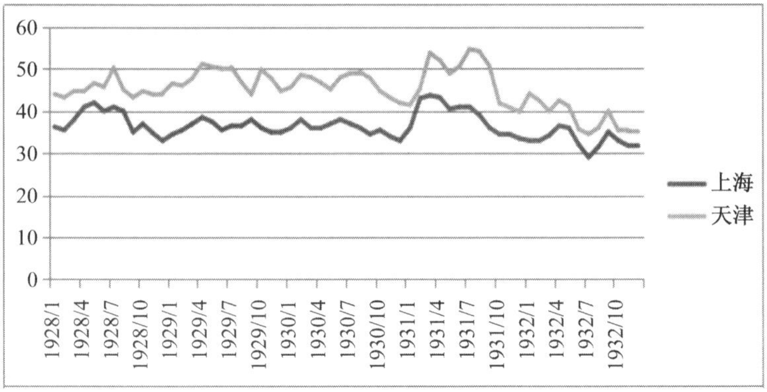

单位：上海为规元/担，天津为元/担

图5.7　1928—1932年上海通州棉与天津西河棉每月价格

---

①　方显廷：《中国之棉纺织业》，商务印书馆2011年版，附录八至十一；孔敏主编：《南开经济指数资料汇编》，中国社会科学出版社1988年版，第77～78页。

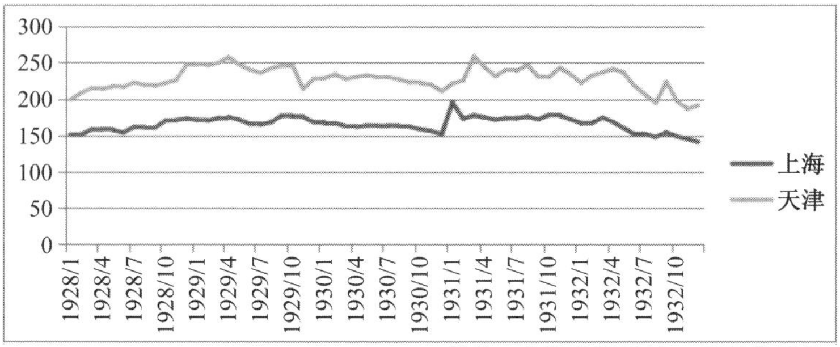

单位：上海为规元/包，天津为元/包

图5.8　1928—1932年上海宝鼎牌16支纱与天津松鹤牌16支纱每月价格

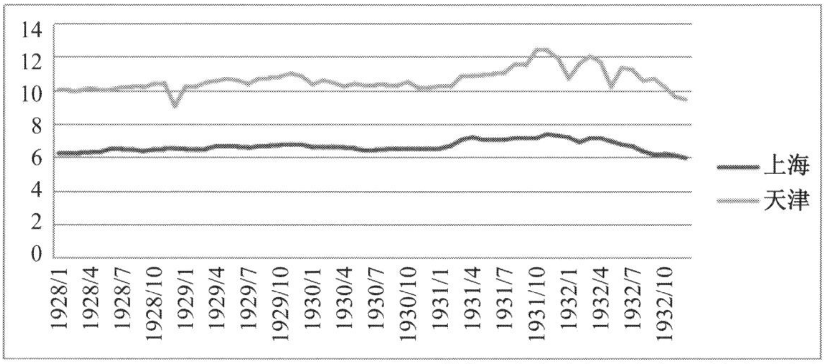

单位：上海为规元/匹，天津为元/匹

图5.9　1928—1932年上海人马牌14磅布与天津人头牌15磅布每月价格①

进一步对以上三组数据的相关性进行分析可得表5.10。

表5.10　1928—1932年上海与天津棉花、棉纱、棉布价格相关性分析

	通州棉—西河棉	宝鼎纱—松鹤纱	人马布—人头布	人马布—双龙布
R	0.72	0.76	0.81	0.31
P－value（X）	0.00	0.00	0.00	0.02

说明：R指相关系数，P-value指假定概率。

① 方显廷《中国之棉纺织业》附录十一中将天津棉布1928年2月价格误作5.95，经查对南开统计资料应为9.95。

（二）1929—1934 年长江流域各地棉花、棉纱价格联系——兼对森时彦研究进行简评

表 5. 10 中的数据可与森时彦对 1929—1934 年长江流域棉花、棉纱市场价格相关性研究的结果做比较，森时彦的研究数据摘录如表 5. 11、表 5. 12。①

表 5. 11　1929—1934 年长江流域各地棉纱价格相关性分析

相关系数	金城纱（长沙）—金城纱（上海）	岳麓纱（长沙）—金城纱（上海）	万年青纱（万县）—金城纱（上海）
R1②	0. 99	0. 98	0. 94
R2③	0. 80	0. 81	—

表 5. 12　1929—1934 年长江流域各地棉花价格相关性分析

相关系数	常德棉（长沙）—通州棉（上海）	宁波棉（宁波）—通州棉（上海）
R1	0. 54	0. 91
R2	—	0. 88

据表 5. 11、表 5. 12 中数据，森时彦进一步得出当时棉纺织业市场呈现出原料市场的相对独立性与产品市场的相对统一性的观点。这里有必要对森时彦研究中的计算方法做一说明，首先，这里各组价格数据皆根据当地价格单位元对上海规元比率进行过换算，这一做法看似合理，事实上却在不同地区市场价格的比较中人为地加强了上海与其他地方价格的统一

① ［日］森时彦著，袁广泉译：《中国近代棉纺织业史研究》，社会科学文献出版社 2010 年版，第 342 ~ 343 页。

② 表 5. 11、表 5. 12 中 R1 均为原文计算结果。

③ 表 5. 11、表 5. 12 中 R2 均为未采用汇价换算的计算结果。由于皆使用当地货币做计价单位，与 1933 年后统一采取国币计价的数据无可比性，因此仅对 1929—1932 年数据进行计算。

性，因此这里依据其数据对相关项进行重新计算；其次，需要注意的是，该研究中各地棉纱产品并不同质，上海采用20支金城纱，而长沙岳麓纱、万县万年青纱支数分别为16支、14支，但由于当时各地系统的价格资料很难搜齐，只要不进行价格数字上的比较，这一做法尚可接受。

通过比较表5.10至表5.12中的数据，可以对上海与长沙、宁波、天津等地棉纺织业原料、产品市场的统一性做一估计。就原料市场来看，上海与宁波棉花价格相关系数最高，可达到0.91。上海与长沙市场棉花价格相关系数仅为0.54，因1931年长江流域洪水影响，这一数字事实上应当偏低。而天津与上海市场之间棉价相关系数仅为0.72。

就棉纱市场来看，森时彦认为上海与长沙、万县等地棉纱价格皆呈现出很高的相关性，其相关系数皆在0.9以上。对上海金城纱价格与长沙金城纱价格，以及各地所产棉纱当地价格的相关性（不做货币换算）进行重新计算后的结果显示，在以上海规元交易的金城纱价格与以长沙元交易的金城纱价格之间、在长沙的岳麓纱价格与上海的金城纱价格之间仍呈现出较高的相关性，但要低于经过货币换算后的计算结果，这与上文中的判断是相符的。

上述对长江流域各地棉纺织业原料、产品价格相关性重新计算后的结果与津、沪间的相关系数具有了可比性。就棉纱价格而言，据表5.10可知，这一数字在天津与上海之间仅为0.76，低于长沙与上海之间的0.81。就棉花价格而言，重新计算后的上海与宁波的棉价相关系数亦可达0.88，明显高于表5.10中所示天津与上海之间的0.72。而在棉布市场，天津所产两种粗布与上海人马牌粗布间价格相关系数相差很大，其中天津人头牌与上海人马牌粗布间相关系数较高，可达0.81，天津双龙牌与上海人马牌粗布间相关系数却仅有0.33。

（三）1933—1935年上海与其他地方棉花、棉纱、棉布价格联系

为使得考察更加具有可比性，下面对1933—1935年以国币统一计价的各地棉花、棉纱、棉布价格相关性再做考察，见表5.13，其中上海与长沙、沙市之间使用的是1933、1934年数据，上海与天津之间使用的是

1934、1935 年数据。

表 5.13　1933—1935 年各地棉花、棉纱、棉布价格相关性分析

	棉花种类	R	棉纱种类	R	棉布种类	R
上海—长沙	通州棉—常德棉	0.86	金城 20—岳麓 16	0.75	—	—
上海—沙市	—	—	金城 20—万年青 14	0.54	—	—
上海—天津	通州棉—西河棉	0.31	金城 20—松鹤 16	0.67	金城细布—细斜	0.23

资料来源：上海与长沙、沙市价格相关性数据源自［日］森时彦著，袁广泉译：《中国近代棉纺织业史研究》，社会科学文献出版社 2010 年版，第 342～343 页；上海与天津价格相关性数据源自上海市棉纺织工业同业公会筹备会编印：《中国棉纺统计史料》，1950 年，第 124～129 页；孔敏主编：《南开经济指数资料汇编》，中国社会科学出版社 1988 年版，第 77～79 页。

据表 5.13 可知，在棉花市场，上海与长沙棉价相关系数为 0.86，关系虽较为密切，但仍低于之前所得宁波与上海棉价以及上海与长沙纱价（统一货币计算）的相关性；上海与天津棉价相关性则非常微弱。在棉纱市场，上海与长沙棉纱价格的相关性依然高于上海与天津（上海与沙市市场由于产品差异较大，相关性较低在情理之中）。在棉布市场，由于难以找到同质产品的价格资料，这里上海与天津棉布价格相关性很低。

通过以上考察，我们可在森时彦研究的基础上对 1930 年前后全国棉纺织业原料、产品市场的统一性做出进一步推论。森时彦所言原料市场的相对独立性与产品市场的相对统一性的观点似乎仅适用于长江流域，并且该统一性仅在各地对沪货币换算后的价格上体现得极为显著，而在实际市场交易中，上海对当地市场的影响程度仍有待讨论。

而以天津为代表的华北市场与上海市场之间，通过对 1928—1932 年以各地货币单位计价的价格资料，以及 1934—1935 年以国币统一计价的价格资料的计算，都呈现出相对于长江流域各地市场之间较低的相关性。可见无论在棉花的原料市场，还是在棉纱、棉布的产品销售市场，华北市场都具有相当的独立性。

这里亦可以对上海作为全国棉纺织工业的中心对全国市场的整合能力做出初步判断，在产品销售市场，其在长江流域具有相当的影响力；但在长江流域之外，至少在华北地区，其影响力有所减弱。而在原料市场，即使在长江中游地区，其影响力亦不能高估，与其密切关联区域应仅局限在江浙一带。

同时需注意，由于这里所选的地点皆为与上海经济联系较为密切的口岸城市，依据上述对各地价格相关性的计算仅能做出理论上的判断。在具体交易中以及在广大内地，作为棉纺织业中心的上海市场到底能发挥多大的价格指导作用，产生多大程度的影响力，还需要进一步深入的研究讨论。

三、个案分析：恒丰、晋华两家典型棉纺织企业比较研究

这里选取了近代两家典型的棉纺织企业——位于上海的恒丰纺织新局与位于山西榆次的晋华纺织厂①进行比较研究，旨在考察两家企业在1936年前的发展历程，以及在20世纪20年代中期和30年代初两次棉纺织业危机中的不同表现，从而进一步证实上文中得出的关于不同区位类型棉纺织厂商面临的市场环境存在差异的观点。②

（一）恒丰、晋华纺织厂简介

恒丰纺织新局前身为创设于1888年的华新纺织新局，为中国近代棉纺织工业中历史最悠久的企业之一。1909年被当时大股东聂氏家族（聂缉椝、聂云台、聂管臣）购买，更名为恒丰纺织新局，总股值54万两。恒丰厂及聂氏家族投资的其他企业在当时上海棉纺织工业界具有重要地位，

---

① 久保亨对榆次晋华厂曾有专文研究，认为“接近原料产地与销售市场是晋华厂的经营表现出较高的收益率的秘诀”。其所用资料以历年《全国纱厂一览表》为主。

② 研究两厂的主要资料来源：华商纱厂联合会编印：《全国纱厂一览表》，1919—1936年；实业部国际贸易局编印：《中国实业志》（江苏省、山西省），1933、1937年；中国科学院上海经济研究所、上海社会科学院经济研究所编：《恒丰纱厂的发生发展与改造：中国最早的一家棉纺织厂》，上海人民出版社1958年版；武正国等编：《晋华风云录》，山西人民出版社1985年版。

恒丰厂曾为上海最大的民营纱厂，它与同属聂氏投资建立的大中华纱厂①、1930年投建的恒丰三厂在当时都有“模范纱厂”之称。

晋华纺织厂为徐一清（阎锡山叔丈，曾任山西都督府财政部部长等职）召集资本家所办，选址在山西榆次。以股份制募集资金，1920年募得40万元。晋华厂于1920年破土动工，1924年6月1日投产。它是近代山西建立最早、规模最大的棉纺织企业。其影响一直持续到20世纪末，在20世纪80年代，晋华厂的发展进入鼎盛时期。

恒丰纺织新局分纺纱与织布两部门，1909年拥有纱锭15000枚，布机350台，动力为蒸汽机。所用原棉产地以江湾为主。其所产机纱除了用于本厂织布，约有四分之三供给市场。出产棉布以销售本市为大宗，同时在外埠汉口、广东有很大销路。

晋华纺织厂在设立之初仅有纺纱部门，拥有纱锭12800枚，动力为蒸汽机。所用原棉来自山西本地。产品销售至省内各县及平汉铁路沿线的河北石家庄、清苑、获鹿与河南许昌。②

（二）两厂历年资本量、设备及动力来源变化情况

这里对1936年前恒丰、晋华两厂资本量、设备及动力来源变化情况整理后得表5.14。

表5.14 恒丰、晋华两厂历年资本量、设备及动力来源变化

年份	资本量		纱锭数量（枚）		布机数量（台）		使用动力	
	恒丰	晋华	恒丰	晋华	恒丰	晋华	恒丰	晋华
1909	54	—	15000	—	350	—	—	—
1912	—	—	—	—	—	—	改用电力	—

① 关于大中华纱厂的经营及兴衰状况，可见森时彦的研究（[日] 森时彦著，袁广泉译：《中国近代棉纺织业史研究》，社会科学文献出版社2010年版，第119~254页）。

② 实业部国际贸易局编印：《中国实业志·山西省》，1937年，第12（己）~17（己）页。

（续表）

年份	资本量		纱锭数量（枚）		布机数量（台）		使用动力	
	恒丰	晋华	恒丰	晋华	恒丰	晋华	恒丰	晋华
1918	60	—	—	—	—	—	—	—
1919	90	—	18144	—	450	—	—	—
1920	—	40	—	—	—	—	—	—
1921	—	—	41280	—	614	—	—	—
1924	—	—	—	12800	—	—	—	—
1925	108	—	44400	—	—	—	—	—
1926	—	—	—	13600	—	—	—	—
1929	—	300	—	33600	—	—	—	—
1930	—	400	—	—	—	—	—	—
1931	151. 2	—	—	41744	—	增置毯机 4	—	—
1933	—	—	55152	—	612	—	—	改用电力
1934	—	—	—	—	—	480	—	—

说明：两厂资本量单位不同，恒丰为万两，晋华为万元。

观察表 5. 14 可知，在 1930 年前，两厂皆以发展纺纱部门为重，恒丰厂从 1909—1930 年纱锭数量增长近三倍，而布机数量增长不到一倍，晋华厂甚至未在织布部门有任何投资。在 1930 年后，恒丰厂仅在 1933 年纱锭数量有所增长，晋华厂的投资则主要集中在织布部门。通过观察两厂历年资本量、纱锭数量、布机数量的变化过程亦可得到一个重要信息：在恒丰厂发展陷入停滞的 20 世纪 20 年代后期至 30 年代初，晋华厂却得到了较快的发展。

（三）两厂在 1923 年后棉纺织业危机中的表现

在 1926—1931 年，恒丰厂设备数量并无变化，其经营亦基本处于连续亏损的状态，仅在 1929—1930 年获得盈余，其中 1929 年获利“数十万元”。而这一时期晋华厂设备数量持续增加，在 20 世纪 30 年代初其纺纱部门规模已与恒丰厂相近。在1924年至1931年间，晋华厂共获利242.9万元，其经营状况要好于恒丰厂。

1923年后，中国棉纺织业出现慢性危机，主要表现为花价升高与纱价跌落。其背后有多重推动力，其中，1920年前后以上海为中心的纱厂大发展引起的生产能力过剩、银两汇率提高导致物价指数下跌是研究者们经常提及的因素。但从原料市场及产品销售市场来看，这一危机对作为沿海大都市的上海与地处内地的山西棉纺织业的影响程度是不同的。

与恒丰厂相比，晋华厂在原料与产品销售市场上至少有两点优势：

第一，据时人所言，山西“产棉甚丰”，在“国内棉纺业，均蒙受纱贱棉贵之影响”时，“各厂就地采购，棉价较廉”。① 该观点亦可在价格资料中得到证实。1927年榆次输入原棉均价为37.51元/担②，考虑到当时北方地区（京、津两地）元对上海规元的比率在0.70左右③，该价约合26.26规元/担。这一价格明显低于当年一月上海棉花市场中市价最低的通州棉（29.4规元/担）与太仓棉（28.75规元/担），而1927年亦为1923—1928年上海棉花同期价格最低的一年，其余年份同期价格皆在34规元/担以上。④ 由此可见，在20世纪20年代后期，晋华厂相较恒丰厂在原料采购上具有较大的成本优势。⑤

---

① 实业部国际贸易局编印：《中国实业志·山西省》，1937年，第12（己）页。

② 山西省政府统计处编印：《山西省第九次经济统计正集》第二编，1930年，第271页。

③ 上海银行周报社编印：《中华民国十六年份经济统计》，1927年，第12~13页。

④ 上海市棉纺织工业同业公会筹备会编印：《中国棉纺统计史料》，1950年，第124~125页。

⑤ 关于这一点，森时彦通过对湖南第一纱厂的研究做出精辟的概括：1923年后，在棉纱市场上实现了产品价格的统一，而在原棉市场上形成了既有统一性又有差异性的原棉价格体系（［日］森时彦著，袁广泉译：《中国近代棉纺织业史研究》，社会科学文献出版社2010年版，第348页）。1923年后，以湖南第一纱厂为代表的内陆民族资本纱厂的“黄金时期”由此形成。袁为鹏进一步把1923年后棉纺织工业向内地扩展的趋势归因为内地厂商靠近原料产地与销售市场，但对此结论的证实尚需更多的实证研究（袁为鹏：《聚集与扩散：中国近代工业布局》，上海财经大学出版社2007年版，第137~143页）。这里通过对山西市场这一极具典型性市场的研究，进一步证实了两位学者的观点。

第二，恒丰纱厂地处上海，产品以上海本地及汉口、广东等通商大埠为主要销路。虽然恒丰纱厂可称为民族资本棉纺织业中的翘楚，但进入 20 世纪 20 年代后，资本、设备规模在其之上的日资纱厂纷纷设立，其面临的竞争激烈程度可想而知。而在当时山西棉纱市场上，外来产品输入尚为有限，1922 年，输入日棉纱尚合 3775 包，本国棉纱 4254 块。① 至 1927 年，输入日棉纱仅合 346 包，本国棉纱 32682 块。② 而在 1932 年，榆次纱厂仅输往河北高阳一处之机纱即达 2760 包。③ 即使至 1930 年前后，“天津、上海、河北输入之棉纱，尚不及本省（山西）所产者百分之二”④。可见，在山西棉纺织工业初创之时，外来机纱尚无能力在山西全面打开市场，这为晋华厂的发展提供了良好的契机。1930 年前后，在山西各纱厂中，晋华厂占到山西各纱厂总需棉量的二分之一强，而产量更可占到总产量的三分之二。⑤ 其在山西棉纱市场上几乎处于垄断地位。加之 20 世纪 20 年代中期山西各县农村生活水平提高，生活必需品之外可支配收入的增加为主要面向省内市场的晋华厂带来了需求的增长，其面临的市场环境要优于恒丰纱厂。

（四）两厂在 20 世纪 30 年代棉纺织业危机中的选择

1931 年后，中国棉纺织品市场形势急转直下，恒丰厂出现连续亏损，从 1932—1935 年每年亏损额分别达到 24 万、61 万、32 万、82 万元，几乎呈持续增加之势。同时，恒丰厂的负债率迅速增加，至 1935 年几乎达到 100%。由于经营管理不善，作为恒丰厂最大债权人的浙江兴业银行已着手对其进行严格管理，不仅派员监督其财务收支，对其经营活动及聂氏家族生活费用开支亦严加控制。

---

① 山西省长公署统计处编印：《山西省第四次经济统计正集》第二编，1924 年，第 49 页。

② 山西省政府统计处编印：《山西省第九次经济统计正集》第二编，1930 年，第 65 页。

③ 吴知：《乡村织布工业的一个研究》，商务印书馆 1936 年版，第 66 页。

④ 实业部国际贸易局编印：《中国实业志·山西省》，1937 年，第 24（己）页。

⑤ 实业部国际贸易局编印：《中国实业志·山西省》，1937 年，第 13（己）~15（己）页。

据上文可知，1931年后国内棉纺织业在棉布领域的市场形势要远好于棉纱领域，但纺纱业为恒丰厂发展之重，织布业自1921年后几无扩张，如此时恒丰厂能转变经营方向，在织布业领域加大投入，经营形势或许会有转机。而从表5.14中呈现的设备及技术变化情况看，1931年后恒丰厂并无明显改变经营方向之举措。事实上，恒丰厂自20世纪20年代末便始终处于高负债率的状态，即使在经营形势一度好转的1929年与1930年，由于借入浙江兴业银行巨资扩大纱厂规模，这一状态也并无改变。由于恒丰厂经营与财务持续恶化，浙江兴业银行已不愿继续为恒丰提供贷款，其间甚至提出以350万元代价了结其债权的方案。恒丰厂在当时即使有转变经营方向的计划，亦恐是力不从心。于是在1935年秋，拥有40余年历史的恒丰厂宣告停业。

1931年后，晋华厂面临着与恒丰厂极为相似的危机，经营亦陷入亏损。但在1930年，晋华厂所有资本中，民族工商业投资占到80%以上，来自银行借贷的资本（官僚资本）仅占12.14%。其间晋华厂向天津中国银行借入240万，省内各银行借入160万，以图改善经营。

为走出困境，晋华厂采取了以下措施：缩减工资开支，包括使用工资支付券，减少工人工资；更新设备，改蒸汽动力为电气动力；改变经营方向，在机制棉布领域开辟新的市场，在1931年新建织毯车间，在1934年增购布机480台，新建织布车间，并租办祁县益晋染织厂；在经营方式上，与晋生、益晋两厂统一联合经营。在晋华厂这些举措中，除了降低开支、提高生产效率等方面，最明显的变化在于由纺纱业向织布业经营方向的转变。而这一举措的成效亦是可见的。

1935年，晋华厂遭遇了与恒丰厂相似的经历。由于当年亏损严重，晋华厂由其最大债权人天津中国银行代管。银行代管后，立即扩大生产规模，更新生产技术，设备全开，使晋华厂扭亏转盈。

1936年后，随着物价上涨、市面好转，恒丰与晋华两厂经营状况皆转好。1936年，浙江兴业银行将恒丰出租给中国棉业公司，在租赁期间更名为“恒丰中记纺织新局”，于1936年9月21日开工。最初仅开工半数，后因物价上升、市面好转，加之具有官办企业垄断棉价及低利金融之便，全部开工。至抗战全面爆发前，经营状况良好，仅1936年底盈利便达95万元。而晋华厂1936年10月至1937年10月盈利亦高达268.5万元。

（五）从恒丰、晋华两厂的发展历程看不同区位类型棉纺织企业市场环境的差异

以20世纪30年代两厂的发展经历看，经营状况似乎完全取决于市面形势，两厂在1936年后经营的好转似乎也是殊途同归。但从两厂在30年代前期危机中的选择与表现来看，相比遭遇银行监管无效停工的恒丰厂，晋华厂应对危机的举措明显更为主动，且更有成效。

这里对两厂的对比分析，为上文中关于20世纪二三十年代中国各区域棉纺织业原料采购与产品销售市场相对独立性的讨论，提供了一个个案研究。在20世纪20年代，晋华厂地处内地，其原料采购市场与产品销售市场受全国棉纺织业中心上海的影响较小，因此，1923年后以上海棉纺织业为中心的慢性危机并未对晋华厂的发展带来明显影响。在1931年后，棉业危机虽对晋华厂的经营影响变大，但据前所述，当时关税政策造成机制棉布进口量锐减，为内地市场机制棉布部门创造了更明显的需求增加，加之经济危机前晋华厂较好的经营状况，使该厂有可能以及有能力通过改变经营方向，由纺纱业转向织布业，从而实现扭亏转盈，在改善经营方面取得较为明显的成效。

回顾本章第一节内容，中国棉纺织工业由以上海为中心的沿海向内地的扩散，是其空间分布变化的一大重要特征。这一扩散进程开始于20世纪20年代，在30年代新关税政策的作用下变得更加显著。

关于这一问题，森时彦把1923年后称为“内地棉纺织业的黄金时期”，其通过对湖南第一纱厂的研究，以及对上海与华南纱价、花价相关性的考察做出精辟的概括：1923年后，在棉纱市场上实现了产品价格的统一，而在原棉市场上形成了既有统一性又有差异性的原棉价格体系。① 因

① ［日］森时彦著，袁广泉译：《中国近代棉纺织业史研究》，社会科学文献出版社2010年版，第348页。

此，1923 年后上海纱厂陷入慢性危机，内陆民族资本纱厂却迎来了发展的“黄金时期”。久保亨把 20 世纪 30 年代棉纺织工业向内陆发展的倾向归因为抗战时期工业向后方的迁徙，以及内陆地区接近原料产地与消费市场的优势。[①] 袁为鹏通过对上海与内地纱厂数量和设备数量的统计，以及对裕华、大兴两厂选址情况的研究，亦把 1923 年后棉纺织工业向内地扩散的趋势归因为内地厂商靠近原料产地与销售市场。[②]

本章中关于全国各区位类型纱厂发展情况的考察，体现出了与几位学者观点相似的特征。而通过上文中对五个省份棉纺织业原料采购、产品销售市场的分析，可以对 20 世纪二三十年代棉纺织业向内地扩散的趋势做出进一步理解。全国各区域市场的相对独立性，使得 1923 年后上海棉纺织业所面临的“纱贱花贵”的市场形势不能有效传导至全国各区域市场，从而使得各区域纱厂获得了发展契机。而在 1931 年后，棉业危机虽对内地厂商亦有重大影响，但据前所述，由于当时关税政策带来机制棉布进口量的锐减，在华东市场以外的各区域市场为机制棉布部门创造了更明显的需求增加。而与上海厂商相比，上海以外各区域厂商更能够抓住这一关税政策创造的市场需求，及时转变经营方向，从而呈现出较好的发展势头。

---

① ［日］久保亨：《戦間期中国の綿業と企業経営》，汲古书院 2005 年版，第 111～114 页。

② 袁为鹏：《聚集与扩散：中国近代工业布局》，上海财经大学出版社 2007 年版，第 120～143 页。

第六章　机纱消费与中国近代手工棉织业地理格局的变迁

本书第一章从时间、空间角度对机制棉纱进口贸易进行了研究，但并未对国产、进口机纱的需求分布及其对近代手工棉织业地理格局的影响做出探讨。

就机制棉纱进口贸易的影响而言，其对手工棉织业传统生产原料土纱的替代是最为瞩目的。在19世纪末，进口贸易为手工棉织业提供了新原料机纱，进入20世纪后，国产机纱越来越多地参与其中，并最终取代了进口机纱的地位。

19世纪60年代后，机制棉纱输入对中国传统手工棉织业的影响一直是学界讨论的热点问题。其对手纺纱的替代作用及对传统手工棉织业的瓦解作用已被严中平等老一辈学者详细论述。而机纱输入对传统棉织业的积极意义也逐渐被学者们广泛重视。如小山正明认为洋纱的输入使得土布的生产打破了原料供给方面的限制，也使原先棉织业落后地区获得了发展的转机。[①] 赵冈、陈钟毅《中国棉业史》中也详细论述了机制棉纱在这一方面的积极作用，认为近代机纱的输入促使了很多新兴手工棉织业中心的出现。近来区域专题研究中亦有多位学者强调这一点。

正如以上学者所提到的，在机制棉纱的影响下，中国近代传统手工棉

---

① ［日］小山正明：《清末中国における外国綿製品の流入》，见《明清社会経済史研究》，东京大学出版会1992年版，第435～532页。

织业地理格局发生了一些变化。近代以前，中国棉织业集中于长江中下游地区，尤以江南为最。早期棉织品产地四川、广东、福建一带在明清已趋衰落，成为江南、湖北等地手工棉织业的产品销售市场。明清时华北植棉业较为发达，但由于气候干燥，不利于纺纱织布，故棉织业较长江流域落后，由此形成“吉贝（棉花）则泛舟而鬻诸南，布则泛舟而鬻诸北”的局面。①

对比以上传统棉织业分布格局，以 20 世纪 30 年代为例，据当时一系列调查资料，手工棉织业在几个主要省份的生产分布如下：山东手织棉布产量达 2000 万匹②，河北手织棉布产量超过 5000 万匹③，江苏手织棉布产量应有 2000 余万匹④，湖北应有 1000 余万匹⑤，而湖南、浙江等省皆在 1000 万匹左右⑥。

可见与传统棉织业分布格局相比，在 20 世纪 30 年代，华北平原地区成为超越江南的新手工棉织业中心。对于这一地理格局变迁过程的讨论，虽然已经有相当多的学者在个案研究上做了详尽的工作，但对其整体和长时段方面的研究还有待进行。

---

① 邹逸麟主编：《中国历史人文地理》，科学出版社 2001 年版，第 247 页。

② 为 1935 年棉统会调查数据。参见严中平：《中国棉纺织史稿》，商务印书馆 2011 年版，第 325 页。

③ 据 1929 年调查，全省手织棉布产值达 81360590 元，按照 1931 年定县土布每匹价格（约 1.4 元）估算，可达 5800 余万匹。参见严中平：《中国棉纺织史稿》，商务印书馆 2011 年版，第 323 页。

④ 据 1934 年调查，沪宁铁路沿线 17 县手织棉布产量达 1400 万匹，这 17 县虽覆盖范围较小，却为手织业最发达的地区，因此估计在 20 世纪 30 年代江苏全省棉布产量可达 2000 余万匹。参见严中平：《中国棉纺织史稿》，商务印书馆 2011 年版，第 327 页。

⑤ 据 1934 年棉统会调查，湖北 17 县手织棉布产量为 690 万匹，这 17 县为家庭手织业重要产区，因此估计全省棉布产量应有 1000 余万匹。参见严中平：《中国棉纺织史稿》，商务印书馆 2011 年版，第 329 页。

⑥ 在湖南省，据 1935 年统计，手织棉布总值达 14465361 元。在浙江省，据 1934 年调查，12 县共产布约 600 万匹。因此估计两省手织棉布产量均在 1000 万匹左右。参见严中平：《中国棉纺织史稿》，商务印书馆 2011 年版，第 327～330 页。

近代以来，进口机制棉纱的输入打破了传统手工棉织业在原料供给方面的限制。那么，机纱在多大程度上以及如何改变了中国传统手工棉织业的地理格局？在第一章内容的基础上，本章将进一步关注进口、国产机制棉纱的合力，以及在这一合力下近代手工棉织业地理格局变迁的过程。

本章内容将围绕以下问题进行：

第一，19 世纪末，机纱进口贸易对传统手工棉织业地理格局的影响如何？原因何在？

第二，在 20 世纪初，国产机纱参与到中国手工棉织业的供应之中，此时手工棉织业地理格局是否发生了变化？

第三，在 20 世纪 30 年代，国产机纱已取代进口产品，成为绝大多数手工棉织业的生产原料。与 20 世纪初相比，当时的手工棉织业的地理格局是否得到了延续？

第一节　19 世纪末进口机纱消费分布与手工棉织业地理格局变化

19 世纪后期，银钱比价的下降导致了机纱的铜钱计价下降，最终导致机纱与以铜钱计价的棉花相比相对价格下降，即纱花比价下降，从而构成了机纱在这一时期输入量加速增长的一个重要因素。在这一因素下，机纱消费呈现出了怎样的分布特点？而此时手工棉织业生产地理格局又出现了怎样的变化？

一、19 世纪末各区域机纱消费量及人均消费量比较

19 世纪末机纱消费在各区域分布如何？以下是 1899 年各区域机纱消费量的对比（见表 6.1）①，同时为了消除区域划分上的不均，这里借用

① 选取 1899 年是为了避免北方地区在 1900 年后因战争导致贸易量减少所引起的干扰。

1880 年的人口数据，考察 1899 年各区域人均机纱消费量。①

表 6.1　1899 年各区域机纱消费量对比

地区	机纱消费量（关担）	人均消费量（关斤）	所占比重
华南	609679	1.24	18.56%
华东	726207	1.90	22.11%
华中	598288	0.77	18.21%
华北	462847	0.50	14.09%
西南	620142	1.02	18.87%
东北	267934	1.45	8.16%

观察表 6.1，虽然传统棉织业中心华东地区在机纱消费总量与人均消费量上都居于首位，但是另一传统棉织业中心华中地区在人均消费量上居倒数第二位，在消费总量上也仅居第四位。再看各区域消费量在全国所占比重，非产棉区的华南、西南、东北共占去超过 45% 的份额，再加上同为非传统棉织业中心的华北，其份额接近 60%。可以说 19 世纪末输入的机纱中，大半被非传统棉织业中心的地区所消费。因此通过上表可知，虽然上文对 19 世纪末 20 世纪初全国手织棉布总产量的估算显示当时全国手工棉织业规模在整体上并无重大变化，然而这一各区域机纱消费量的对比暗示了当时全国手工棉织业地理格局可能已经发生了一些改变。②

二、比较优势与手工棉织业地理格局的变化

一般来说，传统手工棉织业中心多位于自然条件较好、适于植棉的平

① 因为 1900 年前后国内纺纱业已有相当发展，因此这里各区域机纱消费量包括了国内纱厂产品的消费量。

② 虽然按照生产替代模型，非传统手工棉织区域由于面临更低的纱花比价，同等情况下机纱消费量的增长速度理应更为迅速。然而，传统手工棉织区域亦因为织户比重大，纱花比价变化带来的消费量增长更容易体现在人均消费量增长上。

原地带，而土地较为贫瘠、自然条件较为恶劣的山区一般不会有大规模的手工棉织业。回顾第一章中内容，在19世纪最后几十年，纱花比价出现了持续下降。而这一下降趋势对两种区域带来的影响是不同的，我们可以用比较优势理论来分析这种差异。为方便起见，假设农民从事的副业为棉织业与其他副业两种。由于资源禀赋的差异，在自然条件较为恶劣的山区从事这两种副业都比在自然条件优越的平原地区面临着更高的成本，简单而言，对棉织业来说便是面临更高的棉价与手纺纱价。而进口机纱的输入以及纱花比价的持续下降首先降低了这些地区从事棉织业的成本。而对于传统棉织业区域，由于产棉区本身较低的棉价与手纺纱价，以及其产品市场对土纱的需求，低价机纱带来成本上的节省相较而言并不是十分明显。[①]这样就形成了自然条件相对恶劣地区在棉织业上的比较优势，即相比从事其他副业，从事棉织业更为划算。根据比较优势理论，新兴的依赖于进口机纱的手工棉织业将集中于这些区域，并且形成产品输出的贸易分工。下面将对以上论点进行实证性研究。

事实上，在这一时期的文献资料中，关于在非传统棉织业中心，甚至偏远内地形成新兴的依赖于进口机纱的手工棉织区的记载屡见不鲜。

首先，在西南地区，四川产棉区集中在东部的简州、资阳以及涪江冲积平原射洪、遂宁一带。据英国布莱克本商会（The Blackburn Chamber of Commerce）在19世纪末的调查报告中称："以往遂宁棉花收获每年约值二十万两，现在已降至十万两。这种下降完全由于廉价的印度棉纱和日本棉纱的大量输入所致。""过去在遂宁织造和运出的土布，其价值每年向为一百万两，现在已降为七十万两。"而在其他地区，如本地不出产棉花的嘉定，"城内有相当大的手工织布业……进口洋纱的需要日有增加，不仅城内织户需要洋纱，城外各区织户也同样需要"。对此，该报告得出结论："因为印度棉纱的输入，使各地手工织布业散布更广，因而使一向把手工

① 如表1.1中所示，在湖北西北部，直到1900年机纱价格仍未完全低于手纺纱价格。

纺织集中起来的遂宁受到损害。”①

贵州亦有安顺、黄草坝（今贵州兴义）、独山三个新兴的手工棉织业中心，并且在“近二十年来，织布业有了迅速的成长”，其中黄草坝因“每年输入的大量印度棉纱及该镇和邻近地方用印度棉纱织出的布匹而闻名”。②

在当时的“四川、云南南部、贵州、广东等省，不论走到哪里，我们都发现有或多或少的织布业……有些城市及其邻近地带的织布业已经成为区域化的专业。从这些织布中心，向广大地区发出大量的布匹”③。

其次，在华南地区，广东地区的棉织业仰赖外埠的棉花供给，但随着纱花比价的下降，进口机纱逐渐替代了土纱，成了棉织业的主要原料。英国在华总领事馆的商务报告中称，广东传统棉织业中心之一的兴宁一带，1880 年后由于孟买棉纱售价低廉，“足使织布者获得优厚的利润”，因此机纱的输入增加。到 1890 年前后，汕头一港的“棉纱进口，俱为兴宁县织布之需。而所织之布，则发往各处销售，是则棉纱进口旺弱，亦视兴（宁）之布畅滞如何耳”。④

对比作为产棉区的新造县，原先“所出之棉花……为各属冠。往时业此者甚多，几于无男不种植，无女不纺织”。而至 1900 年前后，“纺织业并日就衰落，而种棉者因亦渐稀”。⑤

最后，在华北地区，据 1887 年的海关贸易报告称，由于机纱的输入，当时“本省（山东）土纱纺织业几乎全部停歇”。至 1892 年，更有报告称

---

① 彭泽益编：《中国近代手工业史资料（1840—1949）》第二卷，生活·读书·新知三联书店 1957 年版，第 213 页。

② 彭泽益编：《中国近代手工业史资料（1840—1949）》第二卷，生活·读书·新知三联书店 1957 年版，第 250、214 页。

③ 彭泽益编：《中国近代手工业史资料（1840—1949）》第二卷，生活·读书·新知三联书店 1957 年版，第 238 页。

④ 彭泽益编：《中国近代手工业史资料（1840—1949）》第二卷，生活·读书·新知三联书店 1957 年版，第 207～208 页。

⑤ 彭泽益编：《中国近代手工业史资料（1840—1949）》第二卷，生活·读书·新知三联书店 1957 年版，第 218～219 页。

镇江“北方各处之人，俱购洋棉纱自织”，其销路为：“运至徐州五万二千担，运至济宁三十一万七千担，运至开封六千余担，运至归德四千八百余担，运至兖州三千六百余担，运至沂州一千余担，可见新旧黄河腹内各府州县，系购纱自织明矣。”① 由此可知，19 世纪 80 年代进口机纱在黄河流域下游已普及。

根据以上文献资料可总结出两点：第一，19 世纪最后二十年，在长江中下游平原以外的非传统棉织区出现了很多新兴的依赖于进口机纱的棉织区；第二，这些棉织区购纱纺织不仅仅用于自给自足，而是把相当大的一部分产品投向市场，成为新的棉布输出地，影响了传统棉织区的棉布销路。那么，这一系列新兴的棉织区在较大地理尺度上，对棉织业集中于长江中下游这一传统的地理格局有无影响？

关于这一研究，森时彦对机纱输入以来，湖北荆州布在四川运销情况变化的讨论是一个很好的范例。他利用海关贸易报告中汉口、宜昌机纱、棉花转运量，沙市的土布通关数量，以及《通商汇纂》关于 1898—1900 年沙市通关土布的记载，认为 19 世纪 90 年代机纱在四川输入量激增，同时上海棉花输入四川量减少是四川传统棉织业迅速以机纱替代土纱的重要原因，随之而来的便是荆州布在四川销路的大减。②

事实上这一现象不仅出现在四川与湖北之间，如张之洞在 1890 年所言：“向来四川、湖南、河南、陕西皆销湖北棉布，湘江沿汉岁运甚多，实为鄂民生计之一大宗。近年洋花、洋纱、洋布南北盛行，鄂省花布销路顿稀，生计大减。”③ 进口机纱的输入导致传统棉织业中心湖北对周围省份的土布输出均大减。

---

① 彭泽益编：《中国近代手工业史资料（1840—1949）》第二卷，生活·读书·新知三联书店 1957 年版，第 208～210 页。

② ［日］森时彦著，袁广泉译：《中国近代棉纺织业史研究》，社会科学文献出版社 2010 年版，第 58～118 页。

③ 〔清〕张之洞：《粤省订购织布机器移鄂筹办折》（光绪十六年闰二月初四日），见《张文襄公全集》第一册，中国书店 1990 年版，第 551 页。

在华南地区亦出现这一现象。当时汕头、广州分别为华南地区最重要的土布输出、输入港口。以下是 19 世纪后期至 20 世纪初两港的土布贸易状况：

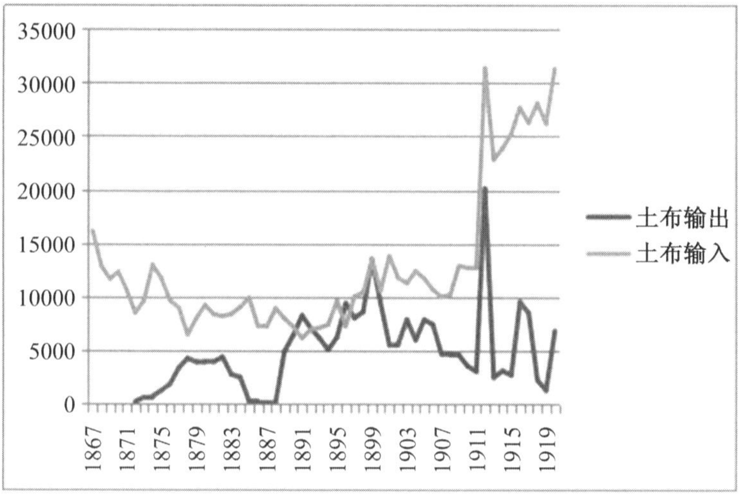

（单位：关担）

图 6.1　1867—1920 年广州、汕头两港土布贸易变化

据图 6.1 可见，在 19 世纪后期，汕头的土布输出量处于上升趋势，广州的土布输入量则处于下降趋势。根据这一趋势亦可判断，机纱输入使得华南地区手工棉织业规模扩大，从而导致其传统土布供给地——江南等地土布销售市场缩小。

由以上分析可见，在较大地理尺度上，机纱的输入的确引起了手工棉织业生产格局的一些变化，传统棉织业中心的地位被削弱了。

三、关于进口机纱消费分布与手工棉织业生产地理格局的定量分析——以湖南、江西为例

这一部分将从较小的地理尺度出发，通过考察湖南、江西两省的机纱输入分布来讨论上述差异。通过考察可知，在这一较小的地理尺度上，这

一差异也是存在的。

在以上的考察中，将湖南、江西两省均归入华中传统棉织业中心区，但是棉织业在两省的分布也是极为不均匀的。

近代之前两省纺织业的分布情况举例如下：

湖南手工纺织业集中在长沙、岳州、永顺等地。

长沙：湘乡、攸县、浏阳、茶陵出苎布。

岳州：巴陵、平江出绢，平江出葛布，诸县皆出苎布。

永顺：诸县皆出棉花，织成布皆粗厚。

其余州府亦有州县出产各种麻布，如：

永州：零陵、道州出细葛布。

宝庆：邵阳出麻布。

靖州：州县皆出葛布。

沅州：黔阳、麻阳出葛布。

江西手工纺织业集中在饶州、九江、抚州、南昌等府。

饶州：饶州出纱，颇坚厚，似绢，各县出苎布。

九江：星子县出葛布，各县出苎布。

抚州：金溪出苎布，崇仁、宜黄出葛布。

南昌：丰城出棉布、苎布、丝布。

此外，建昌府亦有葛布、夏布出产。

虽然以上记载部分反映了麻纺织业的分布状况，但仍有助于我们对两省手工纺织业分布的了解，即集中于洞庭、鄱阳湖区及湘江、赣江下游平原地区。下面再来分析两省棉花种植的分布状况。

就产棉来说，19世纪末湖南产棉区集中在洞庭湖平原，以临湘为最，其次为湘乡、攸县、茶陵、衡山、永明、巴陵、华容、桃源、龙阳、沅江、泸溪、澧州、石门、安福、安乡、慈利、桂阳等处，再次为长沙、湘阴、浏阳、醴陵等处，又次为善化、安化、零陵、祁阳等处，清泉、酃县、桂阳州、东安、靖州等处产棉最少。江西则集中在九江、南康、饶州三府，以德化、湖口、彭泽、都昌为最，其次有鄱阳、余干等县。①

可见两省棉花种植亦集中于上述纺织业集中区。虽然近代以前难以找到各地棉布出产的系统记载，但据此可以断定，洞庭、鄱阳湖区及湘江、赣江下游平原地区即两省传统的棉纺织中心。②

19 世纪后半叶，湖南、江西分别为汉口、九江两港最重要的机纱销售腹地，而两省机纱的输入也绝大部分通过两港。以下通过考察两港输入机纱子口贸易的分布情况，对湖南、江西两省的机纱输入分布做一考察。海关贸易报告中收录有汉口港 1873—1895 年分府州的子口贸易统计和九江港 1885—1897 年分府州的子口贸易统计。领取子口税单的目的是为规避地方税收厘金，因此其上的运销地点是可以反映产品的运销目的地的。

那么，领取子口税单的机纱输入量变化情况是否反映了机纱输入总量的变化？下面是汉口、九江两港在 19 世纪 70 年代至 1904 年领取子口税单机纱输入量占总量比重以及领取子口税单机纱输入量与输入总量变化曲线。通过表 6. 2 及图 6. 2 可知，除了 1902—1904 年，九江港在其余时间领取子口税单机纱输入量的变化情况与其输入总量非常一致，且领取子口税单机纱输入量所占比重在 1902 年前历年皆将近 100%。汉口港历年情况不一，但大体也可占到将近半数。因此用输入机纱子口贸易分布情况及变化趋势来考察较小地理尺度上机纱的输入分布及变化情况是科学的。

表 6. 2　汉口、九江领取子口税单机纱输入量占总量比重

年份	汉口领取子口税单机纱输入量占总量比重	九江领取子口税单机纱输入量占总量比重
1875	34. 62%	—
1876	70. 78%	—

① 这里为《棉业图说》的调查，完成于 1905—1909 年，该书是近代第一部全国范围内较为详尽的棉产调查资料。由于当时机器纺织业尚未大规模发展，因此我们可以用之反映 19 世纪末的棉产分布状况。农工商部编印：《棉业图说》，1910 年。

② 之后关于 20 世纪 30 年代棉布出产的统计也可以印证这一点。

（续表）

年份	汉口领取子口税单机纱输入量占总量比重	九江领取子口税单机纱输入量占总量比重
1877	53.72%	—
1878	58.14%	82.26%
1879	48.46%	—
1880	45.91%	—
1881	45.05%	—
1882	32.34%	—
1883	44.17%	—
1884	29.70%	93.59%
1885	25.50%	91.52%
1886	24.49%	97.22%
1887	14.06%	98.79%
1888	23.71%	95.69%
1889	30.89%	98.93%
1890	73.11%	100.00%
1891	95.65%	97.59%
1892	70.27%	98.25%
1893	50.18%	100.00%
1894	62.79%	95.50%
1895	100.00%	97.61%
1896	59.58%	100.00%
1897	56.91%	99.32%
1898	57.00%	98.04%
1899	25.07%	95.97%

（续表）

年份	汉口领取子口税单机纱输入量占总量比重	九江领取子口税单机纱输入量占总量比重
1900	28.62%	92.31%
1901	19.07%	91.55%
1902	24.59%	67.46%
1903	30.58%	22.83%
1904	34.62%	3.82%

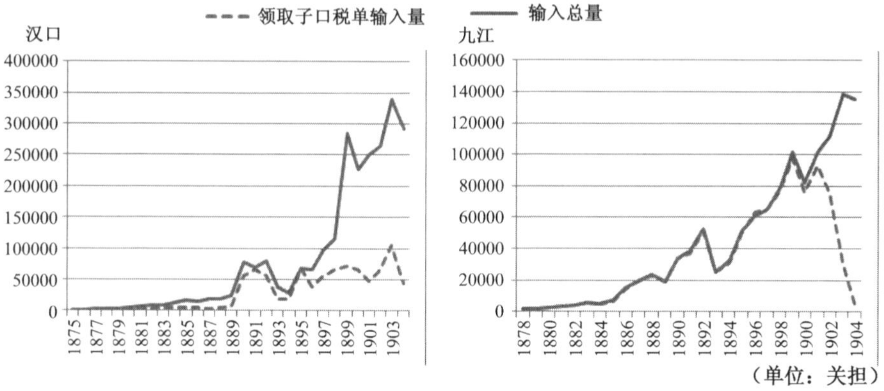

图6.2　汉口、九江领取子口税单机纱输入量及输入总量变化趋势

汉口、九江两港子口贸易的分布情况都以府州一级为单位，其中需要说明的是，湖南道州在康熙年间即已降为散州，并入永州府，而汉口港子口贸易运销目的地中还有“道州”一项，因此只有在区域划分上稍做改动，把原道州单独划出。事实上这为空间分析带来了便利，永州与道州属两个不同的地理单元，而道州为产棉区，且产量应不低。① 对19世纪后期湖南、江西两省进口机纱输入分布情况整理为表6.3、表6.4。

① 道州产棉、纺织区集中于永明、江华等地。

表6.3　1875—1895年湖南进口机纱输入分布

单位：关担

年份	长沙	常德	郴州	辰州	道州	衡州	靖州	澧州	永州	岳州
1875	9	—	—	—	—	18	—	—	87	—
1876	9	—	—	—	—	264	—	—	650	—
1877	3	3	—	—	—	798	—	—	261	3
1878	6	—	—	—	—	846	—	—	492	—
1879	—	—	—	—	—	762	—	3	813	—
1880	9	0	—	—	—	240	6	0	1734	0
1881	27	24	—	3	—	181	17	0	2391	0
1882	6	6	6	—	—	36	3	—	2511	—
1883	39	12	9	3	—	507	0	0	2772	0
1884	105	114	0	0	—	1403	9	0	1597	6
1885	45	111	0	9	—	1284	18	0	1686	6
1886	137	84	0	0	—	1128	21	0	1149	0
1887	39	12	—	3	—	307	—	—	1722	—
1888	26	183	0	3	30	1107	3	0	1397	3
1889	30	180	0	18	54	1356	22	3	2109	66
1890	474	390	462	99	222	3168	246	9	11332	183
1891	1672	738	807	308	1059	2789	573	21	12239	138
1892	2711	339	507	501	1098	1998	513	708	12924	21
1893	771	120	30	777	336	960	84	660	5340	0
1894	525	69	6	63	369	1740	87	954	5052	0
1895	1689	237	54	207	216	2850	141	1851	17002	384

表6.4　1884—1897年江西进口机纱输入分布

单位：关担

年份	抚州	赣州	广信	吉安	建昌	临江	南安	南昌	南康	饶州	瑞州	袁州
1884	0	201	12	1212	3	—	1146	2292	0	0	24	0
1885	3	189	6	1201	0	—	2948	2298	0	0	78	0
1886	0	681	12	804	3	60	9270	3430	0	0	213	3
1887	0	4467	24	1383	6	160	10716	2499	0	0	180	3
1888	0	1083	60	1107	9	168	16953	2910	120	0	144	24
1889	0	1758	45	654	12	183	11917	3095	1208	0	249	12
1890	0	2463	72	672	12	1524	22174	5759	327	0	767	27
1891	12	4149	102	1266	183	4023	19257	6561	0	0	1731	3
1892	1806	2403	114	1677	4050	6651	22254	7821	0	6	4368	174
1893	276	1263	81	369	1080	300	11733	9855	0	0	327	51
1894	192	1221	99	970	984	12	15510	11569	0	3	240	102
1895	830	1431	113	913	2847	156	23925	18740	0	0	417	162
1896	3030	2019	118	1353	3915	1488	22530	27197	0	6	987	585
1897	4769	2545	147	1297	4572	4169	22058	22821	93	6	1188	1305

由表6.3、表6.4可知，湖南、江西的机纱输入分布都很不均匀，湖南永州一府历年输入量可占总量大半，衡州的输入量也较多，长沙、岳州、常德等地相对较少。江西历年机纱输入先是集中在南安一府，19世纪90年代南昌府输入量激增，逐渐赶上并超过南安府。此外，赣州、吉安、临江、瑞州等地也有较多输入，广信、南康、饶州等府输入最少。同时可看到，虽然各地机纱输入量不均，但从19世纪80年代后期开始呈迅速增长之势是各地的共同特点。

参照《棉业图说》，湖南、江西两省各府州的产棉区与上述机纱输入较少的府州相对应，机纱输入较多的府州与非产棉区相对应。而机纱输入最为集中的湖南永州府和江西南安府、南昌府处于临江位置，交通上具有航运之利。

通过以上考察可知，在较小地理尺度上，机纱的输入也倾向于非传统植棉区，即非传统棉织业中心。并且在较小地理尺度上，这种差异体现得更为显著。

然而，这一机纱输入的地域差异在当时是否改变了两省的传统棉织业地理格局？虽然在文献资料上这一点难以得到很好的说明，但是我们仍可以通过机纱输入量来估计当地的土布生产能力。子口贸易统计显示，1895年永州府输入机纱17002关担，南安府输入机纱23925关担，但据上文对子口贸易所占比重的考察，这里永州府的实际机纱输入量或许可达上述数字的两倍。

这里采用徐新吾借用土布产量估计用纱量的方法①，推算出土布产量。故1895年永州府大约可出产土布1631670匹，南安府为2296065匹。除以当时两府各自的人口数，永州府人均可得土布1.5匹，南安府则高达3.8匹。② 而据徐新吾推算，1894年人均土布消费量为1.65匹。③ 南安府远超这个数字，而永州府1.5匹系最保守估计，考虑到其实际机纱输入量，人均土布消费量估计在1.65匹之上。而这一人均消费量在1910年的江苏也仅为1.5匹左右（机纱织布产量）。由此可推测在机纱输入的作用下，两地形成了新的棉织业中心，并向周边市场输出产品，因此两省棉织品产销格局的改变也在情理之中。

这里我们可以做出推论，19世纪后半叶，机纱的输入在较小的地理尺度上亦存在空间差异，这些差异使一些非产棉区、非传统棉织业中心获得

---

① 即土布产量/1.05＝土布用纱量。这里0.05为上浆率。土布匹重为1.0941关斤。参见徐新吾主编：《江南土布史》，上海社会科学院出版社1992年版，第210页。

② 永州府人口在1880年、清末新政期间分别为222.9万、218万，南安府人口分别为60.7万、53.5万，没有太大出入。这里计算选用1880年数据，其中永州因不包括南部原道州之地，人口数按一半计。曹树基：《中国人口史·清时期》，复旦大学出版社2001年版，第692～693页。

③ 徐新吾主编：《江南土布史》，上海社会科学院出版社1992年版，第218页。

了发展棉织业的机会。同时，通过永州、南安等地的实例可以看出，在机纱输入的形势下，交通区位因素同生产原料因素一样，成为发展手工棉织业的重要因素。

回顾第一章内容可知，19 世纪后期，银钱比价的下降导致了机纱的铜钱计价下降，最终导致机纱与以铜钱计价的棉花相比相对价格下降，即纱花比价下降，从而构成了机纱在这一时期输入量加速增长的一个重要因素。而通过进一步考察可知，这一趋势在各区域是基本一致的。本节通过对全国各区域较大地理尺度的考察，以及对湖南、江西两省较小地理尺度的考察可知，19 世纪后期进口机纱的消费呈现出倾向于非传统产棉区、非棉织业中心区的特点，同时传统的棉织业地理格局也发生了一定程度的改变。这其中纱花比价的下降为这些区域手工棉织业带来的比较优势是一个重要原因。

第二节　20 世纪初进口机纱主导下机纱消费变化趋势与手工棉织业地理格局的重塑

关于 20 世纪初失去银钱比价下降这一重要动力后的机纱贸易变化趋势，在第一章中已经予以讨论。与之相应的，在 19 世纪末形成的手工棉织业生产地理格局又出现了何种变化？而在 20 世纪初重新塑造的机纱消费、手工棉织业地理格局是否能较长时间地保持？本节将针对以上问题进行讨论。

一、20 世纪初各区域机纱消费量

进入 20 世纪尤其是 1903 年后，随着银钱比价的回升，机纱价格迅速升高，从全国来看，在 20 世纪前十几年，机纱进口量呈下降态势。由于这一时期国内机器纺纱业已初具规模，因此把国产机纱产量与机纱进口量相加得出机纱需求量。

依图 6. 3 可见，在 1903—1910 年，机纱需求量增长基本呈停滞状态，

而1910年后机纱需求量出现增长。由于1910年后棉价亦上涨，因此据第一章图1.4可见，纱花比价并未随银钱比价的回升持续增高，而是处于波动状态，具体分析，它在1910年前处于下降趋势，1910年后缓慢回升。这对全国范围内的进口、国产机纱需求总量增长还是有一定解释力的。

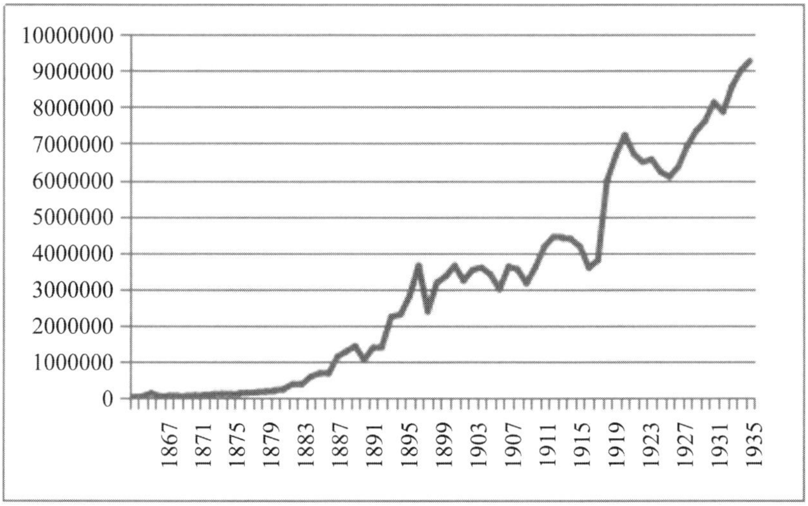

（单位：关担）

图6.3　1867—1936年全国机纱需求量

下面依然以区域为单位进行分析。1901—1916年各区域机纱需求量状况如表6.5所示：

表6.5　1901—1916年各区域机纱需求量

单位：关担

年份	西南	华中	华北	东北	华东	华南
1901	424511	583556	468369	193071	633449	395379
1902	462039	647785	624454	179800	799201	430402
1903	577597	661309	488778	178390	869571	450584

（续表）

年份	西南	华中	华北	东北	华东	华南
1904	589890	617800	457647	158945	668826	460332
1905	563784	482630	559560	169084	861407	482836
1906	592632	522074	698935	75675	715014	439870
1907	539665	731677	548413	61032	623025	488665
1908	511747	627666	462395	106045	660212	423860
1909	517448	707788	634475	147286	826655	427619
1910	453155	711425	695389	136702	631067	427389
1911	434298	582656	587449	74227	656291	368299
1912	530719	767210	729529	84335	404542	560946
1913	505818	843169	895286	110165	753924	603809
1914	637286	898019	865714	121319	455376	559228
1915	504653	1004833	748477	98734	1072634	547434
1916	460599	1014132	965601	93316	746704	370607

1900—1916 年经银钱比价修正过的各区域机纱需求量、价格及纱花比价指数如图 6.4 所示。具体分析各个区域情况，华北地区机纱消费量大体呈持续上升之势；西南、东北地区持续下降；华中、华南、华东地区在 1910 年前波动中有所下降，之后有所上升。① 而对比价格指数可见，除了西南地区，价格变动对各地在 1910 年前的机纱需求量波动情况都可以在一定程度上予以合理解释。而在 1910 年后，华北地区的机纱价格处于较高位置，但机纱需求量在这一形势下出现了大幅增加。

① 虽然这里华中区的机纱消费量在 1910 年后有较为明显的上升，但需注意，从海关埠际贸易统计来看，这一时期汉口国产机纱输出量锐减，而我们又难以获得这一时期汉口纱厂的具体开工率，因此这里机纱消费量的上升很可能是对其间汉口纱厂产量的高估所致。

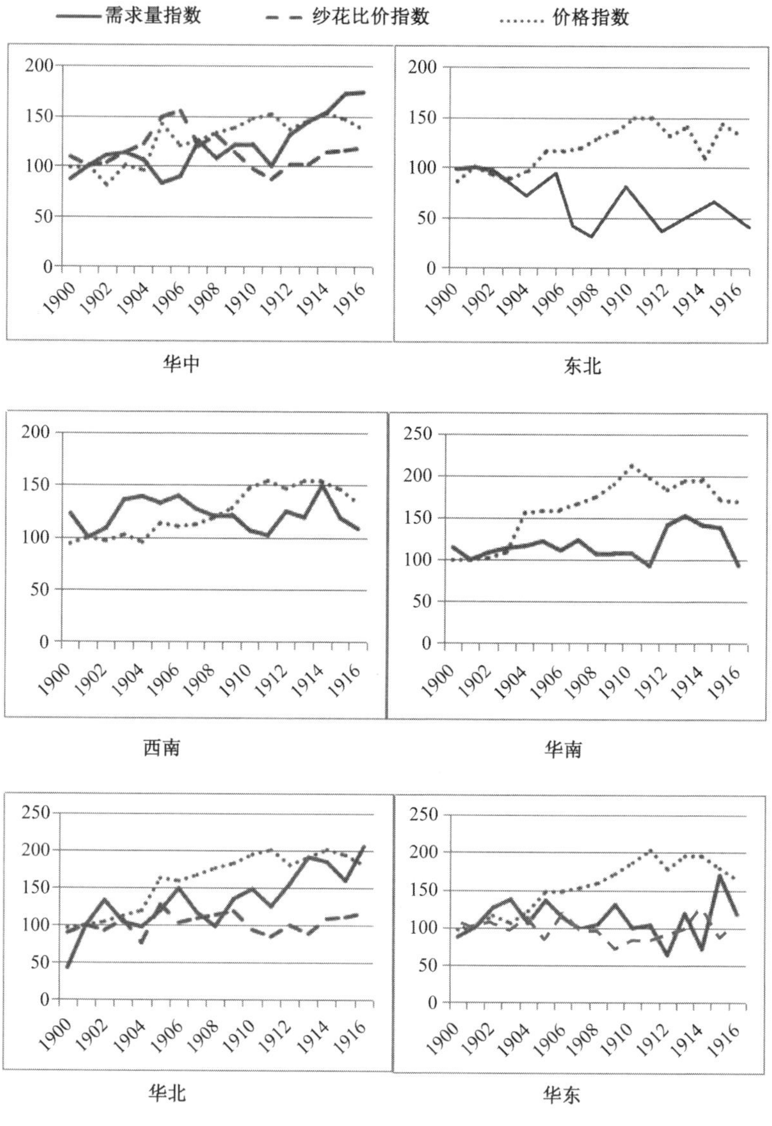

图6.4　1900—1916年各区域机纱需求量、价格及纱花比价指数

（以1901年为基期）

在图6.4及表6.5中，国产机纱各区域运销量采用海关贸易报告中埠际贸易数据计算。下面通过考察海关埠际贸易中华东、华中国产机纱输出

量占总产量比重来确定这一统计是否反映了真实的运销情况，见表6.6。

表6.6　华东、华中国产机纱输出量占总产量比重

年份	华东	华中
1901	36.23%	6.86%
1902	32.22%	9.39%
1903	17.08%	19.29%
1904	22.75%	31.38%
1905	22.33%	40.46%
1906	33.00%	31.12%
1907	31.25%	6.21%
1908	30.09%	2.70%
1909	30.02%	4.26%
1910	37.56%	—
1911	44.42%	—
1912	63.02%	—
1913	36.74%	1.00%
1914	62.57%	2.64%
1915	47.19%	1.87%
1916	53.08%	1.24%

通过表6.6可见，华东地区埠际贸易统计中记载的国产机纱输出量与产量之比由20世纪初的30%左右增长到1916年的53%。这一市场扩张的结果是较为合理的。而参阅严中平、赵冈等学者整理的资料可见，华中地区这一时期的纺织工业事实上并没有明显发展。20世纪初，其市场扩张情况与华东地区类似，之后输出量一直很低，这一方面是因为战乱对贸易的影响，另一方面可能与产量本身的下降有关。而两地都处于传统手工棉织

业中心，大量产品供应当地市场也在情理之中。因此可以认为埠际贸易中的数据反映了当时两地国产机纱的运销状况。

下面对1910年各区域手工棉织业的机纱消费量及人均消费量做一横向比较，见表6.7。将之与上文1899年的情况进行对比，可以更进一步理解这种变化。

表6.7 1910年各区域手工棉织业机纱消费量对比

地区	机纱消费量（关担）①	人均消费量（关斤）	所占比重
华东	542787	1.28	18.60%
华中	663477	0.82	22.73%
华南	427389	0.87	14.64%
西南	453155	0.74	15.52%
华北	695389	0.75	23.82%
东北	136702	0.74	4.68%

相比1899年，无论在机纱消费总量还是在人均机纱消费量上，华南、西南、东北、华东地区都出现了明显的下降，其机纱消耗总量占全国比重由19世纪末的约68%下降为约53%。华中地区所占比重与人均消费量皆略有上升。而华北地区无论是消费量所占比重还是人均消费量，皆出现非常明显的上升。

以下再用纱花比价来分析全国以及华北、华中、华东三个比较重要的棉织业区域。由图1.4和图6.4可以看出，全国纱花比价与各地纱花比价

① 华东、华中手工棉织业机纱消费量分别为总消费量减去上海、汉口等地机器织布所耗机纱。两地织布机器设备数量据以下资料估计得出：方显廷：《中国之棉纺织业》，商务印书馆2011年版，第93～112页；严中平：《中国棉纺织史稿》，商务印书馆2011年版，第426～458页；严中平等编：《中国近代经济史统计资料选辑》，科学出版社1955年版，第134页。此外，一台布机年消耗机纱按29担计算（严中平：《中国棉纺织史稿》，商务印书馆2011年版，第387页）。

在波动上是基本一致的，即大致在1910年前处于下降趋势，1910年后缓慢回升。这对各区域的机纱需求量还是有一定解释力的。森时彦的研究中提出20世纪初机纱价格上升导致了土纱对机纱的替代[①]，以上关于纱花比价的考察亦暗示了1910年前这种替代发生的可能性。但相比19世纪末的持续下降，纱花比价在20世纪初还是处于较为稳定的状态的。因此各区域机纱需求量的变动，是否可以在一定程度上反映各区域手工棉织业生产规模的变动状况，还需要进一步的分析。

二、20世纪初各区域手工棉织业的发展趋势

在1903年后，机纱价格与棉价同时上升，这首先导致了非传统产棉区域，如东北、西南、华南地区手工棉织业生产成本的上升。而传统产棉区域华中、华东地区的家庭手工棉织业在这一情况下可以用自纺土纱替代机纱，因此机纱价格的升高带来的影响相比非传统产棉区并不明显。在非传统的产棉区和棉织业中心，依赖机纱输入兴起的手工棉织业的比较优势下降，因此可推测，这些地区机纱输入量的下降，意味着手工棉织业在一定程度上出现衰退。

由于1904年后分货物的子口贸易统计无记载，因此我们无法进行更小地理尺度上的量化分析。但是通过考察20世纪初各地手织业的一些文献资料，同样可以得到一些启示。

在华南地区，如图6.4可见，1900年后机纱价格逐渐升高，从而导致机纱输入量下降。在汕头港，“日本棉纱初来之时，货细价廉”，“嗣后价值日昂，而销路渐减”。[②] 在拱北口岸，印度棉纱也“价值又昂”[③]。在福

---

① ［日］森时彦著，袁广泉译：《中国近代棉纺织业史研究》，社会科学文献出版社2010年版，第58～118页。

② 彭泽益编：《中国近代手工业史资料（1840—1949）》第二卷，生活·读书·新知三联书店1957年版，第460页。

③ 彭泽益编：《中国近代手工业史资料（1840—1949）》第二卷，生活·读书·新知三联书店1957年版，第461页。

州亦出现洋纱“销场顿减”① 之势。而此时这一地区的棉织业也出现了衰退趋势。如棉织业中心兴宁“为本埠棉纱商业一大销路，传说此项生意，陆续有歇闭者”②。在福州亦“有本土织布厂数家，相率闭歇”③。同时参见图 6.1 可知，1900 年后华南地区的土布输出呈减少趋势，而输入陡增。因此可以推测，华南地区棉织业的衰退与这一时期机纱价格升高导致的机纱输入减少紧密相关。

下面对 19 世纪末 20 世纪初重庆、汕头、牛庄三港的棉花输入量进行比较（见表 6.8），进一步考察机纱输入的减少是否意味着手工棉织业的衰退。这里的棉花输入量采用海关贸易报告中的埠际贸易统计，虽然这一统计不能反映各地棉花进口的全貌，但是作为一个样本考察其波动情况还是具有一定意义的。

表 6.8　19 世纪末 20 世纪初重庆、汕头、牛庄三港棉花输入量对比

单位：关担

年份	重庆	汕头	牛庄
1891	1906	13480	63927
1892	4148	11122	36401
1893	—	12395	84143
1894	8771	23052	51114
1895	32243	186	19897
1896	13088	3356	49435
1897	65059	3816	41366

① 彭泽益编：《中国近代手工业史资料（1840—1949）》第二卷，生活·读书·新知三联书店 1957 年版，第 462 页。

② 彭泽益编：《中国近代手工业史资料（1840—1949）》第二卷，生活·读书·新知三联书店 1957 年版，第 460 页。

③ 彭泽益编：《中国近代手工业史资料（1840—1949）》第二卷，生活·读书·新知三联书店 1957 年版，第 462 页。

（续表）

年份	重庆	汕头	牛庄
1898	72589	13663	81471
1899	37594	5044	52468
1900	7020	10166	—
1901	2112	2160	34092
1902	2390	5169	33459
1903	2332	4278	42905
1904	1874	11541	51736
1905	—	—	—
1906	—	45	—
1907	—	1049	—
1908	—	930	—
1909	—	36	—
1910	—	8876	—
1911	—	6492	—
1912	—	11913	—
1913	—	12285	—
1914	135	13468	28380
1915	42	15328	36022
1916	112	13016	36023

通过表 6.8 可知，与 19 世纪末相比，重庆、汕头、牛庄三港的棉花输入量在 20 世纪初皆处于较低的水平。其中牛庄、重庆两港在 1905—1913 年现有资料中未见埠际贸易数据记载，但进入 20 世纪后，两港的棉花输入量下降是十分明显的。汕头港的情况亦是如此，虽然到 1911 年后棉花输入量有所回升（1916 年后即回落到数千担），但此时的机纱输入量亦处于较高位置。由此可见，在 20 世纪初机纱价格升高、输入量下降的情况下，棉

花的输入量不升反降。西南、华南、东北皆非产棉区，因此根据上述变化也可推测，这一时期西南、华南、东北三地机纱价格上升造成的影响主要是手工棉织业规模的下降，而不是手纺纱对机纱的替代。

而在华中、华东区域，由于两地为传统产棉区，机纱输入量减少亦有可能是土纱的替代作用，因此单从机纱角度无法对其手织业发展情况做出判断。而华北区域机纱需求量在机纱价格上升的情况下大幅增加，因此可以推测这一时期该区域手织业规模扩大。以下对这三个区域进行讨论。

以江南地区为代表的华东区域手织业在这一时期亦出现波动。上海土布业在1902—1903年及日俄战争时期，北帮业务相当兴旺，利润丰厚。日俄战争期间，日、俄两国在上海购买大量棉布以资军用，布销大畅。日俄战争后，日本势力渗入东北，仿造套布和清水布，上海的套布和清水布销路受到影响，业务逐步下降。[①] 而在通州，“强半以手工织布为生活，贩运东三省行销”。至1907年前后，“以日本机制各布在东畅行，通布交易尽为所夺”。[②]对比图6.4可知，大约在1907年前，华东地区棉纱消费量处于较高水平，而之后处于低谷，这与文献资料中的土布运销情况是完全一致的。[③] 由此可见，江南地区棉织业的发展状况更多受其产品销售市场状况影响，受机纱价格变动影响并不明显。因此图6.4中机纱价格的变动对机纱消费量虽然有一定解释力，但是结合文献资料，并不能认定其为机纱消费量变动的重要原因。

反映这一时期华中地区手工棉织业情况的文献资料较少，但考察海关埠际贸易统计中汉口土布的输出量可知，20世纪初汉口土布输出量与19世纪末相比明显降低。因此华中地区机纱需求量增长在这一时期的停滞，大体上也能反映其手工棉织业的发展状况。

---

① 徐新吾主编：《江南土布史》，上海社会科学院出版社1992年版，第252~254页。

② 彭泽益编：《中国近代手工业史资料（1840—1949）》第二卷，生活·读书·新知三联书店1957年版，第459页。

③ 对比埠际贸易统计中上海土布出口量，其与文献中描述的这一变化状况是完全一致的。

而20世纪初以直隶为代表的华北地区的棉织业，无论在产量上还是在市场扩展上都有较大发展。① 这里仅以定县的土布输出量为例来说明这一情况。1900—1917年定县向西北地区输出土布量变化情况如下：

表6.9　1900—1917年定县向西北地区输出土布量

单位：千匹

年份	1900	1901	1902	1903	1904	1905	1906	1907	1908
输出量	850	890	950	980	1100	1200	1250	1350	1450
年份	1909	1910	1911	1912	1913	1914	1915	1916	1917
输出量	1800	2000	2600	2900	3000	3500	4000	3400	3200

资料来源：张世文：《定县农村工业调查》，四川民族出版社1991年版，第101页。

通过上表可以看到，相比1900年，1915年定县的土布输出翻了两番有余。再考察天津港的土布出口情况，其数额由20世纪初的200匹左右增至1916年的20000余匹。这与先前根据华北机纱消费量的持续增长得到棉织业获得发展的推断也是一致的。

通过对以上文献资料的进一步考察，可以推测1903年后机纱价格升高为各区域带来的影响不同。如华南这样的非传统产棉区、非棉织业中心，依赖于进口机纱获得发展的棉织业此时出现衰退；而在机纱使用亦十分普遍的华北出现棉织业持续发展的趋势；在传统棉织业中心华东地区，受机纱价格变动的影响并不明显，其棉织业发展状况主要受市场左右。

三、20世纪初手工棉织业地理格局变化的原因

从上文的考察可知，进入20世纪后，在其他地区手工棉织业机纱需求量不变或减少、手工棉织业发展陷入停滞的趋势下，华北地区的手工棉织

① 相关文献资料丰富，研究成果众多。可参见关于高阳、定县等地的调查报告，《中国近代手工业史资料（1840—1949）》等文献资料，以及上文提到的地方性专题研究著作。

业却保持了持续发展。为何在这一时期华北地区手工棉织业会出现与全国其他地区不同的发展态势？本节试图从以下几个方面进行解释。

（一）技术革新因素

在近代，手工棉织业经历了“投梭机—手拉机—铁轮机”的技术变革。近代以前，传统手工棉织业在各地普遍使用投梭机（各地称呼不一，又称矮机、土机、笨机等），其织造布幅较窄，且消耗体力较大，因而生产效率不高。19 世纪末出现的手拉机（又称拉梭机）是对传统投梭机的改进，更适合机纱织布，织造布幅加宽且生产效率提高。20 世纪初，铁轮机（又称脚踏机）由日本传入，随即在天津、上海、汉口等地进行仿制生产。其特点为通过脚踏动力可以实现织布过程中的所有工序，因此生产效率大大提高，织造布幅再次加宽，可达到机制棉布的规格。表 6.10 是三种织机在生产棉布规格、生产效率上的比较，亦考察了不同地域的情况。

表 6.10　不同地区三种手工织布设备生产棉布规格及日产量①

地区	投梭机	手拉机	铁轮机
上海	1.2 尺 ×30 尺	（1）1.2 尺 ×36—54 尺（1910 年前后） （2）60—70 尺 （3）75 尺（1919 年）	（1）2.6 尺 ×50—60 尺（1908 年） （2）100—120 尺
高阳	—	—	2.2 尺以上 ×80—100 尺（1910 年前后）
定县	30 尺（1930 年前后）	60—70 尺（1930 年前后）	100—120 尺（1930 年前后）
潍县	—	—	2.6 尺 ×100 尺（1934 年）

资料来源：徐新吾主编：《江南土布史》，上海社会科学院出版社 1992 年版，第 404 ~ 415 页；吴知：《乡村织布工业的一个研究》，商务印书馆 1936 年版，第 11 页；张世文：《定县农村工业调查》，四川民族出版社 1991 年版，第 86 ~ 87 页；《山东潍县之织布业》，载《工商半月刊》第 6 卷第 1 号，1934 年，第 92 页。

---

① 表中有些数据把宽幅与长度同时列出。如 1.2 尺 ×30 尺，其中 1.2 尺为宽幅，30 尺为长度。

通过表6.10可见，同种织机在各地的生产效率比较接近。同时可知，各地铁轮机效率相比投梭机可提高约四倍，相比手拉机可提高两倍以上。因此，手工织机的技术革新对节约成本、提高生产效率有着重大意义，在各地手工棉织业的发展中是不可忽视的。

那么，各区域在投梭机—手拉机—铁轮机这一生产技术革新的时间上是否有所差异？以往研究者对各地手拉机、铁轮机普及时间做了大量的调查研究，在此基础上，本节以华北、华东两地为中心，考察这两种织机的出现及普及时间，并且做一比较，见表6.11。

表6.11　两种织机在各地的出现及普及时间

地区	手拉机	铁轮机
上海①	20世纪初出现 1910年前后普及	1910年前后出现② 1925年后普及
宁波	1900年出现	—
江阴	1902年出现 20世纪20年代普及	1924年出现
常熟	1910年前后出现	1920年后出现 1925年前后普及
常州	1906年出现 1920年普及	1917年出现 20世纪30年代后普及
无锡	1910年前后普及	1917年普及
南通	1910年前后普及③	1936年约占10%④

① 上海、宁波、江阴、常熟、常州、无锡的手拉机、铁轮机各自的出现及普及时间均依据徐新吾主编《江南土布史》的调查资料整理得出。

② 此时铁轮机在上海出现后仅在少数工厂中有所使用，据调查资料显示，铁轮机真正在上海手工棉织业中普及至少要到20世纪20年代。

③ 南通地区在1910年前后设立手工业织布厂，设备以手拉机为主。参见林举百：《近代南通土布史》，南京大学学报编辑部，1984年，第235~237页。

④ 1936年南通地区有阔幅机3000余台，脚踏机10000余台，小布机及其他手织机100000余台。参见童润夫：《南通土布业概况及其改革方案》，载《棉业月刊》第1卷第2期，1936年，第223页。

（续表）

地区	手拉机	铁轮机
四川	1908 年出现①	1905 年出现② 一直未普及③
高阳	—	1909—1915 年出现并普及④
定县	1910 年前后出现	1920 年前后出现⑤
潍县	—	1907 年出现⑥ 1915 年前后普及⑦

据表 6. 11 中的不完全考察可见，在手拉机的普及时间上，华东各地与华北甚至四川等西部内地并无很大差别，大体上都在 20 世纪前十年。但在铁轮机的普及上，华北地区与华东地区是有显著差别的。

在华东几大著名的手工棉织业中心，如上海、南通、江阴、常熟、常州、无锡，铁轮机的出现时间大多在 1920 年前后；除了无锡的工厂普及时间较早，其余地区的普及时间皆在 20 世纪 20 年代甚至 30 年代。而在华北的高阳、定县、潍县等手工棉织业中心，除了定县铁轮机出现时间稍晚，其他地区大多在 1910 年出现，并迅速得到广泛使用。可见铁轮机在华北地

① 徐新吾主编：《江南土布史》，上海社会科学院出版社 1992 年版，第 402 页。

② 彭泽益编：《中国近代手工业史资料（1840—1949）》第二卷，生活·读书·新知三联书店 1957 年版，第 368 页。

③ 《中国近代手工业史资料（1840—1949）》载，四川引进铁轮机“未数年而歇业”。另据森时彦研究，20 世纪四川的手工棉织业发展较为滞后。参见［日］森时彦著，袁广泉译：《中国近代棉纺织业史研究》，社会科学文献出版社 2010 年版，第 58 ~ 118 页。

④ 据调查，高阳当时铁轮机可占到总数的 80% 以上。参见吴知：《乡村织布工业的一个研究》，商务印书馆 1936 年版，第 145 页。

⑤ 张世文调查了 20 世纪 30 年代定县的织机情况，此时手拉机在当地已有 20 余年历史，铁轮机有 10 余年历史。参见张世文：《定县农村工业调查》，四川民族出版社 1991 年版，第 72 页。

⑥ 张静：《山东潍县农村手工业的近代嬗变（1912—1937）》，华中师范大学硕士学位论文，2003 年。

⑦ 《民国潍县志稿》记载当时（1915 年前后）“潍东一带有铁机二万余架”。参见常之英修，刘祖干纂：《民国潍县志稿》卷二九《人物·胡曰汉》，1941 年排印本。

区的革新时间与华东各地相比，大约要早10年。①

对比上文考察可发现，华北地区各手工棉织业中心的织机在1910年前后进行了技术革新，与1903年后机纱价格升高的形势下，机纱需求量反而迅速增长的时间段是一致的。这里不讨论两者的因果关系，但可以看出，华北地区手工棉织业在20世纪初出现与全国其他地区不同的发展趋势，显然与这一技术革新上的优势，以及随之而来生产效率的提高、产品竞争力的增强及生产利润的提升②是密不可分的。

（二）市场因素

上文讨论了生产要素的作用，下面从市场角度出发，以直隶、江苏、湖北三省为例，来分析1910年前后华北、华东、华中三地棉织品的市场结构，从而讨论各区域市场状况对手工棉织业的影响。

1. 1910年前后直隶、江苏、湖北三省棉织品市场结构分析

1910年前后，中国市场上的棉布商品分为进口机制棉布、国产机制棉布与手织土布③三种。下面将采取如下办法估算各地的各种棉织品供需情况。首先，计算外国机制棉布的净进口量；其次，计算国产机制棉布的产销量；再次，计算各地手工棉织业的机纱消费量，并换算成匹额；最后，通过各地棉产量及贸易量计算手工棉织业的土纱消费量，同时换算成匹额。

---

① 这一点可在森时彦的研究中得到印证。森时彦通过对20世纪华东、华北各手工棉纺织中心使用机纱纱支情况研究后发现，在20年代山东昌邑、潍县等地使用纱支平均支数已达到20支，而1933年南通、海门等地所用纱支平均支数仅为14.75支，同期高阳使用纱支平均支数更是达到27—29支（从技术角度来讲，新式织机更适于高支数纱支）。同时，森时彦认为在长三角地区的农村手工纺织业中，土纱向机纱的过渡非常缓慢，老式织机亦未轻易淡出，直至1920年前后，各地基本仍以老式织机生产为主。参见［日］森时彦著，袁广泉译：《中国近代棉纺织业史研究》，社会科学文献出版社2010年版，第259～261页。

② 铁轮机可生产与机制棉布竞争的仿制机布，同时带来更高的生产效率及利润。以定县为例，在1930年前后使用木机之家庭年均获利39.70元，而使用铁机之家庭年均获利86.55元，为木机两倍以上。参见张世文：《定县农村工业调查》，四川民族出版社1991年版，第80页。

③ 江苏、湖北是手织棉布输出地，直隶土布输入量亦不多，因此这里对三省土布埠际输入量皆暂不做讨论。

外国机制棉布进口数据采用1910年三省所涉及的港口贸易数据，并且根据各口岸的子口贸易分布情况，计算出三省进口机制棉布的实际消费量。国产机制棉布产销情况首先采用1910年的机器布厂设备数据，估算出机制棉布产量①；再利用海关贸易统计，减去出口量，加上进口量，得出实际消费量。

计算手工棉织业机纱消费量，先利用海关贸易统计计算出各地机纱消费量，再减去机制棉布所耗机纱量。

这里最为困难之处是各地土纱消费量的估算。首先需要1910年前后直隶、江苏、湖北三省的棉产量资料。这一时期各地的棉产量资料可资利用的有两种，一为《第四次农商统计表》中1914—1915年各省棉产量统计数据，一为反映20世纪初全国及各地棉业情况的《棉业图说》。其次分析这两种资料记载数据的可靠性。

《第四次农商统计表》记载数据如表6.12。通过表中数据可知，这组统计数字可靠程度并不高。首先，江苏省的数据明显值得怀疑；其次，湖北省1915年在棉田面积缩小12%的情况下竟然增产一倍还多；再次，直隶的棉产量对比《中国近代农业生产及贸易统计资料》所辑20世纪20年代统计数据，20年代直隶棉田面积为1914年近两倍，但常年产量竟然远低于1914年，这显然与真实情况是不符的。

表6.12　1914—1915年直隶、湖北、江苏三省棉产量

单位：千担

年份	直隶	湖北	江苏
1914	3373	3392	75
1915	3348	7416	81389

资料来源：农商部总务厅统计科编纂：《第四次农商统计表》，见许道夫编：《中国近代农业生产及贸易统计资料》，上海人民出版社1983年版，第203~205页。

① 为便于统一单位起见，这里计算方法为以每台布机年耗纱量29公担换算为产布量。参见严中平：《中国棉纺织史稿》，商务印书馆2011年版，第387页。

因此，1910年前后各地的棉产量情况，这里参照《棉业图说》[1]，并参考1931年中华棉业统计会所编《中国棉产统计》[2]，从而推断出较为可信的数字。

江苏省产棉地集中于南通海门一带，《棉业图说》载“岁收约二百万石”，此外，太仓、宝山、常熟等处均产棉，其中太仓“岁收二十万石左右”。鉴于以上为江苏省主要棉产区，且据《中国棉产统计》记载，1918—1920年江苏年均棉产量为3000千担以上，因此可估算1910年前后江苏省年棉产量为3000千担。

湖北省产棉地集中于“德安府属之随州、黄州府属之麻城”，其余府州产棉“多寡不等”。其中汉阳府“里河一带岁收约六十余万石”，黄州府“东、西两河产棉五十余万石”。武昌、安陆、德安、荆州等地“产棉三四十万石。统计湖北产花之数百五六十万石”。但是这一数字仅为湖北省部分地区的产棉总量。据《中国棉产统计》记载，1918—1920年湖北年均棉产量在2000千担以下，因此可估算1910年前后湖北省年棉产量为2000千担。

直隶省产棉地集中在栾城、藁城一带，年棉产量在1600万斤至3000万斤之间。其余产棉县赵州、成安、束鹿次之，清苑、完县、博野、满城、蠡县、祁州、磁州、滦州、武清、平谷、南宫、卢龙、正定、赞皇、无极、邯郸等县又次之。而据《中国棉产统计》载，20世纪20年代初直隶省常年棉产量在1000千担以上，20年代中期历年产量在1000千担之下。考虑到“一战”后至20世纪20年代天津纱厂兴起导致的棉花需求增加以及国际贸易需求增加（主要为日本），因此可估算1910年前后直隶省年棉产量为600千担。

以上确定了1910年前后三省的年棉产量，下面则借用徐新吾、赵冈等学者的估算方法，估算出各地原棉所纺土纱可产土布量。由于以上数字皆

---

① 农工商部编印：《棉业图说》，1910年。

② 中华棉业统计会编印：《民国二十年中国棉产统计》，1931年，第5页。

为皮棉产量，因此先要扣除损耗①，再扣除非纺纱用棉②，之后换算为土布产量③。最终把各类布匹单位都统一为标准土布匹额④，除以各地当时人口数，结果如下表6.13。

表6.13　1910年前后湖北、直隶、江苏三省市场各类棉布供需情况

单位：匹

省份	人均机制棉布消费匹额	人均可供给机纱所织土布匹额	人均可供给土纱所织土布匹额	总计
湖北	0.37	0.89	3.38	4.64
直隶	0.72	0.94	0.89	2.55
江苏	0.51	1.97	2.84	5.32

据徐新吾研究，1910年前后全国人均棉布年消费量为1.8匹，而农村纺织户可达1.98匹。⑤ 通过表6.13可知，在湖北省与江苏省，人均消费机制棉布只占很少的份额，但与土纱、机纱所织手工棉布产量相加，其人均供给量大大超过1.98匹。这表明两省的棉产品市场处于供远远大于求的状态，因此外部市场对两省的手工棉织业几乎具有决定性作用。而在直隶省，虽然人均消费机制棉布所占份额较大，但与土纱、机纱所织手工棉布产量相加，其人均供给量仅为2.55匹，考虑到直隶地处北方，这一数字也

① 手纺纱计4%的损耗率，机器纺纱计6%的损耗率。

② 赵冈等估计19世纪初，非纺纱用棉约占棉产量的30%。

③ 据徐新吾主编《江南土布史》中换算方法，加上5%的上浆率，除以1.9104得到标准土布匹额。参见徐新吾主编：《江南土布史》，上海社会科学院出版社1992年版，第209~211页。

④ 机制棉布匹额×10（磅）/1.33/1.0914＝标准土布匹额。其中10磅为1910年机制棉布的匹重，1关斤≈1.33磅。参见徐新吾主编：《江南土布史》，上海社会科学院出版社1992年版，第209页。

⑤ 事实上，华东地区由于经济发达且处于传统棉织区，消费水平应可达到1.98匹之数；而直隶地处北方，冬季寒冷，消费量也应不会低于全国平均值。参见徐新吾主编：《江南土布史》，上海社会科学院出版社1992年版，第229页。

应不会超过当时人均土布消费量太多，因此市场供求是相对平衡的。

通过以上分析可见，在1910年前后，直隶省的手工棉织业与江苏、湖北两省相比，面临的市场环境较为宽松，完全有可能依靠本地市场需求的增加获得发展。

2. 华北地区本地市场需求对手工棉织业的促进作用

关于这一市场环境对华东区域手工棉织业的影响，上文已有叙述。以下重点讨论20世纪前期华北地区本地市场需求在河北高阳、定县，山东潍县三处最著名的依赖机纱为原料的手工棉织业中心区所起到的作用。①

高阳棉织区：外埠的分庄是高阳手织棉布的销售机构，通过考察各地分庄的设立时间（见表6.14），便可以得知高阳手工棉织业产品销售市场的扩展路径。

表6.14 1911—1932年高阳分庄创立时期及所在地

年份	河北	山西	河南	山东	绥远	湖南	察哈尔	四川	福建	江苏	湖北	甘肃	陕西	其他
1911	辛集 南宫	—	—	—	—	—	—	—	—	—	—	—	—	—
1912	北平 高邑	—	—	—	—	—	—	—	—	—	—	—	—	—
1913	东光	—	周家口	—	—	—	—	—	—	—	—	—	—	—
1914	胜芳	太谷	开封 彰德	—	—	—	—	—	—	—	—	—	—	—
1915	正定	新绛	信阳 洛阳	—	—	—	张家口	—	—	—	—	—	—	—

① 关于三地织布业机制棉纱使用情况，可参见相关的调查资料。大体而言，高阳织布业在清末所用机纱以粗纱为主，甚至一部分织户用土纱做纬线，至民国三四年使用纱支进一步变细（吴知：《乡村织布工业的一个研究》，商务印书馆1936年版，第195页）。定县织布业在1930年前后使用原料分为本地手纺纱与机制棉纱两种（张世文：《定县农村工业调查》，四川民族出版社1991年版，第84页）。在20世纪30年代，潍县为青岛纱厂产品重要销场，其织布业所用棉纱以“二十支至四十二支为最多”（《山东潍县之织布业》，载《工商半月刊》第6卷第1号，1934年）。

（续表）

年份	河北	山西	河南	山东	绥远	湖南	察哈尔	四川	福建	江苏	湖北	甘肃	陕西	其他
1916	—	榆次	—	—	包头	—	—	—	—	—	—	—	—	—
1917	获鹿 郑家口	—	—	济宁	—	—	—	—	—	—	—	—	—	哈密
1918	沧州 宁晋	太原 解州	—	兖州	绥远	—	—	—	—	—	—	—	—	—
1919	—	—	—	—	—	—	—	—	—	徐州	—	—	—	哈尔滨
1920	栾城	—	—	济南	—	—	—	—	—	—	—	—	—	库伦
1921	定县	—	许昌	潍县 滕县 烟台	乌兰	—	多伦	—	—	—	汉口	—	—	—
1922	—	—	—	—	—	—	—	—	—	—	—	—	—	—
1923	冀州	阳高	—	—	—	—	—	—	—	—	—	—	—	—
1924	—	—	郾城	—	—	—	蔚州	—	—	—	—	—	西安	东库伦
1925	—	大同 平遥	—	—	—	—	—	—	—	—	—	—	—	—
1926	顺德	潞安 汾阳	—	—	—	—	—	—	福州	上海	—	—	—	奉天 长春
1927	—	浑源	—	—	—	—	—	—	—	—	—	平凉	—	芜湖
1928	盐山	—	新乡	—	—	常德	—	重庆	—	—	沙市	兰州	汉中	南昌 广州 新加坡
1929	武安	—	—	—	—	衡阳 湘潭 长沙	—	成都	厦门	—	—	—	—	—
1930	—	—	—	—	丰镇	—	—	—	—	—	—	—	—	—
1931	—	—	南阳	—	—	—	—	—	—	—	—	—	—	贵阳
1932	—	—	—	—	五原	—	—	叙州	—	—	—	—	—	—
总计	17	11	9	6	5	4	3	3	2	2	2	2	2	11

资料来源：吴知：《乡村织布工业的一个研究》，商务印书馆 1936 年版，第 231 ~ 232 页。

据表6.14可见，高阳所产布匹最初仅在周围不过三四百里的南宫、辛集、北平、高邑等地销售，1913年方有河南的分庄开张。而在1921年前，绝大多数新开分庄仍集中在河北省及周边的察哈尔、河南、山东、山西、绥远等省份。在32处分庄设立地点中，位于上述区域之外的仅有哈密、库伦、哈尔滨、徐州四处。总体来看，虽然到20世纪20年代末高阳分庄已遍及全国，但是至1932年所设79处分庄地点中，地处华北河北、山东、山西、河南四省的分庄共计43处，占到总数的54%以上。

以下是1915—1932年高阳手工棉织区（包括高阳及邻近县蠡县、安新、清苑、任丘）的布机数量变化情况。

表6.15　1915—1932年高阳手工棉织区布机数量变化

单位：台

年份	1915	1916	1917	1918	1919	1920	1921	1922	1923
布机数量	5673	9691	13106	15846	18863	21694	23587	24368	25628
年份	1924	1925	1926	1927	1928	1929	1930	1931	1932
布机数量	25635	25835	27632	26084	25575	24900	23468	20452	15843

资料来源：吴知：《乡村织布工业的一个研究》，商务印书馆1936年版，第18页。这里数据为占到绝大部分比重的平面布机数量。

可见，1915—1920年为高阳手工棉织区布机数量增长最为显著的时期，据上表数据来看，这一时期布机数量增长了16021台，年均增长率达到31%；而1920年至布机数量达到最高点的1926年，布机增长了近6000台，年均增长率仅为4%。由此可知，1915—1920年为高阳手工棉织区发展最为关键的时期。

考察当时调查报告可知，这一时期高阳手工棉织业的发展与当时较为良好的市场条件是分不开的。当时国内织布厂尚未兴盛，而海外进口机制棉布由于战争原因输入骤减，日本棉布尚未大量输入。而且民国初年工商业的繁盛之势使得“人民生计，因之颇觉富裕，购买力充足”①。正是这样的国际贸易及国内市场环境为高阳手工棉织业提供了良好的发展契机。

通过以上讨论亦可看出，在1920年以前，高阳手工棉织区所依托的周边及邻近省份的市场，在其发展中是至关重要的。

定县棉织区：民国时期，晋、察、冀、绥四省为定县土布外销的主要市场。以1921—1930年为例，定县土布历年输往各地统计数量如下：

表6.16　1921—1930年定县土布销售情况

单位：匹

年份	察哈尔	山西	绥远	河北
1921	679450	181100	89000	1500
1922	800800	195700	91950	2100
1923	767370	202280	107900	1500
1924	758470	192050	146750	1800
1925	765970	199930	204350	1500
1926	718215	187805	147580	1500
1927	566625	136475	105450	2100
1928	710280	156820	134840	1800
1929	797545	178325	134460	10900
1930	894885	195585	118170	11600

资料来源：张世文：《定县农村工业调查》，四川民族出版社1991年版，第103页。

考察具体地点，十年间销往察哈尔张家口土布价值所占比重最高，为50.57%；其次为察哈尔蔚州（9.22%）、绥远丰镇（7.32%）、山西广灵（5.50%）、山西阳高（4.06%）；再次为察哈尔阳原（2.85%）、察哈尔怀

① 吴知：《乡村织布工业的一个研究》，商务印书馆1936年版，第14页。

安（2.85%）、山西灵丘（2.80%）、察哈尔暖泉（2.42%）、绥远归绥（2.21%）、山西浑源（2.13%）；另外，察哈尔宣化、大王城，山西天镇、大同，绥远包头、萨县、兴河，河北涞源各县所占比重皆在2%之下。可见，定县土布的外销市场主要集中于察哈尔、山西、绥远、河北四省交界的口外一带，其中又以察哈尔市场最为重要。①

据表6.16可知20世纪20年代定县土布外销的总数变化。表6.17是光绪年间至1931年定县土布价格变化情况，其中包括平均每匹实际价格与布行议定每匹最高价格。

表6.17　1892—1931年定县土布价格变化

单位：元

年份	平均每匹实际价格	布行议定每匹最高价格
1892—1902	0.70	0.75
1903—1908	0.80	0.85
1909	0.75	0.90
1910	0.75	0.90
1911	0.78	0.94
1912	0.86	0.91
1913	0.79	0.83
1914	0.77	0.81
1915	0.79	0.88
1916	0.80	0.87
1917	0.91	0.89
1918	0.87	0.94

① 张世文：《定县农村工业调查》，四川民族出版社1991年版，第102页。

（续表）

年份	平均每匹实际价格	布行议定每匹最高价格
1919	0.85	0.92
1920	0.96	1.02
1921	0.89	0.94
1922	0.83	0.88
1923	1.00	1.20
1924	1.00	1.20
1925	1.00	1.20
1926	1.10	1.30
1927	1.10	1.42
1928	1.15	1.42
1929	1.15	1.42
1930	1.20	1.42
1931	1.20	1.42

资料来源：张世文：《定县农村工业调查》，四川民族出版社 1991 年版，第 99 ~ 100 页。

可见，20 世纪初定县土布价格在总体趋势上是增长的。影响土布价格涨落的原因有很多。棉纱、棉花价格，土布本身的供给量（布庄收布的多少），销售地点的年景好坏，农民生活水平的高低以及铁路的新建都是影响土布价格的重要因素。

民国初年，京张铁路的修筑，加之“那几年口外的年景很好，庄稼丰收，人民经济敷余”，不仅土布输出量达到光绪年间以来的最高值，而且土布价格也随之增长，由光绪年间的 0.70 元（700 文）增长到 1917 年的 0.91 元（1100 文）。因此，“自宣统以来，商人皆视布行有利……开设布店的家数很多”，“乡民织布也一年多似一年”。而在此之后，定县手工棉织业状况也与口外年景密切相关，如1917年后，口外年景不好，输出骤然大减，“布业一落千丈”；而1929年后，由于“北伐成功后，市面稳定，西北年景又比较好”，土布输出又逐年增加，价格亦上升到较高水平。①

据上分析，虽然土布输出量、土布价格的变化是由多方面因素决定的，但可以看出销售市场需求状况的确起到了重要作用。因此就民国初年来说，作为定县土布销售市场的口外地区，其社会相对安定、农民生活水平提高以及铁路的修筑对这一时期定县手工棉织业的发展无疑起到了重要作用。

潍县棉织区：在20世纪30年代，山东潍县所出布匹销路已经遍及全国，其中邮寄与铁路为布匹外销最重要的手段。② 考察两种销售路径，其销售市场的分布情况如下。

据铁路统计，1932年潍县手织棉布通过铁路输出总量为3600吨，约合360万匹。其输往各地布匹分配状况如表6.18：

表6.18　1932年潍县手织棉布通过铁路运销情况

单位：吨

陕西	河南						安徽		合计
潼关	开封	洛阳	许州	郑州	商丘	郾城	蚌埠	宿州	
600	600	400	700	500	300	150	200	150	3600

以邮寄方式销售的布匹平均每件2匹，据邮局报告，每年邮寄总数在十二三万件之间，即24万至26万匹之间。其销售地点如下：

河南省：怀庆、郾城、信阳、巩县、武陟、睢州、陕州、郑州、道口、清化镇（博爱）、归德、驻马店。

---

① 张世文：《定县农村工业调查》，四川民族出版社1991年版，第105~106页。

② 《山东潍县之织布业》，载《工商半月刊》第6卷第1号，1934年，第100页。

河北省：兴济镇（沧县）、辛集。

山东省：桑园镇（莒县）、曹州、曹县、码头镇（邹平）、台儿庄（枣庄）、柴胡店（滕县）。

山西省：榆次、太原、晋城。

陕西省：潼关、西安、凤翔、汉中、南郑、三原。

四川省：成都、重庆、内江、江安、遂宁、泸州。

江苏省：阜宁、盐城、泰州、海州、清江浦（淮安）、板浦（海州）。

安徽省：蚌埠、正阳关（寿县）、亳州、颍州。

另外，湖南、湖北、江西、浙江、福建、云南、甘肃、绥远、贵州及东三省等省份，皆有布匹通过邮寄销往，但销售地点大都仅为一二处而已。

可见，通过铁路运输的布匹销售地点主要在河南，其次为邻近的安徽北部及陕西潼关。通过邮寄方式销售范围虽广，但就其地点数量来看，仍以河南、山东两省为多。虽然江苏、安徽亦有多处销售市场，但分别集中于皖北、苏北这些邻近山东的地区。以上仅考察了通过铁路、邮寄等近代化交通方式销售布匹情况，尽管这些运输手段已经突破了地域的限制，但是其销售市场大体上仍然集中于邻近省份，即华北区域内。

因此，在20世纪30年代，山东潍县手工棉织业的产品销售市场虽然遍及全国，但是仍以本省及邻近省份市场需求最为重要。由此可以得知，20世纪初期山东潍县手工棉织业的发展亦是依托华北本地市场。

通过以上对高阳、定县、潍县三处手工棉织区的考察，可以进一步理解表6.13所包含的意义。与华东、华中相比，20世纪初期华北地区较为平衡的供求关系为手工棉织业的发展提供了良好的环境。民国初年华北地区总体上年景良好，社会较为安定，人民生活水平有所提高，购买力有所加强，加之“一战”期间进口机制棉布输入骤减，华北的各处手工棉织区依托于本地市场，可以充分利用当地需求的增长，从而实现手工棉织业的显著发展。这里可与江南手工棉织业对照，江南地区土布销售严重依赖以东三省为代表的外地市场，虽然清末民初东北地区移民迁入提供了很大的需求，但是东三省棉布市场亦是欧美机制棉布及新兴的日本棉布竞销之地，1910 年后各方倾轧更是愈来愈烈，江南地区所产土布面临的竞争可想而知。

通过本节考察可知，19 世纪末在银钱比价、纱花比价下降背景下形成的手工棉织业地理格局并未得到长久保持。在大尺度的地理考察中，19 世纪末，西南、华南、东北区域那些依赖进口机纱而兴起的棉织区，机纱需求量增长陷入停滞或出现下降，华北区域机纱需求量则呈现出上升之势。作为传统手工棉织业中心的华东、华中地区，手工棉织业的机纱需求量虽有所上升，但无论总量还是人均消费量都已不及华北地区。

技术革新因素与市场因素是华北地区手工棉织业在 20 世纪初获得发展，进而成为全国最大的手工棉织业中心的两个重要原因。相比其他区域，铁轮机的较早普及使华北地区各手工棉织区提高了生产效率，增强了产品竞争力，当时华北地区良好的市场环境亦为其发展提供了有利契机。

第三节　20 世纪 30 年代国产机纱主导下机纱消费分布与手工棉织业发展状况

“一战”后民族纺纱业兴起，外国资本对纺纱业的投入进入高潮。在随之而来的 20 世纪 20 年代，进口机纱的数量迅速下降，逐渐被国产机纱代替。各区域手工棉织业在 20 世纪初至“一战”期间形成的地理格局，到 20 世纪 30 年代是否得到延续，还需要进一步的考察。

一、1910—1936 年机纱对土纱的替代情况

经以往学者研究，1910 年后，在手工棉织业中，机纱对土纱的替代已基本停滞。以下是几位学者估算的 1910—1936 年手工棉织业中手纺纱所占比重：

表6.19 关于1910—1936年手工棉织业中手纺纱所占比重的几种估计

学者	1910—1919年	1920—1929年	1930—1936年
徐新吾①	27%（1913年）	45%（1920年）	22%（1936年）
赵冈等②	—	37%（1924—1927年） 34%（1928—1931年）	39% （1932—1936年）
严中平③	—	—	39% （1932—1936年）
巫宝三④	—	—	24%（1933年）
林刚⑤	—	—	33%

其中徐新吾的估算方法与其他学者不一致，乃是通过估算全国不同时期棉布应有消费量得出。林刚认为这种方法误差过大，且得出的结论与20世纪30年代的文献记载不同。⑥

巫宝三、严中平、赵冈等的估算方法皆为根据全国棉花实际产量减去机纱用棉量，再减去国民棉絮消费量。结果不同主要在于所用棉产资料及估算地域范围不同。⑦ 林刚的研究结合上述几种估算，是关于20世纪30年代手工棉织业定量估算的最新成果。

尽管以上各种估算方法有所不同，但反映出的1910年后手工棉织业

① 徐新吾主编：《江南土布史》，上海社会科学院出版社1992年版，第225页。

② 赵冈、陈钟毅：《中国棉业史》，台湾联经出版事业公司1977年版，第249页。

③ 严中平：《中国棉纺织史稿》，商务印书馆2011年版，第384～388页。

④ 巫宝三：《中国国民所得（一九三三年）》，商务印书馆2011年版，第384～393页。这里为根据其中机器、手工纺纱业产值数据计算出的结果。

⑤ 林刚：《1927—1937年间中国手工棉纺织业新探》，载《中国经济史研究》2002年第2期。

⑥ 林刚：《1927—1937年间中国手工棉纺织业新探》，载《中国经济史研究》2002年第2期。

⑦ 赵冈等关于棉纱净进口量数据使用了Richard Kraus的估算。严中平的估算未包括东北地区。

中土纱所占比重是比较一致的，为30%左右。因此据上述一系列研究成果，可以认为1910年后手工棉织业中机纱与土纱的比例处于一种相对稳定的状态。再由于机纱与土纱相比更适合面向市场的手工棉织业的生产，加上20世纪前期的银钱比价整体处于持续上升的状态，不存在19世纪后半叶促使纱花比价持续下降的重要机制①，因此，结合民国时期手工棉织业发展的实际状况，有理由把机纱的变化量看作手工棉织业发展情况的表征。

二、20世纪30年代全国各区域机纱消费量估算

由于缺乏较为准确的、连续的全国机纱总产量以及各地机纱运销量的统计资料，这里只选用1930年的全国纱厂统计资料，同时参照同期的其他调查统计资料，对1930年前后全国及各区域机纱消费情况做一考察，讨论上述20世纪初形成的手工棉织业的地理格局是否具有长时段的意义。

首先，据1930年全国纱厂统计，该年度全国机纱产量为2455177包，约合7733808关担，加减进出口量得出全国机纱消费量为7566369关担。据徐新吾等学者统计，1936年纱厂附设布厂机制棉布产量约占全国机制棉布产量的四分之三（74.07%），根据这一比例，结合1930年纱厂附设布厂机制棉布产量，推算出1930年手工棉织业消费机纱为5927860关担。根据上述估算，并参照1900—1909年、1910—1920年全国年均机纱总消费量分别为3576936、4370417关担，手工棉织业耗纱量的增加应是十分显著的。②

---

① 据学界研究，“一战”后纱花比价经历了“花贱纱贵”及“花贵纱贱”的波动过程。

② 森时彦把这一时期全国机纱总需求的增长归因为纱厂附设布厂及手工棉织业仿制机布的发展。参见［日］森时彦著，袁广泉译：《中国近代棉纺织业史研究》，社会科学文献出版社2010年版，第58～118页。

下面把全国分为华北、华东、华中与其余地区。① 首先利用海关贸易报告中各关进出口贸易统计、埠际贸易统计和1930年全国纱厂统计对上述区域的机纱消费量做一考察。为消除区域划分差异，这里利用人口统计数据②，考察人均机纱消费量。

这一探讨第一个困难在于如何较为准确地确定各区域的机纱消费量。1930年前后国产棉纱占据了全国绝大部分市场份额，而国产棉纱在各地的运销情况在几种调查统计资料中都极其不完整，因此这一状况已不同于“一战”前根据来源港口及子口贸易统计即可判断机纱运销目的地的情形。海关贸易报告中的埠际贸易部分亦有机纱的运销情况，记载连续且地域完整。然而这一统计是否可以较为准确地反映当时机纱运销分布情况呢？

首先对1930年华北、华东、华中三个区域的机纱生产量及海关埠际贸易资料记载的机纱输出量做一对比，见表6.20。

表6.20　1930年华北、华东、华中的机纱生产量与海关埠际贸易资料记载机纱输出量③

单位：关担

地区	机纱生产量	机纱输出量	机纱输出量所占比重
华北	1444503	136579	9.46%
华中	1040505	203416	19.55%
华东	4700517	2664368	56.68%

① 区域划分同上文。

② 采用1931年全国各县市土地调查户口数。参见侯杨方：《中国人口史·1910—1953年》，复旦大学出版社2001年版，第260页。

③ 由于旧海关史料1919—1931年关册中无分口岸的分货物复出口量记录，这里涉及的各口岸进口量均未扣除复出口量。不过参照1919年前及1931年后各种棉纺织品复出口量情况，这一数量是可以忽略不计的（仅有小部分口岸有记载，且多在总进口量百分之一之下）。本章其余部分也是如此。

华北、华中的纱厂分别集中于天津、青岛和汉口，三个城市的机器织布业皆较发达，且周边俱为手工棉织业繁盛地区，因此供给市场主要位于本地及周边省份，表6.20中输出比重也是较为合理的。而在华东，上海作为全国最大的纺纱工业中心，其市场遍及全国，并有一部分机纱用于出口，同时它是机器织布工厂最为集中之地，周边亦是重要的手工棉织区，因此56.68%这一外埠输出比重也应是比较符合实际情况的。

第二个困难在于确定各区域机器织布消耗机纱量。这比上述对机纱的运销计算更为困难。困难之处在于对机器织布业的界定，20世纪30年代机器织布业主要有两种形式：一为纱厂附设布厂，二为专业布厂。纱厂附设布厂的棉纱消费量依据全国纱厂统计资料容易计算，而遍布通商大埠与内地中小城市的专业布厂消耗机纱的状况则难以把握。而且各布厂设备状况不一，事实上包括从事纺织机布的手工棉织业在内，对手工业和机器工业的界定已经很难进行。因此这里只能放弃这一烦琐而难有成效的工作，仅计算各区域有明确记载的纱厂附设布厂消耗棉纱量。同时根据上文所述1936年纱厂附设布厂机布产量占总产量约四分之三的比重，估算出各地机器织布业消耗棉纱量。由于这一估算主要用于各地区间比较而不是对准确数字的推算，这一做法尚可接受。

下面是1930年全国各区域手工棉织业机纱消费量及占全国比重的对比，同时借助人口史的研究成果，对其人均消费量亦做计算，见表6.21。将表中的数据与前文1899、1910年做一对比，可以发现华北地区人均机纱消费量明显增加，增长幅度高于华中、华东地区，同时机纱消费量占全国比重上升。而华中地区人均消费量有所增加，但已明显落后于华东、华北地区，其机纱消费量占全国比重亦明显下降。华东地区机纱消费量及所占全国比重均明显增加，这一增加其实大部分归功于该区域机器棉织业的发展，而其手织布耗纱量不到华北地区的三分之二，人均消费量虽仍居首位，但华北地区已与之非常接近。华南、东北、西南区域机纱消费量占全国比重与1910年相比略有下降，距19世纪末的水平更是相差甚远。可见华北地区的机纱消费量无论在总数上还是在人均上，和这一时期全国手工棉织业机纱消费量变化都是一致的。因此可以推断，20 世纪初形成的手工棉织业在全国范围的地理格局变化趋势是具有长时段意义的。①

表 6.21　1930 年各区域手工棉织业机纱消费量对比

单位：关担

地区	机纱消费量	机器织布耗纱量	手织布耗纱量	人均消费量（关斤）	机纱消费量占全国比重
华北	1862346	221302	1641044	1.60	24.08%
华东	2358458	1348770	1009688	1.84	30.49%
华中	1269771	123374	1146397	1.17	16.42%
其余②	2243427	—	—	—	29.01%

三、20 世纪 30 年代湖南、江西两省手工棉织业分布情况

那么在较小地理尺度上，手工棉织业在 1930 年前后的情况如何？以下再次关注上文中考察过的湖南、江西两省的手工棉织业分布情况，从而讨论那些在 19 世纪后期借助进口机纱获得巨大发展的新兴手工棉织业中心，在 20 世纪 30 年代是否还保有地位。

① 这一机纱需求格局与 20 世纪 30 年代全国手工棉织业地理格局是一致的。可参见严中平、林刚关于 30 年代手工棉织业分布的研究。

② 由于对全国其余地区机器织布情况难以把握，而且现代交通的发展使得机纱本身的市场有所扩大，因此对之无法分开讨论。不过这里可以考察重庆、汕头、牛庄这三个西南、华南、东北地区最主要的机纱输入口岸来理解这一变化。1916 年重庆 336268 关担、汕头 164057 关担、牛庄 67986 关担；1921 年重庆 342342 关担、汕头 179203 关担、牛庄 146714 关担；1926 年重庆 432879 关担、汕头 217792 关担、牛庄 190105 关担；1931 年重庆 375426 关担、汕头 156963 关担、牛庄 34333 关担；1936 年重庆 330320 关担、汕头 100018 关担。可见 1926 年后，三口岸的机纱输入量增长陷入停滞，甚至有所下降。事实上，各口岸中即使是 1920—1936 年机纱输入的最高值也在 19 世纪末的常年水平之下。森时彦研究中亦提出 1920 年后四川机纱消费量陷入停滞的态势与全国增长的总趋势相矛盾。

反映湖南省20世纪30年代手工棉织业分布的调查资料主要有两种：一为棉统会的《华中区四省棉纺织品产销调查报告》，二为《中国实业志·湖南省》中的商业部分。

1933年，棉统会调查了湖南湘水沿岸及洞庭西岸17县的手工棉织业，其中年产100万匹以上者有长沙、常德两县，年产10万至40万匹者有桃源、沣县、平江、浏阳、湘乡5县，其余湘阴、南县、益阳、祁阳、攸县、醴陵、衡阳、湘潭、耒阳、邵阳均在5万匹之下。虽然严中平认为这份资料"欲以这少数县份的数字来指示湖南家庭织业的分布或产量，显然是不够的"①，但是其涉及区域应包括了湖南省的主要手工棉织业分布区。

1935年发行的《中国实业志·湖南省》对全省各县机纱、棉布的产销情况做了统计，表6.22是湖南各县进口机纱价值与出口棉布价值情况。

表6.22　1935年前后湖南各县进口机纱价值与出口棉布价值

单位：元

县别	进口机纱价值	出口棉布价值
长沙	—	400000
湘潭	2000000	—
益阳	800000	—
新化	147000	—
平江	60000	—
宁乡	345600	—
澧县	200000	—
桃源	100000	300000
大庸	12000	—
耒阳	60000	—

① 严中平：《中国棉纺织史稿》，商务印书馆2011年版，第329页。

（续表）

县别	进口机纱价值	出口棉布价值
常宁	19800 斤，价值不详	—
道县	6811735	—
零陵	672000	200000
祁阳	500000	60000
宁远	31500	—
新田	4320	—
永兴	72600	—
保靖	1000	—
乾城	140000	—
晃县	4000	—

资料来源：实业部国际贸易局编印：《中国实业志·湖南省》，1935 年，第 121（乙）~155（乙）页。

把表 6. 22 中数据与 1933 年棉统会调查资料相比，《中国实业志·湖南省》关于棉布产销的记载亦不完整。但是通过对比 19 世纪末的机纱输入分布，我们仍可获得一些启示。在两份资料中，我们重点关注传统手工棉织业中心洞庭湖周围地区与新兴手工棉织业中心原永州府地区（不包括原道州辖地）。可以看出，在 20 世纪 30 年代，无论是机纱输入量还是棉布产量或外销量，传统手工棉织业中心的洞庭湖周围地区都要占更重要的地位。在表 6. 22 中，原永州府的祁阳、零陵两县的机纱输入量及棉布外销量仍十分可观，然而在价值上已不及洞庭湖周围的长沙、益阳、桃源等地。这里也可以与 1895 年的情况做一数量上的比较，1935 年前后，祁阳县机纱输入量为 2000 包，零陵县为 120000 小捆，据之估算为 2500 包，两地合计约 13500 关担。这一数字不足 1895 年永州府最保守估计输入量 17002 关担的 80% 。而对比全国棉纱消费量的变动情况可进一步理解永州府在 1900 年后的手工棉织业发展态势。结合棉统会的棉布出产调查更可进一步推断，19 世纪末依赖进口机纱形成的新兴手工棉织业中心永州府，到 20 世纪 30 年代无论在机纱消费量与棉布出产量上，还是在进出口价值上，抑或在全省范围内的重要性上，都出现了明显衰落。

关于 20 世纪 30 年代江西省的手工棉织业情况①，严中平根据棉统会调查等资料认为江西家庭织业多集中在中部赣江流域。1930 年省政府调查情况为：吉水、丰城两县每年各产 80 余万匹，龙南、峡山、清江、南康、新淦年产皆在 10 万匹以上，南昌、东乡、进贤、上饶、新喻、安福等县年产皆在数千至数万匹之间。1933 年，棉统会调查江西 27 县状况，南康年产约 500 万匹，南昌年产约 250 万匹，临川、南城、丰城、清江、新淦、峡江、上高等县年产 50 万至 250 万匹之间，九江、湖口、鄱阳、余干、进贤、东乡、乐平、上饶、庆丰、崇仁、乐安、新喻、宜春、吉水、永丰、吉安、安福、泰和 18 县年产均在数千至 75000 匹之间。②

原南安府地区（民国时期的南康县）棉布产量在两次调查中差异巨大，因此必须寻找其他资料加以证实。1943 年的《新南康县政建设》对南康手工棉织业亦有调查："由农家举办之家庭纺织工业，不可胜计。"约有织布机 1250 台，每年产布 92100 匹。③ 这一数字与 1930 年江西省政府调查情况相近。而且据 1930 年《江西建设汇刊续》调查，南康出产土布皆"用土机织成"，其技术手段亦落后于该省其余地区。④ 因此这里有理由认为在 20 世纪 30 年代，南康县出产土布应在 10 万匹左右。

这里再回顾 1895 年南安府的机纱输入状况。该年度南安府输入机纱 23925 关担，折合可产土布 230 万匹。南康县为南安府治所，当时生产土布数量应占其中很大份额。可见，南康县在 20 世纪 30 年代手工棉织业仅

① 可见江西省建设厅编印：《江西建设汇刊续》第一册，1930 年；棉统会编：《华东区四省棉纺织品产销调查报告》；江西省政府统计室编印：《江西年鉴》，1936 年。

② 严中平：《中国棉纺织史稿》，商务印书馆 2011 年版，第 328 页。

③ 高清岳：《新南康县政建设》，南康县政府，1943 年，第 25 页。

④ 江西省建设厅编印：《江西建设汇刊续》第一册，调查统计，1930 年，第41～58 页。

有 10 万匹左右的出产规模，显然无法与 19 世纪末相比。

通过以上考察可知，在湖南与江西两省，19 世纪末依赖进口机纱而兴起的两个手工棉织业中心，在 20 世纪初随着机纱价格的升高都出现了衰落。在 20 世纪 30 年代，尽管两地在各自省份手工棉织业生产格局中仍有一定地位，但无论在产量上还是在全省范围内的重要性上，都无法与 19 世纪末相比。

在 20 世纪 30 年代，国产机纱已取代进口产品，为绝大多数的手工棉织业提供所需机纱。而通过本节考察可知，20 世纪初进口机制棉纱主导下形成的机纱消费格局以及手工棉织业地理格局，在 20 世纪 30 年代得到了延续。其中，华北区域在 19 世纪末 20 世纪初机纱需求持续增加的势头一直延续到 20 世纪 30 年代，并成为 20 世纪手工棉织业机纱消费量的最主要增长点。在上文考察中所述及的技术革新因素与市场因素影响下，到 20 世纪 30 年代，华北地区的手工棉织业无论在机纱消费总量上还是在手工纺织棉布总产量上，都已领先于全国其他区域，成为全国最重要的手工棉织业中心之一。

结语　后发国家工业化的特点

——以对中国近代棉纺织工业进口替代的时空分析为例

本书以进口替代为线索，从三个方面对中国近代棉纺织品对外贸易及中国棉纺织业的发展进行了讨论。第一，本书关注中国近代各类棉纺织品进口量及其结构的变化，以及各类棉纺织品消费在不同区域的差异，其中反映了进口替代因素对中国棉纺织品输入贸易结构变化的长时段作用。第二，对中国近代棉纺织工业从“自发的”进口替代到“自觉的”进口替代进程分别从整体上以及各区域进行考察。第三，在以上研究的基础上，关注进口替代时空推进中不同区位类型厂商分别做出的贡献。从这三个方面出发，通过上文中的研究，可以对中国作为后发国家，在棉纺织工业进口替代进程中所具有的特点做出以下讨论。

第一节　从中间产品到成品：进口替代是中国近代棉纺织品进口贸易结构变化的长时段因素

一、近代机制棉纺织品进口量、结构变化及空间分布

在中国近代，机制棉纱进口量在19世纪末呈加速增长之势，在20世纪初这一趋势停止，至20世纪20年代迅速下降。

各类机制原色棉布进口量在19世纪末呈增长趋势，在20世纪初达到顶峰，20年代后迅速下降。与原色棉布相比，各种花色漂白、染色、印花

布等成品棉布进口量在20年代并未出现明显下降趋势，其中多种棉布进口量反而有所增加。至20年代末30年代初，各类成品棉布进口量出现迅速下降。

从空间视角来看，在19世纪末，进口机制棉纱的消费出现了倾向于长江中下游平原以外的非传统棉纺织中心的趋势。进入20世纪后，机制棉纱进口量下降最先出现在华东地区，随后扩展至整个长江流域。“一战”后至20年代，这一下降趋势扩展到华北、东北、华南区域。

在19世纪末，进口机制棉布消费呈现出北方多于南方、沿海多于内地、传统政治经济中心区多于边缘区的态势。进入20世纪后，机制棉布进口量，尤其是各种原色棉布的进口量下降最先出现在长江流域各地，至20世纪20年代扩展到华北地区，但与机制棉纱相比，这一时期北方各地机制棉布进口量下降并不明显。

二、19世纪末进口机制棉纱与机制棉布消费分布的不同

在机制棉纱领域，上述全国范围内的消费格局在较小地理尺度下同样是存在的，以湖南、江西两省为例，机制棉纱的消费集中于两省的非产棉区及非平原区。由此可知，19世纪末，在进口机纱相对于棉花价格持续下降的背景下，受生产成本因素的作用，机制棉纱消费分布倾向于经济发展水平较低、交通条件较差的非平原地区或非传统产棉区。

而通过研究可知，19世纪末在华南、西南等非传统产棉区和非传统棉织业中心形成依赖于进口机纱的手工棉织业中心的实例屡见不鲜，上述机纱消费格局亦较为可靠地反映了当时手工棉织业生产格局的变化趋势。可见，当时的机纱进口贸易对沿海、沿江“核心区”之外的广大内地（边陲区）经济发展具有更明显的促进作用。其在生产要素上打破了原有的地域间的平衡，为原本经济发展水平较低、交通条件较差的非传统产棉区和非传统棉织业中心带来了发展手工棉织业的机会，从而一定程度上改变了传统的手工棉织业分布格局。

与之相比，通过对华东、华中、华北大部分省份的考察可知，机制棉

布消费分布倾向于各省传统的政治经济中心、传统的交通枢纽与便利区域。结合其在全国范围内的消费分布可知，机制棉布的消费分布是遵从于消费需求的，而其中经济水平、交通因素起到了重要作用。同时，在中国的大部分地区，机制棉布的普及率不及机制棉纱，其对传统手工棉织业的影响也不及机制棉纱深远。

三、机制棉纺织品输入贸易中的进口替代因素

19 世纪后期，在银钱比价下降的作用下，机制棉纱迅速打开了中国市场，机制棉布虽然普及程度不如机制棉纱，但亦成为各地棉布消费中的组成部分。从 20 世纪初到 20 世纪 30 年代，在中国市场上，上述棉纺织品从中间产品机纱到初级成品棉布，再到高级成品棉布的推出顺序反映出了棉纺织品进口替代这一长时段因素。同时，通过对棉纺织品进口贸易结构的分析可以看出，中国近代棉纺织品进口替代经历了从中间产品到初级成品再到高级成品的过程。

而通过进口棉纺织品消费空间分布状况的变迁亦可看出，从全国市场角度来看，中国近代棉纺织品进口替代经历了从长江流域开始，继而扩展到全国的空间推进过程。

通过进一步对国产产品与进口产品消长过程定量的、空间的研究，我们进一步证实了上述棉纺织品进口贸易总量、结构变化背后的进口替代因素。

在中国近代经济史的研究中，国外机制品对中国消费市场的开拓经常被当作进口贸易对中国近代工业发展的积极作用而提及。在棉纺织业领域，无论是进口机制棉布在中国消费市场的涌入，还是进口机制棉纱对传统手工棉织业生产原料的重构，进口贸易为中国近代棉纺织工业的发展创造了基本的需求，为中国近代棉纺织工业的进口替代提供了市场基础。

同时，这一积极作用体现在消费空间格局的延续性上。比较 19 世纪末 20 世纪初进口机制棉纺织品主导下的消费空间格局与 20 世纪 30 年代国产机制棉纺织品主导下的消费空间格局可知，在机制棉纱领域，20 世纪初形

成的机纱消费格局及手工棉织业地理分布格局一直持续到20世纪30年代；在机制棉布领域，20世纪二三十年代的机制棉布消费量与19世纪末相比虽有大幅增加，但在全国范围的消费分布仍与19世纪末的格局大体相同。可见，棉纺织品进口贸易塑造的这一消费空间格局，事实上被后发的中国棉纺织工业所继承。因此，在论及进口替代这一中国近代工业化的线索时，通过对进口贸易的详细考察，充分认识到其在市场开拓方面所起到的积极作用是非常重要的。

第二节　从“自发的”到“自觉的”进口替代：中国近代棉纺织工业发展的两个阶段

一、市场主体、国家政策分别主导下的进口替代进程

在20世纪30年代前，进口棉纺织品的关税税率基本处于开埠之初指定的“值百抽五”左右的水平，未受到关税保护的中国棉纺织工业在此期间的进口替代属于“自发的”进口替代。这一时期的进口替代是由从事棉纺织工业的市场主体——棉纺织厂商主导的。

其间，在机制棉纱、棉布领域的进口替代上，中国棉纺织工业达到的程度不同。在机制棉纱领域，在国内外各种因素的共同作用下，“一战”后数年国产机纱的市场占有率即达到90%以上，并于20世纪20年代在国际贸易中由入超转为出超，至20年代中期市场占有率更是接近100%，可见在机制棉纱领域，国产机纱几乎做到了对进口产品的完全替代。在机制棉布领域，中国棉纺织工业所达到的进口替代程度较低，至20年代末市场占有率仅为50%左右，在国际贸易中仍处于入超地位。不同种类棉布的进口替代程度亦有不同，其中在原色机制棉布市场，至20世纪20年代末，国产棉布的占有率达到了75%以上，一定程度上实现了进口替代。

可见，在“自发的”进口替代进程中，中国近代棉纺织工业并未完全完成进口替代的任务。进口替代主要体现在中间产品、初级成品方面，各

种高级成品进口量并未明显下降，在国际贸易中仍处于入超地位。

在20世纪20年代末至30年代，随着关税自主运动的开展，各种棉纺织品进口税率大幅提高，中国棉纺织工业由“自发的”进口替代转变为“自觉的”进口替代。国家力量在这一时期的进口替代进程中扮演了主要角色。

其中，进口税率的增长在各种成品棉布上体现得尤为显著。在此期间，机制棉布进口量迅速下降，至20世纪30年代中期，国产机制棉布市场占有率已超过95%，而且在30年代初（1931年），原色棉布在国际贸易中首次实现了出超。至此可以认为在机制棉布领域，中国棉纺织工业亦基本实现进口替代。

另外，通过对其间东北沦陷、世界经济危机两个对贸易量干扰因素的排除，我们可进一步推断上述进口税率的提高与机制棉布进口量下降之间是有因果关系的，这里亦可认为南京国民政府在20世纪30年代初的关税政策，至少在棉纺织工业领域是具有很明显的保护性的。

这里可对中国近代棉纺织进口替代工业的发展历程做出以下概述：在20世纪30年代前，市场主体主导下的棉纺织工业进口替代，仅在中间产品棉纱及初级成品原色棉布领域达到较高水平；而在相对工序更为复杂，资本、技术更为密集的机制棉布领域的进口替代，在以保护性关税政策为代表的国家力量主导下才得以基本完成。

二、从长江流域到全国：空间视角下的棉纺织品进口替代进程

虽然在时间进程上，国产机制棉纱与棉布对进口产品的替代具有较大差异，但两者在空间进程上较为相似。两者的进口替代皆从近代棉纺织工业的发源地长江中下游地区开始，随后把这一替代进程推广至全国。

在“自发的”进口替代阶段，虽然在全国范围内对进口机制棉纺织品的替代并未完成，但长江中下游区域市场的棉纺织品的进口替代已达到较为彻底的程度。而华北、西北、西南各地市场对进口棉纺织品的替代则晚

至20世纪30年代，最终在关税政策保护下才得以完成。

三、后发国家进口替代进程中“国家因素”的重要性

中国近代棉纺织进口替代工业的发展历程体现出后发国家工业化历程中“国家因素”参与这一重要特点。回顾普雷维什与辛格关于发展中国家应通过贸易保护和进口替代政策实现工业化的观点，结合本书的研究可知，至少就某一行业而言，“国家因素”的参与，是实现进口替代行之有效的方式。

对于中国近代工业经济而言，以棉纺织业为代表的关乎民生的消费品工业的进口替代是首先亟待进行的。而由于资本、技术等多方面的原因，以市场主体为主导的进口替代长期无法推进至资本、技术更为密集的棉布生产领域，尤其是工序更为复杂的成品棉布生产领域。从空间角度看，这一进口替代也仅在棉纺织工业的中心地长江流域市场达到较高水平，难以推进至更广阔的市场。而在保护性关税政策的作用下，棉纺织工业在成品棉布行业仅用数年就完成了原先数十年难以完成的进口替代，与各类成品机制棉布相应的染色、印花棉布行业也得到空前的发展。由此可见，“国家因素”在后发国家工业化的进程中起到了重要的作用。

第三节　从上海到全国：不同区位类型厂商对棉纺织品进口替代的贡献

一、从生产状况出发看棉纺织工业进口替代的空间进程

上海、汉口为中国近代棉纺织工业的诞生地，在“一战”结束之前，中国棉纺织工业的进口替代由以上海、汉口各厂商为代表的长江中下游地区各厂商进行，而在“一战”后，其他沿海（江）工业城市及内地城市棉纺织厂商亦参与到这一进口替代进程之中。

其中，上海厂商在资本、设备、生产效率及技术贡献率等方面具有优

势，仍为这一进口替代进程的主导力量。并且在机制棉布领域，上海厂商、外资厂商的这种优势更加显著。

而其他沿海（江）工业城市与内地城市的棉纺织厂商，在这一进口替代进程中的贡献亦愈加明显，其在生产设备及产量上所占比重皆不断提高。进入 20 世纪 30 年代，新关税政策下棉纺织品进口税率的提高为各区域市场带来更明显的需求增加，其间棉纺织工业向上海以外区域的扩散趋势更加显著。

二、从市场角度出发看上海以外区域厂商在棉纺织工业进口替代中的重要性

上海作为中国近代棉纺织工业的中心，其地位毋庸置疑。上海棉纺织厂商原料采购地、商品销售地皆遍及全国，同时上海市场的原棉及棉纱价格对全国市场有不同程度的指导作用。但是这并不意味着以上海为中心的全国统一市场已经完全形成，也不意味着中国近代棉纺织工业的进口替代可以全部由上海厂商完成。

关于上海棉纺织产品在全国各区域市场的影响力，学界尚未有系统的定量研究。本书对此有所考察，以机制棉纱为例，上海机纱最先进入长江流域各地市场，在这些地区应具有较大的市场影响力，而在其他区域，其市场占有率不能被高估。以华北高阳棉织区为例，在 1932 年前后，其所消费机纱中来自上海的产品仅占到 12.74%，甚至低于来自榆次的产品所占份额（14.66%）。[①] 在原料市场方面，上海棉纺织厂商原料采购范围虽大多遍及全国，但实际上以上海附近产棉与外棉为主，国内外埠输入棉花所占比重并不高。

就其价格指导作用看，在机制棉纱领域，上海市场价格与长江流域其他地区市场价格的确具有较高的相关性，但与华北市场相比，这一相关性较低。而在原料采购市场，上海原棉价格可能仅与附近的长三角地区关系

① 吴知：《乡村织布工业的一个研究》，商务印书馆 1936 年版，第 66 页。

较为密切。这一点与上海棉纺织工业在全国原料、商品销售市场的影响力分布是一致的，在其影响力较小的区域市场，上海厂商无法做到买方（原棉）及卖方（棉纱）垄断，无法拥有定价权，价格机制也因此无法有效传导。

与之相应，在20世纪二三十年代，棉纺织工业向其他沿海（江）工业城市及内地扩散，这些新兴的棉纺织厂商所需原棉大多来自附近产棉区，而商品销售市场亦大多以本地及附近区域为主。由于上海棉纺织工业对全国市场整合能力有限，这些厂商所依托的本地原料及商品销售市场是有较强独立性的。

这种独立性的形成与中国近代小农经济的广泛存在、交通条件的不均衡以及大多数时间内货币的不统一等众多因素密切相关。事实上，这种独立性亦是本书讨论到的诸多方面的空间差异得以存在的基础。

首先，为何来自国际经济学中的比较优势理论可以解释19世纪末机制棉纱输入引起各地手工棉织业发展差异，其原因就在于各区域生产要素不能自由流动导致各区域市场具有相对独立性。其次，为何在20世纪20年代棉纺织工业呈现出扩散之势，而不是由上海棉纺织工业完成全国范围内的进口替代，其原因亦在于各区域市场的相对独立性导致在20年代上海棉纺织工业对全国市场的整合程度已达到极限。再次，为何在20世纪30年代棉布进口量大幅下降造成的需求空缺会对内地棉纺织工业更为有利，其原因亦在于上海棉纺织工业对全国市场的影响力有限。

直至今日，从农业到金融业，全国市场统一性与地方市场相对独立性并存的事实仍广泛存在。以上从空间视角对近代棉纺织业的讨论，对于今天中国特别是中西部企业的发展是有一定启发价值的，相比纷纷涌入大城市市场，立足于本地市场在很多情况下是更好的选择。

三、内地棉纺织业的后发优势

上海作为中国近代棉纺织业的中心，依托其最大通商口岸及工商业城市的地位与市场环境，其棉纺织工业厂商在资本、技术、制度管理等方面的优势已毋庸赘述。

而在近代，非传统经济中心、非棉纺织业中心的地区，无论在手工棉织业还是在机器棉织业方面，亦体现出一定的后发优势，这些后发优势集中体现在对新技术的应用上。在手工棉织业方面，20 世纪前期华北作为新兴手工棉织业中心对于更为高效的铁轮机的普遍应用比传统手工棉织业中心的华东地区提前了约十年时间。在机器棉织业方面，以动力类型为例，与上海相比，内地各厂商中使用更为先进高效的电气动力的比重更高，在 1920 年至 1930 年间，使用电气动力的上海棉纺织厂商所占比重为 67.32%，而内地各厂商这一比重达到了 75.47%。

最后回到一个近代经济地理研究中的老命题，开埠通商后，对外贸易和工业化带来的利益是否仅体现在沿江、沿海的已开发地区（“核心区”）。通过以上分析，至少在棉纺织业领域，对外贸易给“核心区”之外的广大内地（边陲区）带来很大的发展机会，而这些地区在工业化的进程中亦体现出一定的优势。

参考文献

一、中文文献

（一）方志、民国调查资料、报刊、档案

〔清〕嵇有庆修，〔清〕刘沛纂：《光绪零陵县志》，1931年补刊本。

〔清〕吕恩湛修，〔清〕宗绩辰纂：《道光永州府志》，道光八年（1828）刻本。

〔清〕穆彰阿、〔清〕潘锡恩等纂修：《大清一统志》，上海古籍出版社2008年版。

常之英修，刘祖干纂：《民国潍县志稿》，1941年排印本。

高清岳：《新南康县政建设》，南康县政府，1943年。

工商部上海工商辅导处调查资料编辑委员会编印：《上海市纺织印染工业》，1948年。

华商纱厂联合会编印：《华商纱厂联合会年会报告书》，1934年。

华商纱厂联合会编印：《华商纱厂联合会季刊》，1919—1931年。

华商纱厂联合会编印：《全国纱厂一览表》，1919—1936年。

上海市棉纺织工业同业公会筹备会编印：《中国棉纺统计史料》，1950年。

江苏实业厅第三科编：《江苏省纺织业状况》，商务印书馆1920年版。

江西省建设厅编印：《江西建设汇刊》，1930年。

江西省政府秘书处统计室编印：《民国二十三年江西省进出口贸易分类统计》，1935年。

刘大钧：《中国工业调查报告》，经济统计研究所，1937 年。

农工商部编印：《棉业图说》，1910 年。

山西省长公署统计处编印：《山西省第四次经济统计》，1924 年。

山西省政府统计处编印：《山西省第九次经济统计正集》，1930 年。

实业部国际贸易局、上海商品检验局编印：《国际贸易导报》，1930—1937 年。

上海申报馆编印：《申报》，1872—1949 年。

国民政府工商部工商访问局编印：《工商半月刊》，1929—1936 年。

上海银行周报社编印：《银行周报》，1917—1950 年。

上海银行周报社编印：《经济统计》，1923—1937 年。

盛京时报社编印：《盛京时报》，1906—1944 年。

上海纺织周刊社编印：《纺织周刊》，1931—1949 年。

上海特别市政府社会局编：《上海特别市工资和工作时间（民国十八年）》，商务印书馆 1931 年版。

实业部国际贸易局编印：《中国实业志·湖南省》，1935 年。

实业部国际贸易局编印：《中国实业志·江苏省》，1933 年。

实业部国际贸易局编印：《中国实业志·山东省》，1934 年。

实业部国际贸易局编印：《中国实业志·山西省》，1937 年。

实业部国际贸易局编印：《中国实业志·浙江省》，1933 年。

蔡谦：《近二十年来之中日贸易及其主要商品》，商务印书馆 1936 年版。

陈觉：《日本侵略东北史》，商务印书馆 1933 年版。

方显廷：《中国之棉纺织业》，商务印书馆 2011 年版。

罗玉东：《中国厘金史》，商务印书馆 1936 年版。

王子建：《日本之棉纺织工业》，社会调查所，1933 年。

巫宝三：《中国国民所得（一九三三年）》，商务印书馆 2011 年版。

叶量：《中国纺织品产销志》，上海生活书店 1935 年版。

张家骧：《中华币制史》，民国大学出版部 1925 年版。

天津南开大学经济研究所编印：《南开指数年刊》，1935—1937 年。

天津市档案馆等编：《天津商会档案汇编（1912—1928）》，天津人民出版社 1992 年版。

王子建、王镇中编著：《七省华商纱厂调查报告》，商务印书馆 1935 年版。

吴知：《乡村织布工业的一个研究》，商务印书馆 1936 年版。

徐蔚南：《上海棉布》，中华书局 1936 年版。

杨大金编：《现代中国实业志》，商务印书馆 1938 年版。

张世文：《定县农村工业调查》，四川民族出版社 1991 年版。

整理棉业筹备处编印：《中华民国九、十两年中国棉业调查录》，1922 年。

中国第二历史档案馆编：《中华民国史档案资料汇编》，江苏古籍出版社 1991 年版。

中国第二历史档案馆、中国海关总署办公厅编：《中国旧海关史料（1859—1948）》，京华出版社 2001 年版。

中华棉业统计会编印：《民国二十年中国棉产统计》，1931 年。

中央档案馆等编：《日本帝国主义侵华档案资料选编：九·一八事变》，中华书局 1988 年版。

上海通商海关总税务司署造册处编印：《中华民国海关进口税税则（1928）》，1929 年。

上海通商海关总税务司署造册处编印：《中华民国海关进口税税则（1930）》，1931 年。

上海总税务司署统计科编印：《中华民国海关进口税税则（1934）》，1936 年。

［日］井村薰雄著，周培兰译：《中国之纺织业及其出品》，商务印书馆 1928 年版。

［日］美代清彦著，朱承庆译：《鄂省西北部农业视察记》，载《农学报》第 227 期，1903 年。

［英］班思德编，海关总税务司署统计科译：《最近百年中国对外贸易史》，见刘辉主编：《五十年各埠海关报告（1882—1931）》（十），中国海关出版社2009年版。

（二）史料汇编

陈真、姚洛合编：《中国近代工业史资料》第一辑，生活·读书·新知三联书店1957年版。

孔敏主编：《南开经济指数资料汇编》，中国社会科学出版社1988年版。

李必樟译编：《上海近代贸易经济发展概况：1854—1898年英国驻上海领事贸易报告汇编》，上海社会科学院出版社1993年版。

李文治编：《中国近代农业史资料（1840—1911）》第一辑，生活·读书·新知三联书店1957年版。

南开大学经济研究所编：《1913年—1952年南开指数资料汇编》，统计出版社1958年版。

彭泽益编：《中国近代手工业史资料（1840—1949）》，生活·读书·新知三联书店1957年版。

王铁崖编：《中外旧约章汇编》，生活·读书·新知三联书店1957—1962年版。

许道夫编：《中国近代农业生产及贸易统计资料》，上海人民出版社1983年版。

严中平等编：《中国近代经济史统计资料选辑》，科学出版社1955年版。

姚贤镐编：《中国近代对外贸易史资料（1840—1895）》，中华书局1962年版。

中国近代经济史丛书编委会编：《中国近代经济史研究资料》，上海社会科学院出版社1984—1990年版。

中国近代经济史资料丛刊编辑委员会主编：《帝国主义与中国海关资料丛编》，中华书局1983年版。

海关总署《旧中国海关总税务司署通令选编》编译委员会编：《旧中国海关总税务司署通令选编》，中国海关出版社2003年版。

南京图书馆特藏部、江苏省社会科学院经济史课题组编：《江苏省工业调查统计资料（1927—1937）》，南京工学院出版社1987年版。

交通部烟台港务管理局编：《近代山东沿海通商口岸贸易统计资料（1859—1949）》，对外贸易教育出版社1986年版。

刘辉主编：《中国旧海关稀见文献全编·关税纪实》，中国海关出版社2009年版。

刘辉主编：《中国旧海关稀见文献全编·修改税则始末记》，中国海关出版社2009年版。

刘辉主编：《中国旧海关稀见文献全编·中国关税史》，中国海关出版社2009年版。

刘辉主编：《中国旧海关稀见文献全编·中国关税史料》，中国海关出版社2009年版。

伪满洲国财政部编：《（伪）满洲国外国贸易统计年报》，台湾文海出版社1993年版。

上海市工商行政管理局、上海市纺织品公司棉布商业史料组编：《上海市棉布商业》，中华书局1979年版。

（三）著作

曹树基：《中国人口史·清时期》，复旦大学出版社2001年版。

陈诗启：《中国近代海关史》，人民出版社2002年版。

侯杨方：《中国人口史·1910—1953年》，复旦大学出版社2001年版。

廖声丰：《清代常关与区域经济研究》，人民出版社2010年版。

林举百：《近代南通土布史》，南京大学学报编辑部，1984年。

林满红著，詹庆华、林满红等译：《银线：19世纪的世界与中国》，江苏人民出版社2011年版。

刘佛丁主编：《中国近代经济发展史》，高等教育出版社1999年版。

刘克祥、吴太昌主编：《中国近代经济史（1927—1937）》，人民出版社 2010 年版。

罗志如等：《当代西方经济学说》，北京大学出版社 1989 年版。

彭南生：《半工业化：近代中国乡村手工业的发展与社会变迁》，中华书局 2007 年版。

中国科学院上海经济研究所、上海社会科学院经济研究所编：《恒丰纱厂的发生发展与改造：中国最早的一家棉纺织厂》，上海人民出版社 1958 年版。

谭崇台主编：《发展经济学》，山西经济出版社 2001 年版。

汤象龙编著：《中国近代海关税收和分配统计（1861—1910）》，中华书局 1992 年版。

汪敬虞主编：《中国近代经济史（1895—1927）》，人民出版社 2000 年版。

王玉茹、燕红忠：《世界市场价格变动与近代中国产业结构模式研究》，人民出版社 2007 年版。

王玉茹：《近代中国物价、工资和生活水平研究》，上海财经大学出版社 2007 年版。

吴承明：《中国资本主义与国内市场》，中国社会科学出版社 1985 年版。

吴松弟等：《港口—腹地与北方的经济变迁（1840—1949）》，浙江大学出版社 2011 年版。

吴松弟主编：《中国百年经济拼图：港口城市及其腹地与中国现代化》，山东画报出版社 2006 年版。

武正国等编：《晋华风云录》，山西人民出版社 1985 年版。

徐新吾主编：《江南土布史》，上海社会科学院出版社 1992 年版。

许金生：《近代上海日资工业史（1884—1937）》，学林出版社 2009 年版。

严中平主编：《中国近代经济史（1840—1894）》，人民出版社 2001 年版。

严中平：《中国棉纺织史稿》，商务印书馆2011年版。

姚永超：《国家、企业、商人与东北港口空间的构建研究（1861—1931）》，中国海关出版社2010年版。

叶松年：《中国近代海关税则史》，上海三联书店1991年版。

袁为鹏：《聚集与扩散：中国近代工业布局》，上海财经大学出版社2007年版。

赵冈、陈钟毅：《中国棉业史》，台湾联经出版事业公司1977年版。

赵伟、[日]藤田昌久、郑小平等：《空间经济学：理论与实证新进展》，浙江大学出版社2009年版。

郑友揆：《中国近代对外经济关系研究》，上海社会科学院出版社1991年版。

邹逸麟主编：《中国历史人文地理》，科学出版社2001年版。

[美]托马斯·莱昂斯著，毛立坤等译：《中国海关与贸易统计（1859—1948）》，浙江大学出版社2009年版。

[美]托马斯·罗斯基著，唐巧天等译：《战前中国经济的增长》，浙江大学出版社2009年版。

[美]马士著，张汇文等译：《中华帝国对外关系史》，上海书店出版社2000年版。

[日]滨下武志著，高淑娟、孙彬译：《中国近代经济史研究：清末海关财政与通商口岸市场圈》，江苏人民出版社2006年版。

[日]城山智子著，孟凡礼、尚国敏译：《大萧条时期的中国：市场、国家与世界经济（1929—1937）》，江苏人民出版社2010年版。

[日]顾琳著，王玉茹、张玮、李进霞译：《中国的经济革命：二十世纪的乡村工业》，江苏人民出版社2010年版。

[日]藤田昌久、[比]雅克－弗朗科斯·蒂斯著，刘峰、张雁、陈海威译：《集聚经济学：城市产业区位与区域增长》，西南财经大学出版社2004年版。

[日]高柳松一郎著，李达译：《中国关税制度论》，台湾文海出版社

1972 年版。

[日] 森时彦著，袁广泉译：《中国近代棉纺织业史研究》，社会科学文献出版社 2010 年版。

[英] B. R. 米切尔编，贺力平译：《帕尔格雷夫世界历史统计》，经济科学出版社 2002 年版。

(四) 学术论文

曹爱萍：《英国 1850 年之前的棉纺织品出口贸易》，载《黑龙江史志》2012 年第 9 期。

曹英：《子口税制度与近代中国沿海贸易的异态》，载《湘潭大学学报(哲学社会科学版)》2011 年第 4 期。

陈宏明：《中国近代工业的地理分布及其影响（1861—1927)》，载《经济研究导刊》2013 年第 15 期。

陈桦：《关于中日近代棉纺织品贸易的考察》，载《清史研究》2000 年第 2 期。

陈惠雄：《近代中国家庭棉纺织业的多元分解》，载《历史研究》1990 年第 2 期。

陈梅龙：《试论近代浙江的棉花出口》，载《史林》2005 年第 4 期。

陈群元：《日本与国民政府 1933 年关税税率问题：税率公布之前的双方动向》，载《社会科学研究》2012 年第 1 期。

陈善本、苗士亮：《晚清沿海农村经济的遭遇和命运——以长江三角洲地区手工棉纺织业为例》，载《乐山师范学院学报》2007 年第 1 期。

陈为忠：《近代山东经济格局变迁研究——以港口与腹地互动为视角》，载《中国历史地理论丛》2005 年第 3 期。

陈争平：《不平等条约下近代关税制度的形成及对中国经济的影响》，载《近代中国》第 15 辑，2005 年。

陈争平：《试析 1895—1930 年中国进出口商品结构的变化》，载《中国经济史研究》1997 年第 3 期。

程峰：《论近代中国进口替代工业的特点》，载《河南师范大学学报

（哲学社会科学版）》2001 年第 6 期。

戴鞍钢、阎建宁：《中国近代工业地理分布、变化及其影响》，载《中国历史地理论丛》2000 年第 1 期。

戴一峰：《论晚清的子口税与厘金》，载《中国社会经济史研究》1993 年第 4 期。

单冠初：《日本与南京国民政府初期的关税自主运动》，载《档案与史学》2002 年第 2 期。

邓泽辉：《1912—1936 年中国的进口替代工业与对外贸易》，广西师范大学硕士学位论文，2000 年。

董师嫡：《近代东北棉业经济初探》，吉林大学硕士学位论文，2007 年。

董振平：《1927—1937 年南京国民政府关税的整理与改革述论》，载《齐鲁学刊》1999 年第 4 期。

段本洛：《论明末清初苏松地区的棉纺织手工业》，载《苏州大学学报》1986 年第 4 期。

樊如森、吴焕良：《近代中日贸易述评》，载《史学月刊》2012 年第 6 期。

樊如森、徐智：《从沪津经济关系看近代沿海口岸城市的发展轨迹》，见《城市史研究》第 26 辑，天津社会科学院出版社 2010 年版。

樊如森、伍伶飞：《近代环渤海市场结构的时空演进》，载《历史地理》2013 年第 2 期。

樊如森：《近代华北经济地理格局的演变》，载《史学月刊》2010 年第 9 期。

樊树志：《上海农村副业的变迁——传统农业新模式的历史透视》，载《学术月刊》1992 年第 5 期。

樊卫国：《论进口替代与近代国货市场》，载《上海社会科学院学术季刊》1995 年第 3 期。

方书生：《近代中国的经济增长——基于长江三角洲地区的验证》，载

《上海经济研究》2012 年第 9 期。

付丽颖：《伪满洲国初期的对外贸易》，载《外国问题研究》2011 年第 4 期。

吴松弟、方书生：《中国旧海关出版物的书名、内容和流变考证：统计丛书之年刊系统》，载《上海海关学院学报》2013 年第 1 期。

吴松弟、伍伶飞：《近代海关贸易数据摘编本存在的问题分析——以全国年进出口额和各关直接对外贸易额为例》，载《中国社会经济史研究》2013 年第 4 期。

吴松弟、杨敬敏：《近代中国开埠通商的时空考察》，载《史林》2013 年第 3 期。

吴松弟：《港口—腹地：现代化进程研究的地理视角》，载《学术月刊》2007 年第 1 期。

吴松弟：《中国近代经济地理格局形成的机制与表现》，载《史学月刊》2009 年第 8 期。

夏保国：《中国近代关税自主权的丧失与收复——以中美关税交涉为中心（1919—1928）》，南京师范大学硕士学位论文，2005 年。

夏林根：《论近代上海地区棉纺织手工业的变化》，载《中国社会经济史研究》1984 年第 3 期。

肖爱丽：《上海近代纺织技术的引进与创新——基于〈申报〉的综合研究》，东华大学博士学位论文，2012 年。

谢亮：《试论近代中国的商品价格结构变动及其市场发展之近代化命题——以华北市场“粮棉”价格为例》，载《中国经济史研究》2012 年第 2 期。

徐进功：《论南京国民政府 1927 年—1937 年的对外贸易》，载《中国社会经济史研究》2001 年第 3 期。

于新娟：《长江三角洲棉业外贸及其影响（1912—1936）》，华东师范大学博士学位论文，2007 年。

郑友揆：《十九世纪后期银价、钱价的变动与我国物价及对外贸易的关系》，载《中国经济史研究》1986 年第 2 期。

朱庆颐：《关于近代纺织工业基地形成因素的探讨》，载《中国纺织大学学报》1994 年第 3 期。

朱艳：《伪满洲国时期的东北海关》，载《枣庄学院学报》2007 年第 6 期。

朱章国：《进口替代简论》，载《世界经济》1982 年第 1 期。

二、外文文献

（一）英文文献

Olmstead, Alan L. and Rhode, Paul W. "Biological Innovation and Productivity Growth in the Antebellum Cotton Economy," *The Journal of Economic History* 68, no. 4 (December 2008): 1123 – 1171.

Olmstead, Alan L. and Rhode, Paul W. "Hog-Round Marketing, Seed Quality, and Government Policy: Institutional Change in U. S. Cotton Production, 1920 – 1960," *The Journal of Economic History* 63, no. 2 (June 2003): 447 – 488.

Feuerwerker, Albert. "Handicraft and Manufactured Cotton Textiles in China, 1871 – 1910," *The Journal of Economic History* 30, no. 2 (June 1970): 338 – 378.

Farnie, D. A. *The English Cotton Industry and the World Market*, 1815 – 1896. Oxford: Clarendon Press, 1979.

Irwin, Douglas A. and Temin, Peter. "The Antebellum Tariff on Cotton Textiles Revisited," *The Journal of Economic History* 61, no. 3 (September 2001): 777 – 798.

Saxonhouse, Gary R. and Wright, Gavin. "National Leadership and Competing Technological Paradigms: The Globalization of Cotton Spinning, 1878 – 1933," *The Journal of Economic History* 70, no. 3 (September 2010): 535 – 566.

Clark, Gregory. "Why Isn't the Whole World Developed? Lessons from the Cotton Mills," *The Journal of Economic History* 47, no. 1 (March 1987): 141 - 173.

Esteban, Javier Cuenca. "British Textile Prices, 1770 - 1831: Are British Growth Rates Worth Revising Once Again?" *The Economic History Review* 47, New Series, no. 1 (February 1994): 66 - 105.

Brown, John C. "Imperfect Competition and Anglo - German Trade Rivalry: Markets for Cotton Textiles Before 1914," *The Journal of Economic History* 55, no. 3 (September 1995): 494 - 527.

Hanson Ⅱ, John R. "World Demand for Cotton During the Nineteenth Century: Wright's Estimates Re - examined," *The Journal of Economic History* 39, no. 4 (December 1979): 1015 - 1021.

Mazumdar, Dipak. *The Issue of Small Versus Large in the Indian Textile Industry: An Analytical and Historical Survey.* Washington: The World Bank, 1984.

Amsalem, Michel A. *Technology Choice in Developing Countries: The Textile and Pulp and Paper Industries.* Cambridge, Mass.: MIT Press, 1983.

Musoke, Moses S. and Olmstead, Alan L. "The Rise of the Cotton Industry in California: A Comparative Perspective," *The Journal of Economic History* 42, no. 2 (June 1982): 385 - 412.

Otsuka, Keijiro, Ranis, Gustav and Saxonhouse, Gary. *Comparative Technology Choice in Development: The Indian and Japanese Cotton Textile Industries.* London: The Macmillan Press Ltd., 1988.

Nickless, Pamela J. "A New Look at Productivity in the New England Cotton Textile Industry, 1830 - 1860," *The Journal of Economic History* 39, no. 4 (December 1979): 889 - 910.

Harnetty, Peter. "Cotton Exports and Indian Agriculture, 1861 - 1870," *The Economic History Review* 24, no. 3 (August 1971): 414 - 429.

Myers, Ramon H. "Cotton Textile Handicraft and the Development of the Cotton Textile Industry in Modern China," *The Economic History Review* 18, New Series, no. 3 (December 1965): 614 – 632.

Hammond, Seth. "Location Theory and the Cotton Industry," *The Journal of Economic History* 2, Supplement: The Tasks of Economic History (December 1942): 101 – 117.

Wolcott, Susan and Clark, Gregory. "Why Nations Fail: Managerial Decisions and Performance in Indian Cotton Textiles, 1890 – 1938," *The Journal of Economic History* 59, no. 2 (June 1999): 397 – 423.

Hatton, T. J. "The Demand for British Exports, 1870 – 1913," *The Economic History Review* 43, no. 4 (November 1990): 576 – 594.

United States Dept. of Agriculture. *Statistics on Cotton and Related Data*, 1925 – 1962. Washington D. C.: United States Dept. of Agriculture, Economics, Statistics, and Cooperatives Service, 1979.

Anthony, Vivian S. *Britain's Overseas Trade: The Recent History of British Trade*. London: Heinemann Educational Publishers, 1971.

Lewis, W. Arthur. "World Production, Prices and Trade, 1870 – 1960," *The Manchester School* 20, no. 2 (May 1952): 105 – 138.

（二）日文文献

［日］长冈新吉编著:《近代日本の経済——統計と概説》，ミネルヴァ书房 1988 年版。

［日］东亚同文会编印:《支那經濟全書》，1907—1909 年。

［日］久保亨:《日中關税協定と一九三〇年關税》，载《東洋史研究》第 56 卷第 1 号，1997 年。

［日］久保亨:《戦間期中国の綿業と企業経営》，汲古书院 2005 年版。

［日］日本绵业俱乐部编印:《昭和八年内外綿業年鑑》，1933 年。

［日］森时彦:《華西のマンチュスター——沙市と四川市場》，载

《東洋史研究》第50卷第1号，1991年。

［日］小山正明：《清末中国における綿繰機械の導入》，见《明清社会経済史研究》，东京大学出版会1992年版。

［日］小山正明：《清末中国における外国綿製品の流入》，见《明清社会経済史研究》，东京大学出版会1992年版。

［日］中井英基：《森時彦著〈中國近代綿業史の研究〉》，载《東洋史研究》第61卷第2号，2002年。

附　录

一、海关十年报告所载棉纺织品价格资料①

附一表 1.1　1862—1921 年中国进出口棉布单价

单位：进口棉布为海关两/匹，出口土布为海关两/关担

年份	进口本色市布	进口漂白市布	进口美国本色粗布	进口本色标布（7 磅 32 英寸）	进口英国本色粗斜纹布(40 码)	出口土布
1862	2.58	2.4	3.7	1.82	3.85	28
1863	3	3.7	8	2.3	5.4	30
1864	4	4.15	5.5	2.75	7	55.37
1865	3.85	4	—	2.8	4.56	45.68
1866	2.52	3.33	6	2.32	4.78	43.62
1867	2.12	2.94	4.82	1.8	3.55	43.31
1868	1.76	2.89	4.16	1.58	3.68	40.21
1869	1.77	2.31	3.5	1.47	3.5	42.66
1870	1.7	2.26	3.54	1.36	2.89	39.88
1871	1.54	2.26	3.8	1.26	2.67	40
1872	1.47	2.17	3.75	1.44	2.6	39.89

① 1904 年前进出口各类原棉及棉纺织品价格皆为市场价格，1904 年后始采用起岸价格（C.I.F）与离岸价格（F.O.B）。表中皆为海关统计中原始数据，未做修正。

（续表）

年份	进口 本色市布	进口 漂白市布	进口美国 本色粗布	进口本色 标布（7 磅 32 英寸）	进口英国 本色粗斜 纹布(40 码)	出口土布
1873	1. 4	2. 15	3. 77	1. 19	2. 19	29. 85
1874	1. 29	1. 98	3. 27	1. 15	1. 91	30. 05
1875	1. 25	2. 01	3. 28	1. 21	2. 07	41. 9
1876	1. 19	1. 92	2. 73	1. 16	1. 82	41. 84
1877	1. 07	1. 82	2. 6	1. 09	1. 63	45. 1
1878	1. 09	1. 82	2. 19	1. 02	1. 59	44. 99
1879	1. 08	1. 77	2. 4	0. 97	1. 59	45
1880	1. 1	1. 72	2. 5	0. 99	1. 69	35. 04
1881	1. 11	1. 63	2. 56	0. 98	1. 53	35
1882	1. 1	1. 69	2. 55	1. 06	1. 42	39. 98
1883	1. 08	1. 65	2. 46	1. 24	1. 33	35. 01
1884	1. 01	1. 5	2. 38	1. 03	1. 95	40. 01
1885	1. 02	1. 53	2. 3	0. 92	1. 75	40. 01
1886	0. 99	1. 55	2. 24	1. 01	1. 71	40
1887	1. 01	1. 65	2. 24	1. 13	2. 12	40. 01
1888	1. 06	1. 73	2. 5	1. 12	2. 11	39. 99
1889	1. 07	1. 72	2. 6	1. 2	2	40
1890	1	1. 63	2. 34	1. 18	2. 06	39. 99
1891	0. 98	1. 98	2. 25	1. 11	1. 95	40
1892	0. 96	2. 06	2. 4	0. 88	1. 82	40
1893	1. 14	2. 29	2. 69	1. 09	2. 05	40
1894	1. 36	2. 43	2. 9	1. 16	2. 41	39. 99
1895	1. 28	2. 99	3	1. 23	2. 42	40

（续表）

年份	进口本色市布	进口漂白市布	进口美国本色粗布	进口本色标布（7磅32英寸）	进口英国本色粗斜纹布(40码)	出口土布
1896	1.29	2.72	2.96	1.53	2.58	40
1897	1.39	3.33	2.82	1.36	2.98	44
1898	1.34	3.06	2.5	1.33	2.95	44
1899	1.32	2.94	2.41	1.33	3.32	44
1900	1.62	3.19	2.69	1.42	3.79	45.3
1901	1.61	3.21	2.68	1.37	3.72	46
1902	1.68	4.77	3.22	2.09	3.14	43
1903	1.49	3.6	3.36	2.02	3.4	45
1904	1.7	3.91	3.39	1.84	3.2	45
1905	1.6	3.57	3.33	2.01	3.27	50.62
1906	1.5	3.27	3.31	2.1	3.32	45
1907	1.48	3.85	3.53	1.83	3.26	42.41
1908	1.79	4.33	3.41	2.11	3.33	42.5
1909	1.55	3.77	3.67	2.43	3.45	45
1910	1.85	4.21	3.88	2.58	3.87	45
1911	1.89	4.51	3.91	3.03	4.48	45
1912	1.69	4.04	3.68	2.78	4.48	45
1913	1.7	4.22	3.66	2.47	4.58	45
1914	1.77	4.5	4.03	2.62	4.95	45
1915	1.77	4.24	3.8	2.27	5.2	45
1916	1.9	4.01	4.01	2.02	5.45	50.62
1917	1.72	4.45	3.83	2.32	5.83	50.62
1918	2.42	5.97	4.88	2.82	6.36	53.45

（续表）

年份	进口 本色市布	进口 漂白市布	进口美国 本色粗布	进口本色 标布（7磅 32英寸）	进口英国 本色粗斜 纹布(40码)	出口土布
1919	3. 24	5. 95	4. 53	3. 56	7. 27	66. 66
1920	3. 75	7. 15	7. 91	4. 35	8. 54	65
1921	3. 71	9. 16	5. 04	4. 05	6. 74	63. 14

附一表 1. 2　1862—1921 年中国进出口机纱、原棉单价

单位：海关两/关担

年份	进口 英国机纱	进口 印度机纱	进口 日本机纱	进口 次等原棉	进口 上等原棉	出口原棉
1862	50	—	—	—	11	12
1863	75. 5	—	—	—	20	20
1864	60	—	—	—	19	19. 55
1865	75	—	—	—	20. 04	13. 99
1866	84. 9	—	—	—	15. 04	17
1867	48. 09	—	—	—	15. 59	15. 1
1868	32. 83	—	—	—	13. 9	16
1869	30	—	—	—	14. 5	15
1870	30	—	—	—	14. 77	15
1871	30	—	—	—	11. 63	12
1872	26. 5	—	—	6. 67	13	10. 77
1873	25. 37	—	—	6. 67	11. 33	8. 08
1874	24. 26	—	—	4. 67	9. 87	8. 08
1875	22. 04	—	—	5. 33	11. 23	10. 22
1876	20. 47	—	—	7	10. 33	9. 02

（续表）

年份	进口 英国机纱	进口 印度机纱	进口 日本机纱	进口 次等原棉	进口 上等原棉	出口原棉
1877	20.01	—	—	6.67	11	9.1
1878	19.27	—	—	7.33	11.33	10.1
1879	19.62	—	—	6	11	9.95
1880	21.2	—	—	5.33	11.17	9.95
1881	19.86	—	—	6	11.33	9.95
1882	19.68	—	—	4.67	10.33	10.75
1883	18.65	—	—	4	9.66	10.93
1884	18.76	—	—	5.33	9.66	11.35
1885	17.94	21.25	—	5.33	10.33	11.5
1886	17.72	22	—	6	10	10.83
1887	19.54	23	—	5.33	9.67	10
1888	22.22	17.5	—	6.67	10.5	11
1889	20.96	18.91	—	6.67	12.33	10
1890	20.04	17.63	—	6.67	11.67	10
1891	18.8	17.04	—	6.67	11	10.8
1892	17.82	16.78	—	7.02	9.73	10
1893	20.98	17.92	—	9.31	11.51	10.7
1894	22.78	17.98	17	8.54	10.8	9.85
1895	22.08	18.37	19.98	8.83	10.84	12.5
1896	23.24	19.58	19.82	10.36	11.38	12
1897	24.92	21.52	22.58	11.36	12.4	15
1898	24.32	19.17	21.4	11.22	12.61	11.5
1899	24.42	19.08	21.68	11.19	12.51	13

（续表）

年份	进口 英国机纱	进口 印度机纱	进口 日本机纱	进口 次等原棉	进口 上等原棉	出口原棉
1900	26	19.49	21.3	13.95	15.58	13.7
1901	26	20.93	21.68	13.44	14.86	16.3
1902	31.09	21.75	23.14	—	15.18	17
1903	38.05	24.2	24.97	—	15.69	17.5
1904	44.25	26.04	25.01	—	16.87	15.5
1905	37.34	25.75	26.11	—	17	21.37
1906	32.73	25.05	25.44	—	16.05	15
1907	26.2	24.64	25.12	—	14.66	17
1908	40	24.35	25.41	—	17.62	17
1909	38.98	25.45	24.66	—	17.49	24.5
1910	53.8	27.96	25.03	—	21.68	22.5
1911	51.53	27.41	25.13	—	22.8	24
1912	42.38	27.6	25.01	—	22.13	21
1913	42.71	27.35	25.02	—	22.39	20
1914	46.81	26.06	25.06	—	22.71	16
1915	42.79	24.41	25.09	—	18.5	20
1916	43.81	24	25.18	—	19.79	22.5
1917	36.53	31.97	27.3	—	21.34	26.03
1918	—	45.42	47.4	—	31.93	28.68
1919	93.92	49.65	57.5	—	27.19	27.5
1920	94.9	59.3	56.81	—	26.53	26.5
1921	78.82	48.36	53.81	—	21.32	28.25

二、海关十年报告所载各地银钱比价资料

附二表 2.1　1882—1901 年各地银钱比价情况

单位：文

年份	1 海关两 =											
	牛庄	烟台	宜昌	汉口	九江	芜湖	宁波	广州	福州	厦门	汕头	琼州
1882	11.186	1690	1730	1689	1800	1722	1622	1700	1665	1620	1451	1710
1883	11.24	1690	—	1721	—	1733	1622	1700	1673	1608	—	1710
1884	11.015	1630	—	1724	—	1702	1607	1700	1651	1608	—	1710
1885	11.025	1590	—	1724	—	1733	1607	1650	1655	1597	—	1710
1886	10.688	1550	—	1650	—	1722	1591	1650	1654	1597	—	1710
1887	10.832	1490	—	1644	—	1619	1576	1600	1663	1575	1612	1680
1888	10.939	1430	—	1626	—	1650	1576	1600	1660	1564	1413	1650
1889	10.165	1390	—	1610	—	1634	1561	1595	1643	1552	—	1590
1890	9.64	1390	—	1562	—	1587	1561	1550	1623	1552	1589	1485
1891	10.203	1540	1500	1560	1510	1593	1530	1540	1618	1537	1574	1530
1892	11.325	1617	1575	1573	1660	1522	1520	1560	1700	1537	1534	1550
1893	11.417	1553	1600	1527	1628	1577	1520	1540	1800	1525	1528	1530
1894	10.104	1521	1575	1605	1595	1567	1528	1520	1500	1525	1528	1610
1895	8.903	1404	1526	1500	1524	1520	1528	1500	1600	1515	1497	1710
1896	9.022	1362	1316	1331	1399	1364	1294	1480	1800	1505	1467	1680
1897	8.836	1330	1250	1299	1320	1395	1400	1460	1700	1505	1436	1620
1898	8.822	1217	1275	1362	1354	1351	1478	1440	1500	1496	1329	1565
1899	8.947	1235	1368	1387	1409	1385	1437	1420	1600	1484	1344	1512
1900	9.741	1270	1330	1370	1387	1351	1430	1390	1600	1469	1375	1374
1901	9.496	1221	1250	1326	1367	1437	1400	1410	1600	1460	1375	1330

说明：牛庄银钱比价单位为“吊”，宜昌为宜平银与铜钱比价。

附二表2.2 1892—1921年各地银钱比价情况

单位：文

年份	1海关两=									
	胶州a	胶州b	重庆	沙市	南京	镇江	龙州a	龙州b	秦皇岛	汉口
1892	1660	1522	1704	1630	1550	1648	1756	1516	—	1573
1893	1606	1509	1690	1600	—	1565	1756	1515	—	1527
1894	1591	1412	1613	1645	—	1540	1732	1480	—	1605
1895	1470	1305	1510	1274	—	1500	1732	1456	—	1500
1896	1383	1297	1342	1292	—	1419	1732	1432	—	1331
1897	1323	1151	1263	1288	—	1378	1732	1456	—	1299
1898	1341	1094	1342	1370	—	1370	1712	1434	—	1362
1899	1312	1155	1326	1274	—	1389	1680	1416	—	1387
1900	1507	1189	1316	1333	—	1376	1657	1400	—	1370
1901	1333	1129	1277	1312	1250	1405	1605	1400	—	1326
1902	—	—	—	1200	—	—	—	—	1120	1050
1903	—	—	—	1170	—	—	—	—	1130	1050
1904	—	—	—	1200	—	—	—	—	1300	1057
1905	—	—	—	1420	—	—	—	—	1500	1257
1906	—	—	—	1620	—	—	—	—	1560	—
1907	—	—	—	1620	—	—	—	—	1750	—
1908	—	—	—	1790	—	—	—	—	1750	—
1909	—	—	—	1950	—	—	—	—	1800	—
1910	—	—	—	1935	—	—	—	—	1850	—
1911	—	—	—	1900	—	—	—	—	1808	1800
1912	—	—	—	1890	—	—	—	—	—	—
1913	—	—	—	2060	—	—	—	—	—	—

（续表）

年份	1 海关两 =									
	胶州 a	胶州 b	重庆	沙市	南京	镇江	龙州 a	龙州 b	秦皇岛	汉口
1914	—	—	—	2010	—	—	—	—	—	—
1915	—	—	—	2080	—	—	—	—	—	—
1916	—	—	—	2250	—	—	—	—	—	—
1917	—	—	—	2350	—	—	—	—	—	—
1918	—	—	—	2400	—	—	—	—	—	—
1919	—	—	—	2440	—	—	—	—	—	—
1920	—	—	—	2500	—	—	—	—	—	—
1921	—	—	—	2760	—	—	—	—	—	—

说明：a 为最高值，b 为最低值。

三、海关贸易报告所载国际汇率资料

附三表 3.1　1871—1936 年中外汇率情况

年份	1 海关两 =				
	美元	先令	卢比	日元	墨西哥元
1871	1. 58	6. 50	—	—	—
1872	1. 60	6. 65	—	—	—
1873	1. 56	6. 42	—	—	—
1874	1. 54	6. 34	—	—	—
1875	1. 50	6. 18	—	—	—
1876	1. 45	5. 95	—	—	—
1877	1. 47	6. 00	—	—	—
1878	1. 45	5. 96	—	—	—

（续表）

年份	1 海关两 =				
	美元	先令	卢比	日元	墨西哥元
1879	1. 35	5. 61	—	—	—
1880	1. 38	5. 80	—	—	—
1881	1. 37	5. 54	—	—	—
1882	1. 38	5. 71	—	—	—
1883	1. 36	5. 60	—	—	—
1884	1. 35	5. 58	—	—	—
1885	1. 28	5. 29	—	—	—
1886	1. 22	5. 01	—	—	1. 45
1887	1. 20	4. 85	—	—	1. 54
1888	1. 15	4. 70	—	—	1. 54
1889	1. 15	4. 73	—	—	1. 54
1890	1. 27	5. 19	—	—	1. 54
1891	1. 20	4. 92	—	—	1. 53
1892	1. 07	4. 35	—	—	1. 54
1893	0. 96	3. 94	—	—	1. 54
1894	0. 77	3. 20	—	—	1. 51
1895	0. 80	3. 27	2. 94	—	1. 53
1896	0. 81	3. 33	2. 78	—	1. 53
1897	0. 72	2. 98	2. 34	—	1. 50
1898	0. 70	2. 89	2. 17	—	1. 51
1899	0. 73	3. 01	2. 25	—	1. 53
1900	0. 75	3. 10	2. 32	—	1. 55
1901	0. 72	2. 96	2. 22	—	1. 52

（续表）

年份	1 海关两 =				
	美元	先令	卢比	日元	墨西哥元
1902	0. 63	2. 60	1. 95	—	1. 51
1903	0. 64	2. 64	1. 97	1. 28	1. 54
1904	0. 66	2. 87	2. 14	1. 40	1. 55
1905	0. 73	3. 01	2. 25	1. 47	1. 55
1906	0. 80	3. 29	2. 46	1. 60	1. 54
1907	0. 79	3. 25	2. 42	1. 58	1. 51
1908	0. 65	2. 67	2. 02	1. 31	1. 48
1909	0. 63	2. 61	1. 95	1. 27	1. 48
1910	0. 66	2. 69	2. 01	1. 31	1. 49
1911	0. 65	2. 69	2. 00	1. 32	1. 48
1912	0. 74	3. 05	2. 27	1. 49	1. 52
1913	0. 73	3. 01	2. 25	1. 47	1. 51
1914	0. 67	2. 73	2. 04	1. 34	1. 47
1915	0. 62	2. 59	1. 95	1. 25	1. 41
1916	0. 79	3. 32	2. 46	1. 54	1. 54
1917	1. 03	4. 32	3. 11	1. 98	1. 63
1918	1. 26	5. 29	3. 55	2. 37	1. 61
1919	1. 39	6. 33	3. 54	2. 72	1. 68
1920	1. 24	6. 79	3. 34	2. 38	1. 58
1921	0. 76	3. 95	2. 92	1. 57	1. 50
1922	0. 83	3. 00	2. 87	1. 72	—
1923	0. 80	3. 48	2. 55	1. 63	—

（续表）

年份	1 海关两 =				
	美元	先令	卢比	日元	墨西哥元
1924	0. 81	3. 65	2. 53	1. 95	—
1925	0. 84	3. 49	2. 31	2. 04	—
1926	0. 76	3. 11	2. 08	1. 58	—
1927	0. 69	2. 82	1. 88	1. 44	—
1928	0. 71	2. 92	1. 95	1. 53	—
1929	0. 64	2. 65	1. 77	1. 38	—
1930	0. 46	1. 89	1. 27	0. 92	—
1931	0. 34	1. 54	1. 03	0. 69	—
1932	0. 34	1. 94	1. 28	1. 20	—
1933	0. 41	1. 92	1. 57	1. 28	—
1934	0. 53	2. 09	1. 39	1. 76	—
1935	0. 56	2. 30	1. 96	1. 52	—
1936	0. 46	1. 87	1. 23	1. 59	—

说明：1933—1936 年汇率依据海关两与海关金比率（1 海关金 =1. 558 海关两）换算得出。

四、1930 年国产棉花、土布、机制棉纱、机制棉布运销格局

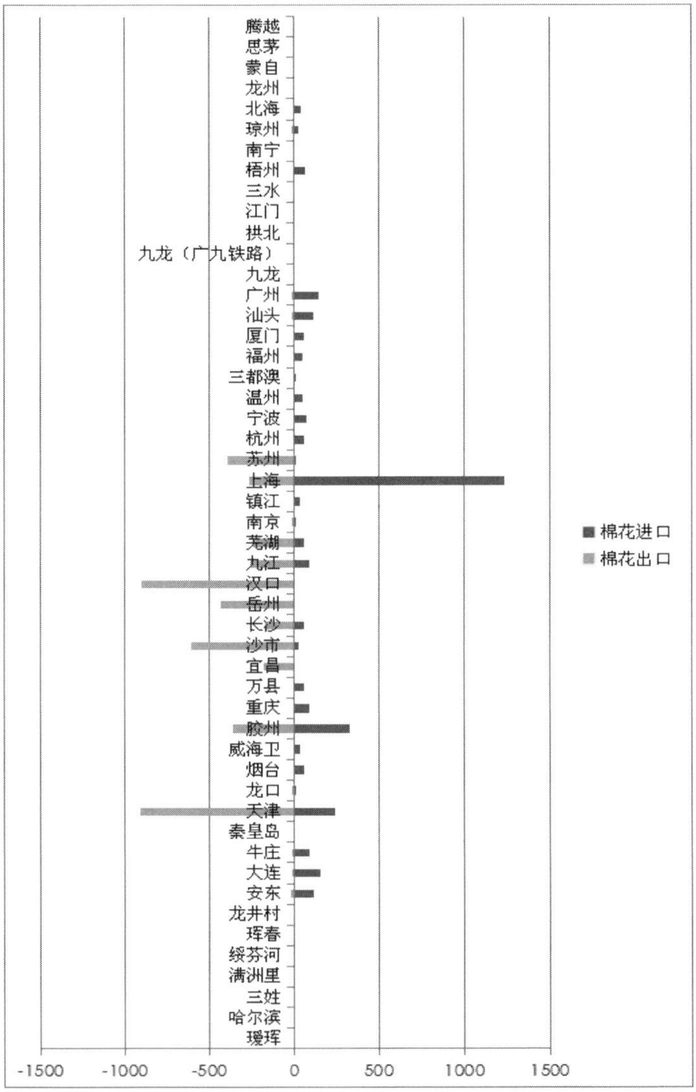

附四图 4.1　1930 年国产棉花的运销格局

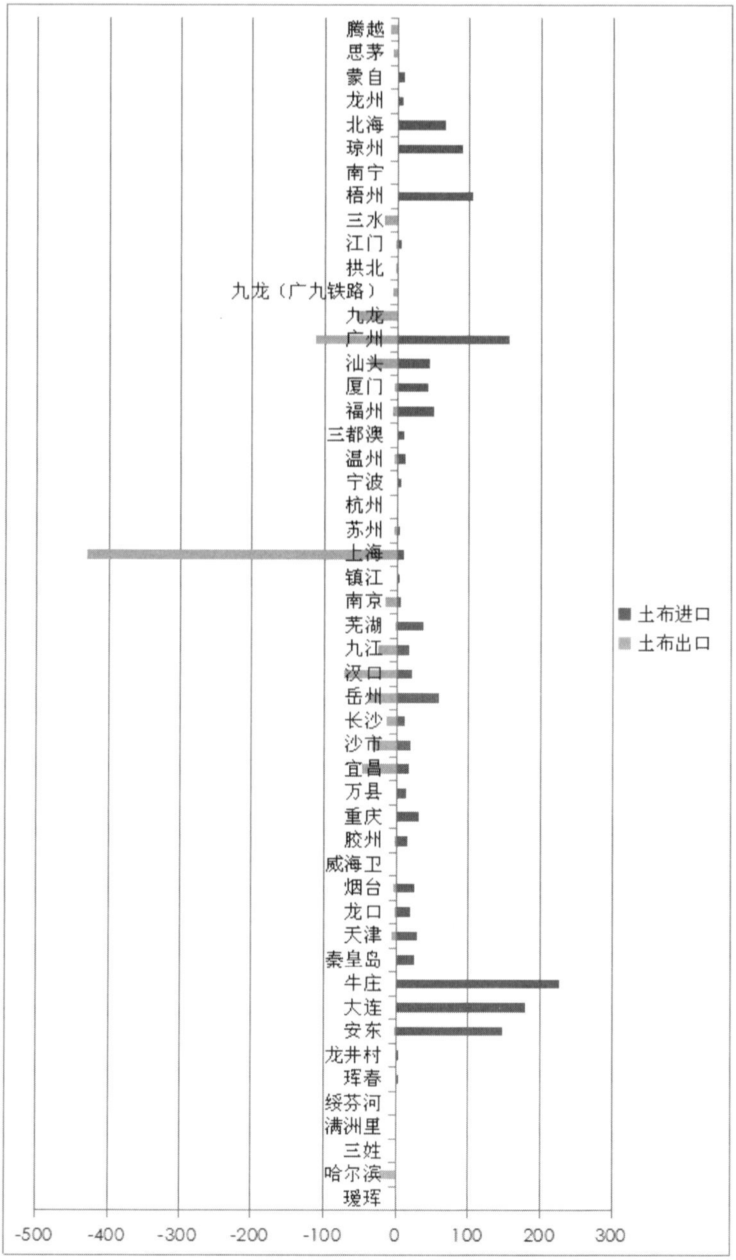

附四图 4.2　1930 年土布的运销格局

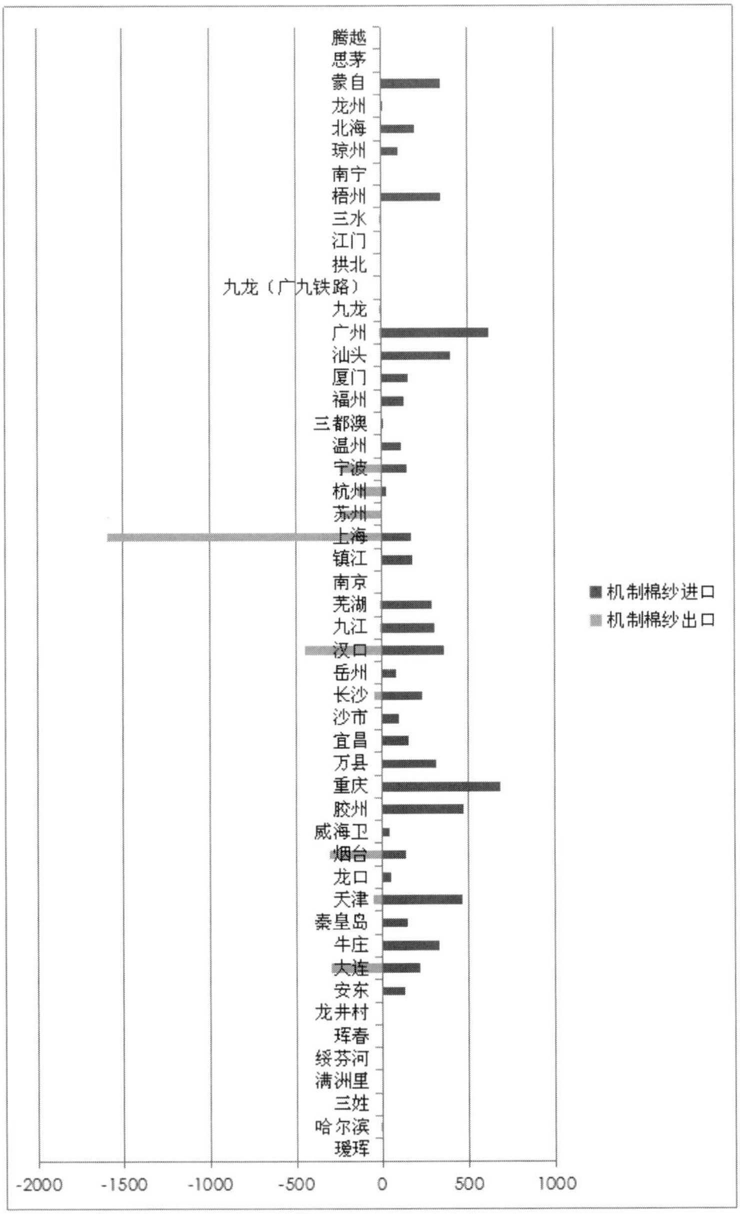

附四图 4.3　1930 年国产机制棉纱的运销格局

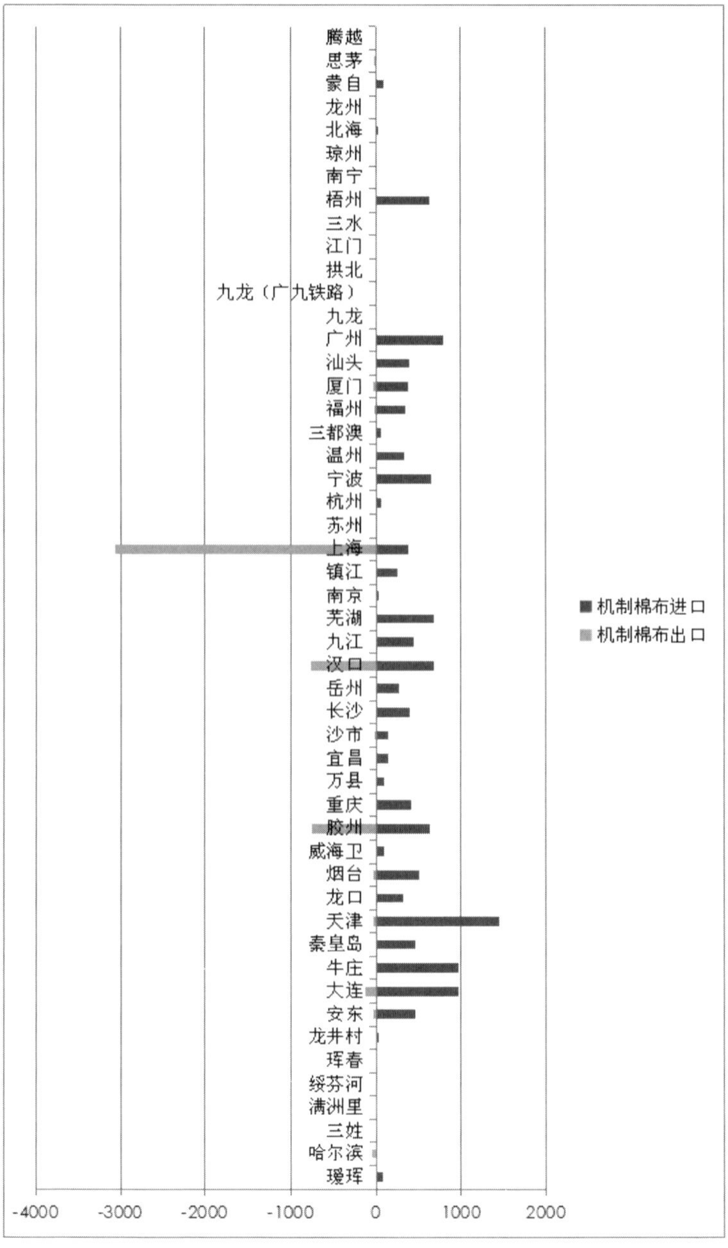

附四图 4.4　1930 年国产机制棉布的运销格局

说明：1. 示意图中国产棉花、土布、机制棉纱单位为关担，机制棉布单位为匹。为方便表示，所有数字皆为开平方后结果。

2. 由于1930年无各口岸埠际出口量专门统计，这里各口岸出口量包括国际贸易中的出口量，但与埠际贸易量相比，所占比重很低。

3. 由于1930年无各口岸复出口量记载，这里各口岸进口量中未扣除复出口量。但参照1919年前、1932年后统计，这一复出口量可忽略不计。

五、文中使用长度、质量单位换算一览

公制、市制、英制长度单位换算：

1米（公尺）=3市尺=3.281英尺=39.370英寸=1.094码

1市尺=0.333米（公尺）=1.094英尺=13.123英寸=0.365码

1码=0.914米（公尺）=2.743市尺=3英尺=36英寸

公制、市制、英制质量单位换算：

1千克（公斤）=2市斤=2.205磅

1市斤=0.500千克（公斤）=1.102磅

1磅=0.454千克（公斤）=0.907市斤

海关制与公制、市制、英制质量单位换算：

1关斤=0.605千克（公斤）=1.210市斤=1.334磅

1千克（公斤）=1.653关斤

1磅=0.750关斤

1市斤=0.826关斤

六、1867—1936 年进口机制棉布的区域消费分布①

附六表 6.1　1867—1936 年进口本色粗布、本色粗细斜纹布区域消费分布

单位：匹

年份	华中	西南	华南	华东	华北	东北
1867	78628	8588	5010	20735	21807	10019
1868	128956	14445	6436	59582	237100	49109
1869	244601	22933	6452	301102	408944	70027
1870	242627	19328	21040	141981	512155	74259
1871	278725	29247	19286	97054	570994	29676
1872	458269	51311	9028	190370	711474	78836
1873	544704	58473	18002	276015	1119479	135495
1874	327938	69820	28313	88219	549686	76618
1875	416913	38648	27640	333550	536488	112971
1876	392771	165083	30636	148685	838504	290526
1877	285010	202212	31442	277278	504728	208409
1878	150867	177252	18647	171536	654359	461643
1879	262110	31397	43766	206033	1136480	219264
1880	407631	187861	36167	643728	911675	166147
1881	204935	232705	31466	215072	1356978	217346
1882	255961	62949	26660	362060	990996	194448
1883	191519	108253	13310	238346	976984	229124

① 这里选取了大连、安东、牛庄、天津、青岛、烟台、重庆、宜昌、汉口、九江、上海、宁波、汕头、广州等十四个主要口岸的进口机制棉布统计数据，通过前文已知，近代以来绝大部分机制棉布是由这些口岸进口的。

（续表）

年份	华中	西南	华南	华东	华北	东北
1884	170278	45487	7291	60729	1109319	325989
1885	245192	65401	7523	268578	1853822	321359
1886	259406	55948	10324	194146	1871422	437352
1887	261162	73587	13752	446899	1728840	460728
1888	407452	49602	6316	1163422	1638362	368590
1889	258175	42301	4994	120601	1729501	374503
1890	281244	26532	5295	141815	1870067	726122
1891	367095	15698	8986	550367	2129335	744856
1892	279203	20956	4105	87747	1945387	603428
1893	233360	14616	5864	225121	1390994	550119
1894	363173	13247	11976	513206	1421901	510438
1895	206486	20825	3596	274877	1694005	310514
1896	667890	34115	34103	1044054	2387202	703986
1897	517610	47421	17007	342869	2628408	978840
1898	452138	38167	14044	161964	3302493	1043269
1899	576053	70363	17601	747284	3136063	1777267
1900	631622	78133	45324	835867	1535080	583321
1901	352485	146930	28491	192683	2525210	1598069
1902	758988	77812	65804	1001050	4072358	1565040
1903	434030	64796	17873	283433	2465516	1813037
1904	471017	132936	21042	621810	2026917	1768939
1905	1251260	274355	42730	3102078	5122515	3521702
1906	1221040	269389	39022	2558589	4467113	877326
1907	452304	205950	26500	167913	2936147	804603

（续表）

年份	华中	西南	华南	华东	华北	东北
1908	454473	160531	18808	485233	2073778	1428029
1909	433309	179211	22077	642294	4370907	759230
1910	375284	198945	24471	397317	3468984	1646703
1911	359075	199919	26475	674141	3278596	2338173
1912	311983	151106	35508	277938	3374144	2059870
1913	453003	123096	33931	711779	3294586	3164029
1914	512349	78344	37451	546108	3071512	4363306
1915	516847	76729	30916	389510	2269803	2078923
1916	389344	32523	27683	240890	1980868	1721600
1917	498602	30206	32635	446711	2123859	1523288
1918	427845	30707	38467	414823	1631755	1766481
1919	301564	33608	28800	205070	1391716	2189978
1920	393000	43577	53983	596207	1049578	2014831
1921	242734	55968	68638	152118	1118437	2115947
1922	339891	63234	150915	394970	1083126	2201989
1923	246500	54001	165051	309575	565177	1447808
1924	385104	75939	215046	489617	375056	868832
1925	180000	23886	77370	231251	336194	1157705
1926	144170	36705	145538	141660	215191	1208550
1927	58901	7655	29107	47533	212954	1041936
1928	34687	8300	12279	19934	172192	823708
1929	33819	6190	6015	27219	119186	605719
1930	27271	5292	2710	45898	164208	394313
1931	10699	409	622	18413	28002	56496

（续表）

年份	华中	西南	华南	华东	华北	东北
1932	2040	90	538	5476	11168	22339
1933	789	2	87	2186	1628	0
1934	802	783	2899	577	117	0
1935	16	3	72	2	8	0
1936	50	0	5	139	31	0

附六表 6.2　1867—1936 年进口本色标布、本色市布区域消费分布

单位：匹

年份	华中	西南	华南	华东	华北	东北
1867	2289004	133476	621188	1619437	2634122	114187
1868	2660717	174944	795187	1462750	2775011	154143
1869	3391095	208484	774251	2100592	3569002	188367
1870	2803168	198743	602448	341670	2769933	315555
1871	2569895	141829	499182	852697	2145549	219999
1872	2507200	329628	593425	1411691	2547789	175648
1873	2455814	132613	599172	1024361	2130383	305177
1874	2653097	445618	546525	1626321	2085124	462355
1875	1827158	508768	542220	1108804	1618273	328459
1876	1218635	848505	537725	624420	1390463	434077
1877	2287772	101286	795683	1278444	1893225	346820
1878	1628834	1003545	762891	1274800	1835014	269977
1879	1749222	1275494	753722	1428078	1976542	149197
1880	1574105	727643	654224	984534	1935946	193330
1881	1451814	863778	748590	886296	1874221	198367

（续表）

年份	华中	西南	华南	华东	华北	东北
1882	1420504	625891	691041	550061	1885255	163960
1883	1584975	940655	744769	854878	2333755	241359
1884	1560641	789432	559053	947869	1969324	133511
1885	1405738	900360	621054	703945	1986023	147042
1886	1693624	837067	531085	1537890	1933513	139157
1887	1861687	734361	446564	1750759	2015881	123019
1888	1779463	787910	571280	952437	2135295	168718
1889	1870655	632568	525632	712390	1892231	131558
1890	1975721	729795	446917	966777	1884763	74866
1891	1288793	545095	378472	488511	1580338	77566
1892	1316650	475764	369331	972934	1692999	84455
1893	1490805	642895	435975	1227576	3080832	52382
1894	1772220	501296	418832	990987	2135078	100442
1895	1677142	610732	446141	634860	702738	82763
1896	1439742	510888	422876	948050	1949418	119031
1897	1577858	670817	391387	656093	1700150	132288
1898	1538125	595612	375941	1134499	773435	71301
1899	1225811	455372	410335	476993	1031530	91488
1900	1460357	457272	386758	1162471	2310746	148565
1901	1166436	578776	499824	591501	1316943	143770
1902	1142471	585685	412752	607084	1144377	156413
1903	1546164	528494	363896	2500464	1869151	195929
1904	1202903	503869	296224	1283589	1625596	219414
1905	1080909	425569	345404	615268	1583366	131297

（续表）

年份	华中	西南	华南	华东	华北	东北
1906	1049622	473820	320765	1073927	1270969	190687
1907	940035	500271	365482	830732	1625916	240678
1908	744968	337841	319140	559870	1170228	235319
1909	961606	474209	292183	1807844	1209205	312391
1910	728668	314182	237069	805806	1097771	379378
1911	902527	334237	287079	1161706	1602487	409403
1912	880360	164795	285364	847569	934275	201819
1913	824325	215093	318491	682925	803941	166717
1914	702237	107010	225895	383044	1139959	219442
1915	884753	115507	205568	656947	1046162	312374
1916	654368	65476	184410	397646	1249435	295112
1917	759576	98517	204473	453783	1197958	541927
1918	694099	126119	202263	742840	1236687	607281
1919	528692	149050	246083	197589	1161073	606748
1920	664682	137367	192251	419723	1126788	830435
1921	572954	90391	144970	367746	999401	445175
1922	573368	109786	139593	380118	792298	423024
1923	538490	65228	92001	598229	947006	1116509
1924	475975	95104	169410	359482	888923	1285300
1925	188020	36976	58676	146278	481620	1083899
1926	250457	43090	66586	313211	497052	1196981
1927	230219	58622	72080	235076	638008	918604
1928	135549	20763	53623	189647	343245	671513
1929	61979	8541	24056	99555	254988	299345

（续表）

年份	华中	西南	华南	华东	华北	东北
1930	44175	4071	29899	111194	199986	248357
1931	10426	1022	8264	27711	95501	1195
1932	3911	81	4011	10776	35931	511
1933	1132	11	1672	3485	26243	0
1934	1709	5	369	4795	4121	0
1935	0	0	0	0	0	0
1936	0	0	0	0	0	0

附六表 6.3　1867—1936 年进口染色、漂白、印花布区域消费分布

单位：匹

年份	华中	西南	华南	华东	华北	东北
1867	100001	43513	120652	326219	402067	18106
1868	57082	33678	125142	119517	304300	22073
1869	49639	36651	107755	65251	401733	20597
1870	103208	60104	145975	74505	412828	13053
1871	113668	63347	178116	60041	398567	40421
1872	171944	41771	185922	182280	406391	21882
1873	139467	78191	213442	93727	377849	20613
1874	164985	79158	226464	174620	337577	24688
1875	126714	133547	225644	105122	321117	47160
1876	309872	41817	285224	175161	563127	43986
1877	330740	139159	289675	275052	528796	30181
1878	572777	165027	297123	480810	674518	19108
1879	412461	145969	345237	134497	593298	22916

（续表）

年份	华中	西南	华南	华东	华北	东北
1880	404123	129216	292241	124294	639297	19446
1881	547440	84384	299137	275457	767202	27458
1882	637713	156254	347079	488299	812654	35864
1883	634053	181243	282991	219483	782241	29972
1884	530017	214852	359340	210875	941117	31825
1885	713825	208352	373999	665752	893103	49242
1886	648571	157577	288440	117066	899719	18673
1887	749457	195299	373414	506545	1079724	55935
1888	798396	173538	400131	267220	945786	56306
1889	769900	202391	271011	105747	970323	44996
1890	669945	164603	311887	745467	782788	34247
1891	489701	114777	330103	32718	660464	46775
1892	643246	154147	347414	95643	751251	5588
1893	842149	143378	373858	661344	1167638	43006
1894	815557	130026	434400	275678	1054537	45689
1895	628458	115948	397195	73569	938147	61334
1896	684495	168415	596158	231084	1106804	54832
1897	825767	155347	495948	556195	700599	58699
1898	721395	196776	561359	137407	688512	60416
1899	769443	156701	404215	117775	1502207	125264
1900	751231	223370	497769	140935	993976	82825
1901	797218	258701	470095	188879	595881	82754
1902	787417	232460	424496	1037082	1342173	164691
1903	670316	276215	412201	482286	1495990	323274

（续表）

年份	华中	西南	华南	华东	华北	东北
1904	796188	289044	416605	256390	1821935	196972
1905	616812	305922	355423	104257	747240	175462
1906	676877	327887	502600	533732	1662022	156768
1907	553169	315705	390523	82727	897505	198103
1908	642067	374617	327441	906231	1124401	352202
1909	725175	290657	293465	1118433	900958	300365
1910	730336	444073	411931	472736	1477598	344854
1911	857826	334233	482400	457942	1119026	306042
1912	643038	329147	418872	18144	626378	207428
1913	757025	266789	313389	251898	859986	223328
1914	745560	309537	289655	333846	1299364	437193
1915	537463	156158	195852	125730	686171	572219
1916	822063	306448	247666	731571	1415160	1078075
1917	814567	297529	238805	832137	1324337	453976
1918	506873	354657	283794	93359	744494	415271
1919	702140	375556	280282	670649	1172208	587310
1920	620517	240040	256455	237143	1107441	526087
1921	1045080	443818	254034	1174732	1657439	496944
1922	839452	330124	169540	947474	1667978	710885
1923	944012	462354	340747	872763	1646587	821492
1924	602145	436021	214627	542295	1249860	843590
1925	1233728	557621	271853	1273593	1634809	946836
1926	1112158	525204	250962	1504952	1757802	1285026
1927	707435	406756	327190	607937	1531097	912941

（续表）

年份	华中	西南	华南	华东	华北	东北
1928	497164	248754	213708	290596	1001147	342794
1929	192094	20444	76132	382798	747318	210829
1930	248768	12025	54477	604171	569222	4303
1931	103321	11343	14247	160520	493440	4189
1932	50569	5371	12825	75463	420739	2883
1933	11894	1230	4937	18794	22309	0
1934	0	0	0	0	0	0
1935	0	0	0	0	0	0
1936	0	0	0	0	0	0

附六表 6.4　1867—1936 年进口羽绫、羽绸、剪绒区域消费分布

单位：匹

年份	华中	西南	华南	华东	华北	东北
1867	30507	2185	4712	29139	2429	6825
1868	28305	1733	4323	30615	4977	6467
1869	21972	1778	3733	0	3376	1988
1870	15366	1098	2436	0	7850	1522
1871	34224	2697	5790	18126	10547	1985
1872	25206	2406	4441	6860	11023	4602
1873	29252	0	5519	10472	13045	5308
1874	21974	4417	3778	6434	12284	2954
1875	18440	9370	4078	10722	14337	2732
1876	15174	19459	5994	29284	26396	5785
1877	20945	810	2933	4948	54897	3086

（续表）

年份	华中	西南	华南	华东	华北	东北
1878	33248	4912	5822	35788	66078	2478
1879	13614	30269	5241	19578	100756	4051
1880	25344	11641	7116	16565	87903	4112
1881	23624	14015	4193	0	76081	15895
1882	47135	13963	4816	37723	99038	20780
1883	66874	26033	6974	27969	177679	22079
1884	87347	25631	5214	22159	239653	15671
1885	93875	33394	5400	85134	288183	4768
1886	155628	27056	5388	284601	247966	20300
1887	80258	22020	4608	3448	150230	12374
1888	80019	25737	5083	5291	188373	24343
1889	92932	26131	4276	15997	250860	30153
1890	106205	58714	4288	55512	234316	26563
1891	120076	52401	6102	87424	204754	34989
1892	138579	67490	7124	128561	162757	32348
1893	113286	98033	4887	12414	239018	5618
1894	199871	123480	9439	206638	291417	33490
1895	190336	103494	9056	111926	403421	46781
1896	140188	95188	6340	31649	399958	67589
1897	204036	183578	9655	54293	397561	104028
1898	286316	219922	19743	129914	245440	57220
1899	450768	212147	30363	307749	290766	95093
1900	397453	152112	26627	205336	564796	108129
1901	340275	219959	54798	85423	496557	130632

（续表）

年份	华中	西南	华南	华东	华北	东北
1902	554802	420429	138787	681692	823983	127450
1903	533684	413426	131310	1016438	1119008	211702
1904	553215	367380	149736	733771	1403678	352581
1905	800934	378911	161136	1086761	1378974	155121
1906	419233	515378	144953	192283	915505	144848
1907	300858	402097	185036	79578	973603	96845
1908	304616	366767	197901	339138	958676	147935
1909	354890	483512	116187	407605	1036615	259624
1910	284908	182647	99157	243914	706999	100497
1911	410671	384859	146629	517681	1141513	242184
1912	362803	103134	87382	450946	542813	84101
1913	227326	81029	63850	39359	390616	136682
1914	202289	73041	94665	67925	553645	106517
1915	337463	71592	86240	339219	558711	230625
1916	253964	50754	82108	167596	529057	339162
1917	257677	87334	68893	125640	570987	737185
1918	521641	80349	98353	780314	731261	409995
1919	347147	136854	139527	300866	747642	576123
1920	504349	153551	159978	476651	906182	762908
1921	346785	110473	131999	368810	829928	856953
1922	466124	115632	178511	631219	821474	751656
1923	199390	24065	66920	472121	390106	273864
1924	247257	31587	83877	500615	316228	236164
1925	36575	19460	32413	21812	102960	230581

（续表）

年份	华中	西南	华南	华东	华北	东北
1926	79836	28462	22708	74581	109633	197095
1927	91939	20881	19215	131473	106037	98804
1928	20087	10384	18965	6032	61789	34862
1929	69559	6945	23980	108695	70150	11761
1930	53480	3369	22993	137823	77213	15231
1931	62149	2379	14566	159485	75924	535
1932	14494	332	4662	38376	52540	726
1933	9756	256	4027	25798	22705	0
1934	16196	673	2739	42555	21631	0
1935	0	0	0	0	0	0
1936	0	0	0	0	0	0